한국에서
혼란스럽게
사용되는

정치 사상 용어

바로 알기

국가가 재앙을 피하려면
정치 · 사상과 관련된 용어들이
정확하고도 적절하게
사용되어야 한다.

한국에서
혼란스럽게
사용되는

정치 사상 용어 바로 알기

양동안 지음

도서출판 대추나무

서문 | Prologue

정치 · 사상 관련
용어들의 혼란스런 사용은
국가 재앙 초래

언어는 의사소통의 도구인 동시에 인식과 사유의 도구이기도 하다. 그렇기 때문에 언어생활에서 사용되는 용어들과 그 용어들의 의미는 그 용어를 사용하는 사람들의 사물인식과 사상에 강한 영향을 미친다. 정치 · 사상과 관련된 용어들도 그것을 사용하는 사람들의 정치상황 인식과 사상에 강한 영향을 미친다.

그런 까닭으로 해서, 어떤 국가에서 정치 · 사상 관련 용어들이 혼란스럽게(부정확한 의미로 부적절하게) 사용되면 그 나라 국민의 정치상황 인식과 사유도 혼란스럽게 된다. 국민의 정치상황 인식과 사유의 혼란이 장기간 지속되면 국가의 운명에 재앙을 초래하게 된다. 국민이 정치상황 인식과 사유를 혼란스럽게 하게 되면, 그들의 정치 · 사회적 행동이 부적절해질 수밖에 없고, 국민의 정치 · 사회적 행동이 지속적으로 부적절하게 되면 국가는 재앙을 면할 수 없다. 따라서 국가가 재앙을 피하려면 정치 · 사상과 관련된 용어들이 정확하고도 적절하게 사용되어야 한다.

불행하게도, 현재 우리나라에서는 정치 · 사상과 관련된 용어들이 매우 부정확하고 부적절하게 사용되고 있다. 그런 상황을 초래한 주요 요인들로는 다음 세 가지를 지적할 수 있다.

첫째는 언어생활에 정밀성을 무시하는 우리나라 국민들의 습성이다. 우리나라 국민들은 말을 함에 있어서 정확한 단어를 찾아 쓰는 일을 소홀히 하고 어떤 용어를 사용함에 있어서 그 용어의 정확한 의미를 따지지 않는다. 대충 뜻이 통하면 된다고 생각한다. 그리고 말을 하거나 글을 씀에 있어서 용어나 문법을 가지고 깐깐하게 따지는 것을 좀스런 일로 간주한다.

둘째는 정치 · 사상 관련 용어들을 고의적으로 부적절하게 사용하는 일부 사상운동세력의 전술이다. 그들은 적대세력과 대중에게 자기들의 사상적 정체를 명확하게 드러내지 않기 위하여, 그리고 대중에 비춰지는 자기들의 이미지를 좋게 만들기 위해 정치 · 사상 관련 용어들을 책략적으로 부적절하게 사용하고 있다. 그들이 우리 사회에서 문화적 헤게모니를 장악하고 있기 때문에, 대중은 그들의 전술을 알지 못한 채 정치 · 사상 관련 용어들을 부적절하게 사용하는 그들의 관행을 무비판적으로 추종하고 있다.

셋째는 이 나라 지식인들의 태만이다. 어떤 사회에서나 정치와 사상에 관련된 용어들이 부정확 · 부적절하게 사용되고 있으면 지식인들이 그 부정확함과 부적절함을 지적하고 교정해야 한다. 그런 일을 하는 것은 지식인들의 도덕적 의무이다. 우리 사회에서 정치 · 사상 관련 용어들이 부정확 · 부적절하게 사용되는 일이 매우 널리 행해지고 있음에도 불구하고 이 나라 지식인들은 그런 잘못된 상황을 바로잡으려는 노력을 거의 하지 않고 있다.

정치 · 사상 관련 용어들이 부정확 · 부적절하게 사용되고 있는 바람에 우리 사회는 이미 상당한 피해를 입고 있다. 인류역사의 진행방향에 반대되는 사상을 가진 사람들이 '진보세력' 으로 호칭되고 있고, 자유민주주의에 반대되는 사상과 경력을 가진 사람들이 '민주인사' 로 자처하며 중요한 공직을 차지하기도 하고, 대한민국을 파괴하려는 사람들을 대한민국을 위해서 일하는 사람들로 국민들이 착각하기도 한다.

저자는 우리나라에서 정치 · 사상 관련 용어들이 부정확하고 부적절하게 사용되는 것을 바로잡는데 미력이나마 보태야 한다는 의무감을 가져왔다. 이 책은 저자가 가져온 그런 의무감의 산물이다. 이 책에서 다루고 있는 정치 · 사상 관련 용어들은 우리 사회에서 부정확 · 부적절하게 사용되고 있는 정도가 심한 용어들에 한정되어있다.

이 책은 2011년 7월에 발행된 저자의 졸저 『사상과 언어』의 수정판에 해당된다. 이 책이 절판된 후 관심 있는 독자들의 재발행 요구가 있어서, 약간의 내용을 수정 보완하여 출판한 것이다. 수정은 모든 챕터에서 미세하게 이루어졌고, 보완은 「혁명, 쿠데타 그리고 반란」이라는 새로운 챕터를 추가한 것이다.

이 책의 도서명을 『사상과 언어』에서 『한국에서 혼란스럽게 사용되는 정치 · 사상 용어 바로알기』로 바꾼 이유는 『사상과 언어』라는 도서명이 내용에 비해 너무 거창하고, 도서 내용과의 부합성도 부족하다고 판단되었기 때문이다.

이 책의 발행은 정성희 목사와 이희천 교수의 따뜻한 격려에 힘입은 바 크다. 책의 발행에 즈음하여 두 분에게 감사드린다.

2020년 11월

저자 양 동 안

차례 | Contents

03 Chapter

제3장 진보와 진보주의

04 Chapter

제4장 자유주의와 신자유주의

05 Chapter

제5장 보수주의와 신보수주의

06 Chapter

제6장 민주주의와 시장경제

07
Chapter

제7장 참여민주주의

08
Chapter

제8장 반공과 매카시즘

09
Chapter

제9장 냉전과 냉전논리

10
Chapter

제10장 사회주의와 공산주의

11 Chapter

제11장 수정주의와 수정주의적 역사기술

12 Chapter

제12장 민족해방과 민족민주주의

13
Chapter

제13장 민중주의와 민중민주주의

14
Chapter

제14장 제3의 길

15
Chapter

제15장 혁명과 쿠데타, 그리고 반란

우리 사회에서 이데올로기가 이념으로 오역되고 그와 관련하여 부적절한 조어들이 만들어지는 일들이 행해지고 있는 주된 원인은 이데올로기란 용어의 역사와 의미에 관한 정확한 지식의 결여이다.

Chapter

01

이데올로기와 이념

01 : 이념으로 오역된 이데올로기

이데올로기(ideology)라는 용어가 우리나라에서 널리 사용되기 시작한 것은 1960년대 초반부터이다. 그 이전에는 우리 사회에서 이데올로기라는 용어가 간혹 사용되기는 했지만 널리 사용되지는 않았으며, 이데올로기라는 용어를 사용해야 할 대목에서는 사상이란 용어를 주로 사용했다. 그러다가 1960년에 미국의 사회학자 벨(Daniel Bell)이 『이데올로기의 종언』(The End of Ideology)이라는 저서를 발표하고, 그 책의 내용이 여러 나라 지식인들에게 알려지면서 우리나라 지식인들도 유행처럼 이데올로기란 용어를 즐겨 사용하기 시작했다.

이데올로기라는 용어는 유신정권 말기부터 우리 사회에서 매우 광범하게 사용되었다. 유신정권 때부터 대학에서 「국민윤리」강좌가 개설되었고, 국민윤리 강의 중심 내용으로 '이데올로기 비판'이 설정된 것이 계기가 되었다. 그 무렵부터 이데올로기라는 용어가 내포된 제목의 도서들도 많이 출판되고 TV방송에서 이데올로기에 관한 강의가 방영되기도 했다. 원래 '이데올로기 비판'이란 용어는 서구에서 마르크스주의자들이 만들고 애용한 것인데, 한국에서는 마르크스주의를 비판하는 내용의 강의 명칭에 그 용어가 차용되었다는 점이 아이러니칼하다.

이처럼 우리 사회에서 이데올로기라는 용어가 널리 사용되면서, '이데올로기'는 '이념(理念)'으로 오역되어 사용되기 시작했다. 이데올로기 비판 교육에 앞장섰던 학자들은 이데올로기가 의미가 애매한 외래어라는 점을 불편하게 생각했고, 그러한 불편을 덜기 위해 이념으로 번역하여 사용했다. 그들은 '이데올로기 비판 교육'을 '이념 비판 교육' 혹은 '이념교육'으로 바꿔 사용했고, 이념을 이데올로기의 번역어로 사용하는 것이 어영부영 널리 확산되었다.

이데올로기를 이념으로 번역하는 것은 매우 부적합하다. 이념이란 보편적 타당성을 가진 올바른 목표가치 또는 사물의 추상적인 완전형태를 뜻한다. 그에 반해 이데올로기는 인간과 사회의 현상을 해석 · 평가하고 인간과 사회의 문제들의 해결에 대한 원론적 지침이 되는 여러 가지 관념들의 복합체이다.

이념은 보편적 타당성을 가진 것이지만, 이데올로기에는 진실과 허위, 객관적 타당성을 가진 관념과 주관적인 관념 등이 섞여 있는 것이다. 따라서 이념은 이데올로기의 적합한 번역어가 될 수 없다.

이념으로 번역될 서양어는 희랍어 idea나 영어 ideal이다. 이데올로기에 가장 가까운 동양어는 사상(思想)이나 세계관(世界觀)이다. 이데올로기 비판 교육을 주도하던 인사들이 이데올로기를 이념으로 오역하기 전까지 우리나라에서는 사상을 이데올로기의 번역어로 사용했다. 자유민주주의 사상이나 공산주의 사상이라고 말하고, 상이한 이데올로기를 믿는 세력들 간의 이데올로기적 갈등과 논쟁을 사상갈등과 사상논쟁이라고 말해왔다. 사상이 이데올로기에 꼭 맞는 번역어는 아니지만 가장 근접한 번역어라는 점을 과거의 한국 지식인들은 잘 알고 있었는데, 학문발전이 더 높은 수준에 이른 오늘날에 있어서 한국 지식인들이 그것을 모르고 있는 것은 이상한 일이다.

어쨌든 이데올로기 비판 교육 주도자들이 이데올로기를 이념으로 오역하여 사용한 이래 이데올로기를 이념으로 오역해서 사용하는 일이 거의 일반화되어 있다. 언어를 정밀하게 사용하지 않는 우리 사회의 문화적 특성으로 인해 그러한 오류가 교정되지 않고 일반화된 것이다. 그러한 용어사용의 오류는 좌익성향의 인사들보다 우익성향의 인사들이 많이 범한다. 좌익성향의 인사들은 자기들이 지지하는 사회주의에 대해서만 이념이라는 용어를 사용하고 자기들이 지지하지 않는 사상들에 대해서는 이데올로기라며 분간하여 말하는데 반해, 우익성향의 인사들이나 사상적 입장이 없는 일반인들은 이데올로기와 이념을 완전히 동일한 것으로 사용하고 있다. '이데올로기 비판 교육'을 '이념 비판 교육'이라고 부르고, '사회(공산)주의 이념을 비판한다'느니, '진보주의이념은 우리 상황에 맞지 않다'느니, '자유민주주의 이데올로기를 신봉한다'느니, '지금은 탈(脫)이념

시대다' 는 등의 말을 한다.

이념 비판 교육이란 보편타당한 목표가치를 비판하는 교육이라는 의미인데, 그러한 교육은 해서는 안 되는 것이다. 다시 말하면 이념이란 추구해야 할 바람직한 목표, 가치를 의미하므로 공산주의자가 공산주의를 이념으로 호칭하는 것은 타당하지만 비공산주의자가 공산주의를 이념으로 호칭하는 것은 공산주의를 바람직한 목표, 가치로 본다는 뜻이 된다. 따라서 공산주의, 사회주의나 진보주의(진보주의라는 용어 자체가 부적절한 것이지만)가 '이념' 이라면서 그것을 비판하는 것은 옳은 일이 아니다. 또한 자유민주주의자가 자기가 옳다고 신봉하는 자유민주주의에 대해 '이념' 이라고 불러야지 중립적인 '이데올로기' 라는 용어로 표현하는 것도 자가당착이다. 이념을 버리는 혹은 이념에서 벗어난 시대란 오늘날의 상황과는 다른 매우 얄궂은 상황이 연출되는 시대다. 인간들이 이데올로기에서 벗어나는 것은 큰 문제가 될 것이 아니지만 이념에서 벗어난다면 그것은 큰 문제가 된다.

우리 사회에서 이데올로기가 이념으로 오역되고 그와 관련하여 부적절한 조어들이 만들어지는 일들이 행해지고 있는 주된 원인은 이데올로기란 용어의 역사와 의미에 관한 정확한 지식의 결여이다.

02 : 이데올로기란 용어의 기원

이데올로기란 용어는 18세기 후반과 19세기 초반에 활동했던 프랑스의 철학자 드 트라시(Antoine Destutt de Tracy)에 의해 최초로 만들어졌다. 드 트라시는 16세기 이래 귀족의 지위를 계속 누려온 프랑스의 명문 귀족집안의 후예이며, 그 자신도 1789년 프랑스혁명 때 귀족신분 대표로 신분회의 및 국민의회에 참여하여 프랑스혁명에 일조한 인물이다. 군장교와 외교관 등 다양한 경력을 가진 그는 16세 때부터 볼테르(Voltaire)의 계몽주의철학에 심취해온 자유주의사상가였으며, 그러한 까닭으로 귀족이면서도 프랑스혁명에 적극 참여했던 것이다.

정치인이자 철학자인 드 트라시는 한편으로는 정치활동을 하면서 다른 한편으로는 학문연구도 열심히 했다. 드 트라시는 학문연구를 매우 진지하게 하여 당대의 대표적 철학자의 한 명으로 손꼽혔다. 드 트라시는 1796년에 발표한 「사고능력에 관하여」라는 논문에서 처음으로 이데올로지(Ideologie)라는 용어를 만들어 사용했으며, 1801년부터 1815년까지 15년에 걸쳐 『이데올로지 원론』(Elements d'

Ideologie) 1~5부를 출판했다. 드 트라시의 이러한 논문과 저서가 이데올로기(프랑스어로는 이데올로지)라는 용어의 기원이다.

드 트라시는 인간의 사고행위의 핵심을 '느끼는 것'으로 파악했다. 그에게 있어서 사고한다는 것은 곧 느끼는 것이었다. 드 트라시는 인간의 사고행위 및 인간이 가지는 모든 관념들은 인간의 감각작용의 결과이며, 감각작용에 대한 과학적 탐구를 통해 인간의 사고행위 및 인간이 가지고 있는 관념들을 구명해낼 수 있다고 생각했다. 그리고 그처럼 인간의 사고행위 및 관념들을 감각작용에 대한 과학적 탐구로 구명하려는 자신의 학문을 '이데올로지'라고 명명했다. 드 트라시가 최초로 사용한 이데올로지라는 용어는 하나의 학문분야에 대한 명칭이었으며, 그 의미는 '관념학' 혹은 '관념과학'(ideology: science of ideas)이었다. 드 트라시가 말하는 학문분과로서의 이데올로지, 즉 관념학은 현대의 학문분야로 말하자면 인식론, 심리학, 생리학, 사회학 등을 통합한 학문이었다.

드 트라시가 최초로 만들어 사용한 '이데올로지' 용어는 이처럼 정치 · 사회적 사상과는 아무 상관이 없는 단순한 학문분야의 명칭이었던 것이다. 그러한 학문적 용어인 이데올로기를 정치적 용어로 전환시킨 것은 나폴레옹이었다. 나폴레옹은 1799년 군사쿠데타를 일으켜 정권을 장악하고, 1802년에는 종신통령으로 되었다가 1804년에는 황제가 되었다. 한때 프랑스혁명을 수호하기 위한 공화국군대의 동지였던 나폴레옹이 이처럼 혁명의 대의를 배반하고 독재자로 변해가자 드 트라시는 나폴레옹에 대해 비판적인 입장을 취했다.

나폴레옹 집권기간 중 드 트라시는 정치활동보다는 학문연구에 더 많은 정력을 쏟았기 때문에 나폴레옹은 그를 직접 탄압하지는 않았다. 대신에 나폴레옹은 드 트라시를 중심으로 이데올로지를 연구하는 당대의 지식인(이데올로그)들이 자기의 전제정치에 비판적인 태도를 취하는 것을 매우 못마땅하게 생각했으며, 그들에 대해 '이데올로그들은 공상적인 주장이나 하는 자들' 이라고 비판했다. 이데올로지를 연구하는 사람들이라는 의미로 사용되던 이데올로그는 나폴레옹에 의해 '공리공론가' 와 동의어로 되었다. 현실에 바탕을 두지 않는 공허한 이론을 전개하는 지식인들을 이데올로그라 부르는 나폴레옹식 표현은 당시 권력의 힘에 의존하여 널리 유행하게 되었다.

03 : 사상적 용어가 된 이데올로기

나폴레옹에 의해 부정적 의미를 가진 풍자적 용어로 변질된 이데올로기는 현대 공산주의의 시조 마르크스에 의해서 사상적 용어로 다시 한번 변질되었다. 마르크스는 1840년대 중반 프랑스에서 망명생활을 했으며, 프랑스 망명생활 중 정치적 용어로서의 이데올로기도 알게 되었고 드 트라시의 『이데올로지 원론』도 읽게 되었다. 그 결과, 마르크스는 그 두 가지를 모두 수용하는 의미로 이데올로기라는 용어를 사용하게 되었다. 다시 말해서 현실과 맞지 않는 관념이라는 뜻으로 이데올로기란 용어를 사용한 것이다.

마르크스는 그가 쓴 어떤 논문이나 저서에서도 이데올로기 문제를 체계적으로 취급하지도 않았으며, 심지어는 이데올로기란 용어에 대한 명확한 개념 정의도 하지 않았다. 그러면서도 이데올로기란 용어를 많이 사용했다. 그가 사용한 이데올로기는 드 트라시의 이데올로기 개념과 나폴레옹의 이데올로기 개념을 혼합한 것으로서 현실과 맞지 않은 관념이라는 의미를 내포했다. 마르크스는

1845년경에 집필한 그의 저서 『독일의 이데올로기』에서 당시 독일의 현실과 맞지 않는 독일 철학자들의 주장을 이데올로기라 지칭하며 비판했다.

그 저서에서 마르크스는 이데올로기란 용어를 추상적이며 역사적 관점을 결여하고 있으면서 기성의 사회관계를 정당화해주는 관념이라는 의미로 사용했다. 그에 따르면 이데올로기는 모순을 내포한 사회적 현실을 있는 그대로 표현하지 않고 사회의 지배계급이 자기들의 지배를 정당화하는 쪽으로 현실을 전도 왜곡시켜 표현하는 관념이며, 그러한 현실의 전도와 왜곡은 단순한 착각이나 오해에서 비롯된 것이 아니라 현실의 모순에서부터 비롯되는 것이라고 설명했다. 마르크스는 이데올로기를 해체해야 할 좋지 못한 것으로 규정했으며, 이데올로기의 해체는 이론적 비판만으로는 불가능하고 그것을 밑받침하는 사회의 지배적 물질관계를 변경시킴으로써 가능하다고 주장했다.

마르크스에 따르면, 현실을 정확히 설명해주고 현실의 모순을 해결하는 것을 올바로 제시하는 것은 사적유물론과 같은 공산주의자들의 이론이고 그에 반대되는 것은 모두 이데올로기이다. 이데올로기라는 용어를 부정적인 의미로 사용하는 마르크스의 선례는 현대의 사회주의자들에게 전통으로 계승되어 왔다. 그래서 사회주의자들은 사회주의를 결코 이데올로기라고 부르지 않으며, 사회주의 이외의 사상과 관념들만을 이데올로기로 부른다. 사회주의자들은 다른 사상들은 모두 허위의식을 내포한 것들이라 하여 이데올로기로 부르면서 자기들이 신봉하는 사회주의는 올바른 내용만 내포한 것이라 하여 이념이라고 부르고, 때로는 과학적 이론, 역사과학, 과학적 사상, 진보 사상, 선진 사상 등으로 부른다.

마르크스에 의해 철저히 부정적인 의미를 가진 용어로 사용된 이데올로기는 독일 출신 사회학자 만하임(Karl Mannheim)에 의해 부정적인 의미를 내포하기는 하지만 보다 중립적인 용어로 수정되었다. 만하임은 사회에 대한 인간의 의식과 이론은 그가 처해 있는 사회적 상황의 영향을 받는다는 마르크스의 명제를 수용하면서 그 명제를 마르크스의 이론에 대해서까지 적용했다.

만하임은 1929년에 출판된 그의 저서 『이데올로기와 유토피아』(Ideology and Utopia)에서 사회현상에 대한 인간의 사유는 자연현상에 대한 인간의 사유와 본질적으로 다르며, 후자는 완전히 객관적으로 할 수 있지만 전자는 자신의 이해관계에 직접적인 영향을 미칠 수 있기 때문에 사회적 위치 및 이해관계를 초월하여 완전히 객관적으로 할 수 없다고 설명하면서 사회현상에 대한 인간의 모든 이론은 본질적으로 편견과 왜곡을 내포하는 이데올로기이며, 마르크스의 이론도 하나의 이데올로기라고 지적했다.

이데올로기는 객관적인 진리가 아니며, 사회현상을 설명 · 평가하고 사회문제들을 해결하기 위한 행동방침을 제시하는 모든 이론들을 다 이데올로기라고 주장하는 만하임의 관점은 사회주의자가 아닌 사회과학자들에 의해 널리 수용되었다. 그러한 전통에 따라 20세기 미국과 유럽의 비사회주의계열의 사회과학자들은 의미 있는 규모의 지지세력을 가진 모든 정치 · 사회적 사상들을 이데올로기로 지칭해왔다.

한편, 비사회주의계열 사회과학자들은 이데올로기가 편견과 왜곡된 관념만을 내포하고 있는 것이 아니라 타당한 요소들도 내포하고 있으며, 각 이데올로기에 따라 편견과 왜곡된 관념을 내포하고 있는 정도에 차이가 있다는 점, 그리고 그러한 정도에 따라 각 이데올로기가 인간사회에서 작용하는 부정적인 작용과 긍정적인 작용의 차이가 있다는 점을 발견하게 되었다. 그러면서 그들은 이데올로기를 '인간과 사회의 현상을 해석하고 평가하는 기준이 되는 동시에 사회문제들에 대한 해결책의 지침이 되는 관(신)념들의 목적지향적 묶음'이라는 좀 더 중립적인 의미로 정의하게 되었다.

04 : 이데올로기 종언론

비사회주의계열의 사회과학자들이 이데올로기를 보다 중립적인 개념으로 파악하면서 그에 대한 분석을 하기 시작한 지 얼마 되지 않아, 일부 사회과학자들은 이데올로기의 종언(the end of ideology)론, 즉 이데올로기는 끝났다는 주장을 제기했다. 이러한 이데올로기 종언론은 1950년 서베르린에서 개최된 비공산국가 지식인들의 회의에서부터 발단했다. 이 회의에서 비공산국가의 지식인들은 공산주의나 파시즘과 같은 교조주의적이고 광신적인 이데올로기는 이제 끝이 났다고 선언했다. 그 후 구미의 일부 지식인들은 교조주의적이고 광신적인 이데올로기만 끝난 것이 아니라 모든 이데올로기가 호소력을 상실해가고 있다는 주장으로 이데올로기의 종언론을 확대했다.

이데올로기 종언론의 확대에 앞장선 사람들은 벨(Daniel Bell), 실즈(Edward Shils), 립세트(Seymour Lipset) 등 미국의 사회학자들이었다. 이들은 공산주의나 파시즘과 같은 교조주의적이고 광신적인 이데올로기들이 과학의 보급과 합리적이고 실용적인 사고의 확산으로 인해 호소력을 상실하게 되었을 뿐만 아니라 미국과 유럽의 고도 산업 사회에서는 경제적 풍요와 사회복지의 확산으로 인해 모든 이데올로기의 호소력이 상실되고 있다고 주장했다. 이들의 주장은 당시 경제적 풍요와 복지의 확대로 인해 사상 문제에 대한 사람들의 관심이 희박해지고 있는 구미 선진국들의 사회상황에 비추어볼 때 일견 타당한 것처럼 보였다.

그러나 그들의 주장은 머지않아 타당성을 상실하게 되었다. 그들의 이데올로기 종언론은 1960년대 중반부터 미국과 서유럽에서 거세게 전개된 뉴레프트운동과 학생운동 및 극좌테러활동 앞에서 빛을 상실하게 되었다. 1960년대 중반부터 1970년대 초반까지 뉴레프트운동을 비롯한 미국과 서유럽에서 전개된 좌익청년운동은 모두가 이데올로기적 선동에 의해 일어났던 운동이었고, 미국과 유럽의 경제적 풍요와 사회복지는 그것을 억제하는 효과를 나타내지 못했다.

뉴레프트운동 이후 사라졌던 이데올로기 종언론은 1980년대 말과 1990년대 초 동구에서 공산주의체제가 붕괴된 직후 다시 모습을 나타내기 시작했다. 당시 미국과 서유럽 지식인들의 다수가 '공산주의는 죽었다' 고 선언하면서 공산주의의 사망과 더불어 다른 이데올로기들도 끝나게 될 것이라고 예언했다. 그러면서 이제 세계는 탈이데올로기의 시대에 접어들었다고 주장했다.

동구 공산체제 붕괴 직후 주장되었던 공산주의 사망론이나 이데올로기 종언론은 시간이 흐르면서 타당하지 못한 것이었음이 확인되었다. 중국 베트남 쿠바 북한 등에서는 공산주의체제가 존속하고 있고, 공산체제 붕괴로 민주화되었던 동구국가들에서도 공산당이 다시 부활하고 있다. 제3세계 국가들에서도 공산주의 사상을 따르는 반체제세력의 활동이 지속되고 있다. 또한 미국과 서유럽에서도 신자유주의와 사회복지 위주 정책노선 간의 이데올로기적 대립이 전개되고 있으며, 세계화와 신자유주의를 거부하는 세력들의 국제적 연대활동도 전개되고 있다. 요컨대, 공산주의는 사망하지도 않았고, 이데올로기적 대립도 사라지지 않은 것이다. 따라서 세계가 탈이데올로기 시대로 접어들었다는 생각도 착각이었음이 확실해졌다.

한반도의 상황이나 우리 사회 내부를 보면, '이데올로기의 종언'이나 탈이데올로기현상이라는 말은 더욱 설득력을 상실한다. 남북한은 분단상태를 지속하고 있고 핵전쟁의 위험까지 내포한 군사적 긴장상태에 처해있다. 또한 남한사회에서는 트로츠키노선에 따른 사회주의혁명을 기도하는 세력도 존재하고, 민족해방 민중민주주의 혁명(북한이 남한혁명으로 제시한 민족해방 인민민주주의혁명과 용어는 약간 차이가 있으나 내용은 동일한 혁명)을 추진하는 세력도 존재하고 있다. 이런 현상은 모두가 이데올로기의 대립으로 인해 초래된 것이다. 사정이 이러함에도 불구하고 오늘날 우리 사회에는 '지금은 탈이데올로기 시대' 라고 말하는 정치인이나 지식인들이 적지 않은 것은 매우 괴상한 일이다. 그들은 이데올로기가 무엇인지를 모르기 때문이거나 우리 한반도와 남한사회에서의 이데올로기 대립을 이데올로기 대립이 아닌 것처럼 호도하려는 목적 때문에 그러한 괴상한 언동을 하는 것으로 추정된다.

05 : 이데올로기에 대한 바람직한 태도

인간의 사유능력은 계속 발달해왔고 앞으로도 발달할 것이지만 본질적으로 한계가 있는 것이다. 이러한 인간의 사유능력의 한계는 사회현상이나 자연현상을 이해하고 평가하는 데 있어서 그리고 삶에서 당면하게 되는 문제들의 해결을 강구함에 있어서 미리 마련된 해석방법과 처방전의 도움을 필요로 하게 된다. 그 해석방법과 처방전을 세계관이라 할 수 있다. 한 사람의 인간이 모든 사회현상이나 자연현상에 대해 처음부터 끝까지 모두 알 수 없기 때문에 인간은 어쩔 수 없이 누구로부터인지 자기에게 전수된 세계관에 의존해서 사회현상과 자연현상을 이해하고 평가하며 당면한 문제들의 해결을 강구하게 된다. 이때의 세계관이 곧 이데올로기이다.

또한 인간은 감각과 본능적 욕구를 가진 존재이기 때문에 완전히 객관적으로 될 수는 없다. 인간은 유쾌한 느낌을 희망하고 자기의 욕구가 충족되기를 희망한다. 이러한 인간의 희망은 사회현상을 이해하고 평가함에 있어서 완전한 객관적 자세를 유지할 수 없도록 만든다. 사회현상을 이해하고 평가함에 있어서 불쾌한 느낌을 주거나 욕구충족을 방해하는 것에 대해서는 비판적인 관점을 가지게 되고 그 반대의 것에 대해서는 수용적인 관점을 가지게 된다. 사회현상을 이해하고 평가함에 있어서 완전히 객관적으로 될 수 없는 인간의 이러한 속성이 인간사회에서 이데올로기의 발생을 불가피하게 만든다. 그러한 속성으로 인해 인간은 사회현상에 대한 사유에 있어서 편견과 왜곡을 범하게 되고 그러한 편견과 왜곡을 정당화하는 관념과 이론들이 생기게 되며 그것들이 바로 이데올로기를 구성하는 요소의 일부가 되는 것이다.

뿐만 아니라, 인간의 능력에는 한계가 있어서 인간들이 필요로 하는 모든 가치 있는 것들을 무한정 생산할 수 없으며, 공동체에서 발생하는 문제들을 공동체 구성원들이 모두 만족할 수 있도록 해결할 수 없다. 그로 인해, 한 쪽에서는 현재의 가치분배와 공동체운영의 방식을 정당화하려는 이론적 노력이 전개되고 반대쪽에서는 현재의 방식이 아닌 새로운 대안을 제시하려는 이론적 노력이 전개되기 마련이다. 이처럼 현재의 방식을 정당화하거나 새로운 대안을 제시하려는 이론적 노력들이 이데올로기를 구성하는 또 다른 요소가 된다.

이상과 같은 세 가지 점을 고려할 때 인간사회에 있어서, 아니 인간에게 있어서 이데올로기는 불가피한 것이라고 말해도 과언이 아니다. 이데올로기란 용어는 19세기에 만들어졌지만 인간사회에서 이데올로기현상은 인간이 의식을 가지면서부터 시작되었다고 말할 수 있을 것이다. 고대부터 존재해온 각종 종교들은 이데올로기의 한 형태이다. 그리고 앞으로 공산주의가 사망하고 20세기에 호소력을 가졌던 여타 이데올로기들이 다 사라진다 해도 인간의 사회에는 어떤 형태 및 어떤 내용의 것이든 기존의 것에 대체되는 다른 이데올로기들이 등장하게 될 것이다.

이와 같이 이데올로기가 인간사회에 불가피한 것이라면, 이데올로기의 종언이니 탈이데올로기를 주장하는 것은 비현실적이다. 그러한 부적절한 주장을 하기보다는 인간이 이데올로기에 대해 어떤 태도를 취하는 것이 바람직한가를 생각해보는 것이 현실적이다. 저자의 생각으로는 이데올로기에 편견과 왜곡 등 부정적인 요소들이 존재한다는 이유로 모든 이데올로기를 전면적으로 부정한다는 것은 인간의 사유능력의 한계 때문에 성공할 수 없는 일일 뿐만 아니라 바람직하지도 않은 일이다. 사유능력에는 한계가 있는데, 그 한계를 보완해줄 이데올로기가 없다면 인간은 개인적으로건 집단적으로건 사고의 혼란에 빠지게 될 것이기 때문이다.

인간이 사유능력의 한계로 인해 이데올로기를 가지는 것이 불가피하다면, 이데올로기들 가운데 객관적으로 타당한 요소를 더 많이 가지고 있으며 비현실적 도그마를 적게 가진 이데올로기를 선택하는 것이 바람직하다. 그리고 인간과 사회에 대한 사유를 함에 있어서는 자기가 선택한 이데올로기가 내포하고 있는 편견과 이해관계에서 비롯된 타당하지 않은 요소들로부터 가해지는 구속을 최대한 벗어나려고 부단히 노력하는 것이 바람직하다. 요컨대, 객관적 타당성이 우월한 이데올로기를 선택하되, 사유에 있어서는 이데올로기의 경계선에 구속되지 않도록 노력하는 것이 이데올로기에 대한 바람직한 태도라는 것이다.

政治思想

Chapter

02

좌익과 우익

01 : 한국에서 기피 용어가 된 좌익과 우익

좌익(The left)과 우익(The right)이라는 단어가 정치세력을 지칭하는 용어로서 우리나라에서 널리 사용되기 시작한 것은 8 · 15해방 직후부터이다. 중국에서 활동하던 독립운동가들 사이에서는 공산주의자들을 좌익으로, 순수 민족주의자들을 우익으로 호칭하는 일이 간혹 있었으나 일본의 식민지 지배를 받고 있던 국내에서는 그 용어가 별로 사용되지 않았다.

8 · 15해방 직후에도 공산주의자들을 중심으로 한 좌익세력이 조선건국준비위원회(약칭 건준)나 조선인민공화국(약칭 인공)을 조직하면서 정국의 기선을 장악하고 나선 9월초까지는 아직 좌익과 우익이라는 용어가 별로 사용되지 않았다. 그들에 대항하는 조직화된 세력이 등장하지 않았기 때문이다. 그러다가 9월 중순 건준-인공에 맞서는 한국민주당이 등장한 이후부터 좌익과 우익이란 용어의 사용이 점차 확산되기 시작했다. 1945년 12월 모스크바협정이 발표된 후 모스크바협정에 내포된 신탁통치에 대한 찬성과 반대를 둘러싸고 남한의 정치세력이 선명하게 양분되면서 신탁통치 찬성편에 가담한

공산주의자들과 그 주변세력을 좌익, 반대편에 가담한 이승만-김구-한민당 중심의 세력을 우익으로 호칭하는 것이 일반화되었다.

1960년대까지 우리나라에서는 좌익과 우익이라는 용어가 널리 사용되어왔다. 1970년대 이후 사상문제에 대한 대중의 관심이 희박해지면서 좌익과 우익이라는 용어는 잘 사용되지 않았다. 1980년대에는 사회주의혁명을 궁극적 목적으로 하는 민중민주주의혁명을 추진하는 좌익혁명세력이 의미있는 규모로 등장했으나 정부와 언론기관들은 그들을 '좌경세력'이나 '운동권세력'이라 호칭했다. 좌익혁명세력은 자기들을 '변혁세력'이라 호칭했다. 동유럽의 공산권 국가들에서 공산주의체제가 와해되고 전 세계적으로 사회주의에 대한 혐오 풍조가 일어나자 이 나라의 민중혁명세력 곧 사회주의혁명세력은 1990년대 초부터 자기들을 '진보세력'이라고 자칭했다. 대중의 반감을 사지 않으려는 전술적 고려에서였다. 그들은 자기들을 진보세력이라 부르고 자기들에 반대하는 세력을 보수세력으로 호칭(처음에는 수구세력으로 호칭)하기 시작하고, 운동권에 동조적인 언론계 종사자들이 그러한 호칭법을 추종하면서 우리 사회에서 좌 · 우익이라는 용어를 사용하는 사람들이 극히 희소해졌다. 운동권은 좌익 · 우익 호칭법을 사용하는 사람들을 수구꼴통 극우분자로 취급했다. 그 결과 운동권이 퍼트린 진보 · 보수 호칭법을 마땅치 않게 생각하는 사람들도 운동권 및 그 주변으로부터 욕먹는 것이 겁이 난 나머지 좌익 · 우익의 호칭법을 사용하지 못하고 좌파 · 우파란 호칭을 사용해왔다. 그 결과, 좌익과 우익이라는 용어는 우리 사회에서 기피 용어가 되고 말았다.

우리 사회에서 좌익과 우익이라는 용어가 기피 용어로 된 배경에는 한국 언어생활에 대한 일본의 영향도 한 몫 기여했다. 일본에서는 정치세력을 분류、호칭함에 있어서 좌익 · 우익이라는 용어를 사용하지 않고 혁신세력과 보수세력으로 호칭했다. 게다가 세계의 보편적 기준에서는 극우세력으로 불러야 마땅한 국수주의세력을 '우익' 이라 부르고, 우익세력으로 불러야 마땅한 정치세력 즉 자민당이나 민주당과 같은 세력을 '중도보수세력' 이라 부르며, 좌익세력으로 불러야 마땅한 사회주의세력을 '혁신세력' 이라 호칭해왔다. 군국주의시대의 언어적 유산과, 그에 대한 반동으로 2차 세계대전 종전 직후에 나타난 일본 지식인들의 좌경화현상이 뒤섞여서 그와 같은 비정상적인 정치세력 호칭법이 등장하게 된 것이다.

지리적으로 인접해 있는 탓으로 일본으로부터 문화적 영향을 많이 받는 우리나라에서도 한 · 일기본조약이 체결된 1960년대 이후 해방 전에 교육받은 이른바 '일본어 세대' 를 중심으로 그러한 일본의 비정상적인 정치세력호칭법이 널리 확산되었다. 일본의 신문 잡지를 구독하는 그들 '일본어 세대' 의 지도층 인사들이 일본적인 정치세력호칭법을 '선진적인 것' 으로 착각하여 무분별하게 받아들인 데서 그렇게 된 것이다.

그 결과 정계와 언론계 및 지식인사회에서 해방직후부터 1950년대까지 일관되게 사용되어 온 국제적으로 표준화된 좌 · 우익 중심의 정치세력호칭법을 사용하지 않고 일본식의 보수 · 혁신 중심의 정치세력 호칭법을 주로 사용하는가 하면, 일본에서처럼 우익=국수주의세력으로 간주하는 경향이 확산되었다. 동시에 사상적 입장으로 보아 분명히 우익에 속하는 인사나 세력이 그러한 일본적 용어 사용의 영향을 받아 자기들에게 '우익'이라는 명칭이 붙여지는 것을 기피하고, 사상적 입장으로 보아 분명히 좌익으로 불러야 마땅한 사람이나 세력을 '좌익'이 아닌 다른 명칭, 즉 혁신세력, 진보세력, 급진세력, 좌경세력 등으로 부르는 기이한 현상이 초래되었다.

이처럼 좌 · 우익이라는 용어가 기피 용어가 됨에 따라 오늘날 우리 사회에서는 좌 · 우익이나 그것으로부터 파생된 용어들(극좌, 극우, 중도파 등)의 정확한 의미를 모르는 사람들이 많아졌고, 이론적으로 볼 때 '좌익'과 '우익'으로 불러야 할 대상을 '좌파'와 '우파' 혹은 '진보세력'과 '보수세력'으로 잘못 부르는 사람들도 많아졌다. 그야말로 우리나라 국민들은 세계에서 가장 치열한 좌 · 우 사상대결의 무대에서 살고 있으면서도 좌익이 무엇인지 우익이 무엇인지, 좌파가 무엇인지 우파가 무엇인지를 정확히 모른 채 살고 있는 것이다. 이러한 사실을 생각하면, 우리 사회가 심각한 사상혼란 혹은 사상문제에 대한 인식의 혼란에 빠져 있는 것은 당연하다는 생각이 들게 된다.

좌 · 우익의 정확한 의미가 무엇인지, 좌 · 우익과 좌 · 우파라는 용어를 어떻게 사용하는 것이 적합한 것인지를 알려면, 먼저 좌·우익이란 용어의 역사적 연원부터 정확히 파악해야 한다.

02 : 좌 · 우익의 연원

좌익과 우익이라는 용어가 정치세력을 지칭하는 용어로 사용되기 시작한 것은 프랑스 혁명 초기부터이다. 그러한 용어가 사용되게 된 연유와 처음 사용될 때의 의미를 정확히 이해하려면 프랑스혁명 초기의 상황에 대한 약간의 긴 설명이 필요하다.

프랑스국왕 루이 16세는 자신의 무능과 실정으로 국가의 재정이 파탄 위기에 처하자 그것을 해결하고자 세금징수 확대를 모색했다. 왕은 세금징수 확대에 대한 프랑스 신민들의 지지를 유도하기 위해 1789년 5월 초 승려, 귀족, 평민의 3개 신분 대표들의 회의인 '3부회의'를 소집했다. 프랑스 왕국의 역사상 180년 만에 처음으로 소집된 3부회의에는 제1신분(승려) 대표 308명, 제2신분(귀족) 대표 285명, 제3신분(평민) 대표 621명 등 도합 1,214명의 대의원이 참여했다. 〈※ 어떤 서적은 3부회의에 참여한 각 신분의 대표수를 승려대표 291명, 귀족대표 270명, 평민대표 578명으로 적고 있다.〉

회의가 개막된 직후 3부회의의 진행 및 의결방법을 놓고 특권신분인 승려와 귀족의 대표들과 평민대표들이 대립했다. 특권신분대표들은 각 신분별로 회의를 진행하고 의결하여 3개 신분의 결정을 동등한 가치로 취합하여 3부회의 전체의 의결로 삼을 것을 주장했다. 그에 반해 평민대표들은 3개 신분의 대표들이 모두 함께 회의를 진행하고 그 회의에서 다수결로 의결하자고 주장했다.

특권신분대표들과 평민대표들의 이러한 입장 차이는 당시 3부회의의 신분별 대표수 및 대표들의 사상성향 때문에 나타나게 된 것이다. 3부회의에서 자유주의사상을 가진 평민대표들의 숫자는 전체의 절반을 초과했다. 게다가 승려대표 및 귀족대표 중의 일부는 평민대표들과 공통된 사상(자유주의사상) 경향을 가지고 있었다. 이러한 조건에서 평민대표들의 주장대로 3개 신분의 대표들이 함께 회의를 하고 다수결로 의견을 결정하게 되면 회의의 결정은 평민대표들의 주장대로 이루어지게 되었다. 반대로 특권신분대표들의 주장대로 3개 신분의 대표들이 별도로 회의를 진행하고 의결을 하게 되면 3부회의의 결정이 승려대표와 귀족대표들의 의견대로 이루어지게 되었다.

왕은 승려대표와 귀족대표들의 의견을 받아들여서, 3부회의를 각 신분별로 진행하라고 명령했다. 특권신분대표들은 왕의 명령에 따랐으나 평민대표들은 그에 따르지 않았다. 왕의 명령에 분노한 평민대표들은 3개 신분 합동회의를 주장하면서 매일 회의장에서 농성 성격의 회의를 개최하면서 자기들의 주장을 받아들일 것을 요구했다. 아무런 사전준비 없이 즉흥적으로 시작된 이 농성 성격의 회의가 세계사적 대사건인 프랑스혁명의 시작이었다.

평민대표들의 농성 성격의 회의가 1개월 정도 지나자 승려대표 19명이 평민대표에 합류해왔다. 이에 대세가 자기들 편으로 기울어지고 있다고 판단한 평민대표들은 자기들의 회의를 프랑스 국민 전체를 대표하는 '국민의회'라고 일방적으로 선포했다. 아울러 국민에 대한 정부의 세금부과는 국민회의의 동의 없이는 할 수 없도록 하는 법률을 통과시켰다. 그러자 화가 난 왕은 자칭 국민의회의 결정을 무효라고 선언하는 동시에 평민대표들의 회의를 저지하기 위해 회의장을 폐쇄했다.

평민대표들은 그에 굴하지 않고 1789년 6월 20일 장소를 실내 테니스코트로 옮겨 회의를 계속했다. 이날 회의에서 평민대표들은 "헌법이 제정되어 확고한 토대를 구축할 때까지 국민의회를 해산하지 않고 가능한 어떤 장소에서든지 회합을 가질 것"을 선언했다. 이것이 유명한 '테니스코트선언'이다. 이 선언은 평민대표들에 동조적인 승려대표 및 귀족대표들을 끌어들이는 효과를 나타냈다. 평민대표들이 6월 22일 다시 장소를 옮겨 베르사유 시내에 있는 생루이성당에서 회의를 개최했을 때 다수의 승려대표와 약간 명의 귀족대표들이 회의 장소로 찾아와 평민대표들에 합류했다. 평민대표들은 특권신분대표들을 뜨겁게 환영하면서 그들을 존경하는 뜻에서 성당 회중석의 오른쪽 좌석으로 안내했다. 서구 기독교문화에서는 오른쪽이 우월하고 좋은 위치를 상징하고 왼쪽이 열등하고 나쁜 위치를 상징했기 때문이다. 영어의 고어에서 '불길한', '사악한'의 의미를 가진 sinister가 '왼쪽의'라는 뜻으로도 사용되었다는 점을 알면 그러한 사실을 쉽게 이해할 수 있다.

왕은 다음날 원래의 3부회의 회의장에서 3부회의를 다시 소집하고, 평민대표들의 국민의회가 결정한 사항들이 무효임을 재차 선언하고 3개 신분이 별도로 회의를 진행할 것을 다시 명령했다. 생루이성당 회의에 참석하지 않았던 특권신분대표들은 회의장을 떠났으나, 평민대표들과 생루이성당 회의에 참석했던 특권신분대표들은 회의장을 떠나지 않고 다시 농성 성격의 회의를 계속하면서 앞서 자기들이 결정했던 사항들을 재확인했다.

시간이 갈수록 국민의회에 동참하는 승려대표와 귀족대표들의 숫자가 늘어났다. 평민대표들은 생루이성당에서의 선례에 따라 그들 특권신분대표들을 회의장의 오른쪽 좌석으로 안내했다. 3부회의 개막 때부터 상석인 오른쪽 좌석은 특권신분대표들에게 배정되었으나 왕에 의해 상석이 배정된 것과 평민대표들에 의해 상석이 배정된 것은 다른 의미를 가졌다. 마침내 왕은 대세에 밀려 6월 27일 특권신분대표들에게 국민의회에 동참하라는 서한을 보냈다. 그날 이후 나머지 승려대표들과 귀족대표들이 모두 국민의회에 합류해왔으며, 그들은 모두 오른쪽 좌석으로 '모셔'졌다.

혁명이 진전되면서 신분제가 폐지되고, 신분의 차이가 사라진 국민의회 대표들은 당초의 신분 구분을 떠나 정견에 따라 자유롭게 오른쪽 좌석과 왼쪽 좌석을 옮겨가며 자리를 잡았다. 특권신분대표들 가운데 평민대표들과 정견을 같이 하는 사람들은 평민대표의 주류가 차지하고 있는 왼쪽 좌석으로 가서 앉고, 평민대표들 가운데 특권신분대표들과 정견을 같이 하는 사람들은 특권신분대표 주류가 차지하고 있는 오른쪽 좌석으로 가서 앉았다. 그러다 보니 오른쪽 좌석의 대표들은 과거 특권신분의 사고를 계승하여 정치체제의 점진적 변화를 추구하면서 입헌군주제를 지지하는 사람들이었고, 왼쪽 좌석의 대표들은 정치체제의 급격한 변화를 추구하면서 공화제를 지지하는 사람들이었다. 당시에는 정당이 존재하지 않아 입장이 다른 두 대표집단을 부르는 적당한 명칭이 없었기 때문에 그들의 좌석배치에 따라 오른쪽 좌석의 대표들을 우익이라 부르고, 왼쪽 좌석의 대표들을 좌익이라고 불렀다. 좌익과 우익은 국민의회 대표들의 좌석 배치와 연결된 정치세력에 대한 환유적 명칭으로 등장한 것이다.

03 : 19세기 후반 이후 좌 · 우익의 의미

혁명이 진전되면서 국민의회 좌 · 우익 대표집단의 구성과 사상 경향에도 변화가 일어났다. 초기에는 우익 대표들의 노선은 입헌군주제 옹호(보수주의)였고, 좌익 대표들의 노선은 민주공화제 옹호(자유주의)였다. 왕을 단두대에서 처형한 뒤에는 입헌군주제 옹호파가 몰락하여 원래의 우익이 사라졌다. 그러자 원래 좌익이었던 민주공화제를 옹호하는 자유주의세력 내에서 분화가 이루어져 보다 온건한 세력(페이양파)이 우익이 되고, 보다 과격한 세력(쟈코뱅파)이 좌익이 되었다.

프랑스혁명기에 처음 사용된 정치세력 호칭용어로서의 좌익과 우익은 그 후 서구 전역으로 확산되어 우익은 기득이익을 유지하기 위해 현상의 변화를 거부하거나 변화를 인정하더라도 온건하고 느린 변화를 추구하는 세력을 지칭하고, 좌익은 현상의 변화를 적극적으로 추구하고 변화를 보다 과격한 방법으로 급속하게 추진하려는 세력을 지칭하는 용어가 되었다.

그러나 좌익과 우익은 명사(名詞)적 용어가 아니라 대명사(代名詞)적 용어이기 때문에 그 용어로 호칭되는 정치세력의 구체적인 사상 경향은 시대의 변화에 따라 달라지게 되었다. 19세기 후반 이후에는 사회주의세력이 유럽 전역에서 기승을 부리면서부터 좌익세력, 곧 과격세력은 사회주의세력을 의미하게 되었다. 좌익세력이라는 정치적인 대명사적 명칭이 지칭하는 세력이 프랑스혁명기의 공화파세력에서 사회주의세력으로 바뀐 것이다. 사회주의라는 보다 과격한 사상을 가진 세력이 의미 있는 규모로 등장하자, 공화주의세력이 과격세력의 지위를 사회주의세력에게 넘겨준 셈이다. 1917년 혁명을 통해 러시아에서 사회주의세력이 정권을 장악하고, 전 세계를 사회주의화하려는 사회주의세력이 강해지면서 사회주의세력을 좌익으로 부르는 호칭법이 전 세계적으로 보편화되었다.

사회주의세력이 좌익의 명칭을 가지면서 자유주의세력과 보수주의세력에 대한 대명사적 명칭에도 변화가 불가피했다. 일반적으로 자본주의를 지지하는 세력이 우익으로 호칭되었으나, 각 지역의 정치세력의 분포에 따라 그 명칭이 달라졌다. 사회주의세력, 자유주의세력, 보수주의세력이 모두 의미 있는 규모로 존재하는 지역에서는 사회주의세력이 좌익, 보수주의세력이 우익, 자유주의세력(특히 수정 자유주의노선을 추구하는 자유주의세력. ※ 수정 자유주의노선이 무엇인가는 이 책 4장 「자유주의와 신자유주의」에서 설명하고 있다)이 중도파로 호칭되었다. 사회주의세력이 강해지고 보수주의세력이 쇠퇴한 지역에서는 자유주의세력이 우익으로 호칭되었다.

사회주의세력도 미미하고 보수주의세력도 미미한 미국과 같은 나라에서는 자유주의세력이 고전적 자유주의세력과 수정적 자유주의세력('수정'을 빼고 '자유주의세력'으로 자칭함)을 구분하여 전자가 우익으로, 후자가 좌익으로 호칭되었다. 1940년대 이후 미국에서도 사회주의세력 및 뉴레프트가 의미 있는 규모로 등장하면서 사상 스펙트럼에서 수정 자유주의는 좌익이 아닌 중도노선이 되었다. 미국에서는 우익(고전적 자유주의세력: 보수주의세력, conservatives)과 중도세력(수정 자유주의세력: 자유주의세력, liberals)이 압도적으로 크고, 좌익이 미미해서 주요 정치세력을 호칭함에 있어서 좌 · 우익으로 호칭하기가 부적절해졌다. 그렇다고 우익 · 중도 호칭을 사용하는 것도 자연스럽지 못하다. 그래서 오늘날 미국에서는 좌 · 우익 대명사적 호칭을 사용하지 않고 보수주의세력(conservatives)과 자유주의세력(liberals)이라는 명사적 호칭을 사용하는 것이 일반화되었다. 한국에서는 liberals를 '진보세력'으로 번역하여, 미국의 정치세력 대결을 '보수세력 대 진보세력'의 대결이라고 서술하는 일이 일반화되어있다. liberals를 진보세력으로 번역하는 것은 큰 오역이다. 〈※ 이에 관해서는 이 책의 3장(진보와 진보주의)과 4장(자유주의와 신자유주의)에서 좀 더 자세히 서술하고 있다.〉

보수주의세력과 자유주의세력이 존재하지 않는 사회주의국가에서는 공산주의자들 가운데 현실여건을 무시하고 마르크스-레닌주의의 교조에 지나치게 매달리는 자들, 현실여건을 너무 중시하여 사회주의의 기본적 사항을 무시하고 자본주의적 경향과 타협하려는 자들을 지적하여 좌 · 우 호칭법으로 호칭한다. 즉 전자를 좌경모험주의세력으로, 후자를 우경기회주의세력으로 호칭한다. 현실여건을 무시하는 교조주의적 노선도 취하지 않고 자본주의적 경향과 타협하지도 않는, 바꾸어 말해서 '좌 · 우경 오류'를 범하지 않는 공산주의자들만 진정한 공산주의자들이라는 것이 공산주의자들의 주장임은 두말할 필요가 없다.

우리나라에서도 8 · 15해방 직후부터 사회주의세력을 좌익으로, 자본주의세력을 우익으로 분류하여 호칭하는 관행이 도입되었다. 당시 사회주의진영의 정당과 파벌들은 자신들을 좌익이라고 자칭했고 다른 세력들도 그들을 좌익이라고 불렀다. 반면에 자본주의를 옹호(실제로는 수정 자본주의를 옹호)하는 정치세력들은 자신들을 우익이라고 자칭했고, 다른 세력들도 그들을 우익이라고 불렀다. 자타가 공히 사회주의세력과 자본주의세력을 좌익과 우익으로 불렀으며 그에 대해 어느 누구로부터도 이견이 없었다. 다만 우익진영의 핵심인물 중의 하나인 김구 선생이 이승만 박사의 세력과 갈등을 빚으면서 한독당 내 좌경성향 인물들의 영향을 받아 한때 자기가 좌 · 우익 중의 어느 하나로 호칭되는 것에 대한 거부감을 표명한 적이 있었을 뿐이다.

04 : 좌익=진보, 우익=보수 호칭의 부당성

해방 직후부터 1970년대까지 우리 사회에서 아무런 거부감 없이 사용되어오던 좌익=사회주의세력, 우익=자본주의세력이라는 사상 호칭이 1990년대 초부터 갑자기 사라지고, 우익세력과 보수세력, 좌익세력과 진보세력을 호환적으로 호칭하거나 동의어처럼 간주하여 보수-우파세력과 진보-좌파세력이라는 호칭 관행이 일반화되고 있는 것은 매우 부적절한 일이다. 그러한 호칭관행은 좌익=사회주의세력, 우익=자본주의세력이라는 호칭이 정착된 세계 공통의 용어법에 비추어 볼 때도 부적절하고 우리나라의 정치사에 비추어 볼 때도 부적절한 한 일이다.

또한 이론적으로 보더라도, 우익(파)을 보수세력과 동일시하며 좌익(파)을 진보세력으로 동일시하는 것은 매우 부적절하다. 우익세력을 보수세력과 동일시하며 호환적으로 호칭하는 것은 사회주의에 반대하는 우익세력 중에는 현상유지를 바라거나 변화에 소극적인 세력도 있고, 변화를 적극적으로 추구하는 세력도 있다는 사실과 충돌한다. 사회주의에 반대하는 세력 가운데는 급속하고도 규모가 큰 변화를 추구하는 세력도 있다. 예를 들면, 반공 독재국가에서 급격한 자유민주주의화를 위해 투쟁하는 사람들은 급격한 변화를 추구한다는 이유로 좌익이라고 부를 수 없다. 그들은 급격한 현상의 변화를 추구하지만 그들의 노선은 현대 세계에서 보편적으로 우익노선으로 인정되는 자본주의와 자유민주주의를 옹호하는 것이기 때문이다. 또 자유민주화가 어느 정도 진척된 사회에서도 자유민주주의 노선을 추구하면서, 사회의 자유민주화 수준을 높이기 위해 다방면에 걸쳐 개혁을 추구하는 세력이 존재한다.

그들 두 세력은 우측 방향으로 사회를 변혁시키려는 우익개혁세력이지 결코 현상유지를 바라거나 현상의 변화에 소극적인 세력이라 할 수 없다. 사회의 변혁은 사회주의화라는 좌측 방향으로도 추진될 수도 있고, 자유민주주의화라는 우측 방향으로도 추진될 수 있는 것이다. 이처럼 사회주의에 반대하면서 변화지향적인 우익세력들을 보수세력으로 호칭하는 것은 타당하지 않다. 현상유지를 바라거나 변화에 소극적인 노선을 취한다는 의미를 가진 보수세력이라는 호칭은 그들의 변화추구노선과 정면으로 대립하기 때문이다. 따라서 우익세력을 보수세력과 동일시하는 것은 타당하지 않다.

그런가 하면, 모든 변화추구세력을 무조건 좌익으로 호칭하고 현상유지를 추구하는 모든 세력을 우익으로 호칭하는 것도 타당하지 않다. 예를 들면, 사회주의국가에서 자본주의사회로의 급속한 변화를 추구하는 세력을 단지 급속한 변화를 추구한다는 이유로 좌익이라고 부를 수 없다. 자본주의자인 그를 좌익이라고 말하면 좌익=사회주의세력이라는 일반화된 용어법과 배치된다. 또 사회주의국가에서 사회주의체제를 수호하려는 세력을 단지 변화에 거부적이라는 이유로 우익이라고 호칭하게 되면 우익=사회주의반대세력이라는 일반화된 용어법과 배치된다.

좌익세력과 진보세력을 동일시하며 호환적으로 호칭하는 것은 '진보' 라는 용어의 의미가 '사물의 상황이 보다 좋은 상태로 변화하는 것' 이기 때문에 타당하지 않다. 사회주의세력인 좌익세력을 진보세력이라고 호칭하게 되면 사회주의는 세상을 보다 좋은 상태로 변화시키는 사상이라는 의미를 수용하는 것이 된다. 사회주의자에게는 사회주의화가 진보이지만, 사회주의에 반대되는 사상을 가진 사람에게는 사회주의는 세상을 보다 좋은 상태로 변화시키는 사상이 아니라 세상을 매우 나쁜 상태로 변화시키는 사상이다. 따라서 사회주의국가에서는 사회주의세력인 좌익세력을 진보세력과 동일시하고 호환적으로 호칭하는 관행이 일반화되는 것에 대해 비판할 수 없지만, 사회주의국가가 아닌 나라에서 사회주의세력인 좌익세력을 진보세력과 동일시하고 호환적으로 호칭하는 것은 타당하지 않다.

사회주의국가도 아니고, 사회주의자보다 사회주의 반대자들이 더 많은 한국사회에서 사회주의세력인 좌익세력에게 세상을 보다 좋은 상태로 변화시키는 세력이라는 의미를 가진 진보세력으로 호칭하는 관행이 일반화된 것은 매우 부당한 일이다. 사회주의국가에서, 그리고 비사회주의국가의 사회주의 언론매체에서나 행하는 일인 좌익세력과 진보세력을 동일시하고 호환적으로 호칭하는 관행이 한국 사회에서 일반화되었다는 것은 한국사회의 언어생활이 사회주의세력에 의해 지배되고 있음을 시사한다. 언어생활이 사회주의세력에 지배당하고 있다는 사실은 우리나라가 사회주의화 되는 데 대한 사상적 방어벽이 해체되었음을 의미할 수도 있다.

05 : 극우, 극좌, 중도파, 좌경, 우경

좌 · 우익의 호칭법으로부터 여러 가지 용어들이 파생했다. 극좌와 극우라는 호칭과 중도(간)파라는 호칭이 파생했고 좌경(화) 우경(화) 등의 용어도 파생했다.

정치세력을 좌 · 우익으로 호칭하기 시작한 프랑스혁명 때는 그러한 파생적 호칭은 등장하지 않았으나 서구에서 사회주의세력 대 반사회주의세력의 투쟁이 심화되면서 그러한 호칭이 등장했다.

파생어들 가운데 '극우' 와 '중도파' 가 먼저 등장했다. 사회주의세력을 제압하기 위한 투쟁을 전개하는 세력들 가운데 파시스트(독일에서는 나치스)세력이 등장하면서 그들이 극우파로 불리어졌다. 그들은 반사회주의적인 동시에 반민주적인 극단적 노선을 취하고 있었으며 사회주의세력과의 투쟁에 있어서 불법적 폭력행사와 같은 극단적인 수단을 주저 없이 사용했다. 그래서 처음에는 주로 사회주의세력들이 그들을 우익과 동류의 세력으로 몰아붙이려는 선전 전술적 고려에서 '극우세력' 이라 불렀고, 점차 그것이 일반화되었다.

이같이 볼 때 우리 사회에서 일부 반공의식이 확고한 인사들이 자신들의 반공성향을 과시하기 위해 "우리는 극우야"라고 말하는 것은 매우 부적절한 것임을 알 수 있다. 반공의식이 아무리 강하더라도 좌익세력을 공격하기 위해 폭력 등과 같은 극단적인 수단을 사용하지 않는 한, 그리고 자유민주주의를 반대하지 않는 한 그들은 우익일 따름이지 결코 극우는 아니다.

오늘날에 와서는 좌익, 그중에서도 혁명적 좌익세력은 자기들에게 강력히 반대하는 세력에게는 거의 무조건적으로 '극우'라는 딱지를 붙이는 경향이 있다. 1980~90년대에 구미의 혁명적 좌익분자들은 서독의 콜 정권, 미국의 레이건 정권, 영국의 대처정권 등을 모두 '극우 정권'이라고 불렀다. 오늘날 우리나라에서도 반공입장을 강경하게 주장하는 사람과 세력은 그들이 아무리 민주적이고 비폭력적 수단을 고수해도 좌익세력과 일부 언론기관에 의해 '극우'로 자주 호칭되고 있는 바, 이는 좌익들의 그러한 전통과 용어전술에 따른 것이다. 민주적이고 비폭력적이면서 반공적인 개인과 단체를 오로지 반공 입장을 취한다는 이유로 극우인사나 극우단체로 호칭한다는 것은 그렇게 호칭하는 사람들이 공산주의자들이거나 그 동조자들임을 시사한다.

중도파는 사회주의세력 대 자본주의세력간의 투쟁이 과도하게 치열해져 그로 인한 피해가 커지고 그러한 격렬한 투쟁에 대한 혐오감을 가진 사람들이 생기면서 등장한 용어이다. 사회주의와 자본주의를 다 같이 비판하거나 양자를 절충하는 노선을 제시하는 세력을 중도파로 부르게 된 것이다. 해방 직후 한국에서는 그들을 중도파보다는 부정적인 뉘앙스가 담긴 중간파로 불렀다. 당시 중간파는 좌익과 우익 사이를 오락가락하는 세력 혹은 기회주의적인 부류로 간주되었기 때문에 그같이 호칭된 것이다. 그러나 오늘날에 와서는 사상대결에 대해 비판적 관점이 유행하고 또 통일을 무엇보다도 우선시하는 감상적인 민족주의 의식이 확대되면서 그들 중간파를 크게 긍정적으로 평가하는 사람들이 많이 나타났고, 그에 따라 그들에 대한 호칭도 중간파 대신 보다 긍정적인 뉘앙스를 지닌 중도파로 부르고 있다.

극좌파라는 호칭은 2차 세계대전 후 비공산 사회에서 사회주의 혁명투쟁을 하는 집단들 가운데 테러와 무장 게릴라 등 극단적인 수단을 사용하는 세력들이 등장하면서 그들을 지칭하는 용어로 널리 사용되었다. 투쟁에 있어서 노동자 파업이나 군중시위 등 비교적 비폭력적이고 불법성이 약한 수단을 사용하는 사회주의세력과 그들을 구별하기 위해 극좌파라는 호칭이 동원된 것이다. 우리나라 언론매체들은 '극우' 와 '중도' 라는 용어는 곧잘 사용하면서 '극좌' 라는 용어는 잘 사용하지 않고 있다. 이것도 한국언론계의 좌편향성을 입증해주는 근거라 할 수 있다.

좌경(left-leaning)이나 우경(right-leaning)이라는 용어는 문자 그대로 좌익 쪽으로 기울어지거나 우익 쪽으로 기울어지는 것을 뜻한다. 다시 말해서 사회주의 쪽으로 기울어지면 좌경화된 것이고, 자본주의 쪽으로 기울어지면 우경화된 것이다.

사회주의자의 경우, 현실을 무시하고 마르크스-레닌주의의 교조에 지나치게 맹종한다거나 극단적인 투쟁수단을 사용하려 하면 좌경화되었다 하고, 현실여건을 너무 중시하여 자본주의적 요소와의 타협도 불사하려 하면 우경화되었다고 한다. 자본주의자의 경우, 사회주의적 주장에 동정적 태도를 취하면 좌경화되었다고 한다. 자본주의자의 경우에는 우경화라는 용어는 잘 사용하지 않으며 그 대신에 극우화라는 용어가 사용된다. 중도적 노선을 취하는 사람의 경우, 사회주의에 보다 동조적으로 되면 좌경화된 것이고 자본주의에 보다 동조적으로 되면 우경화된 것이다.

우리나라에서는 1980년대 중반부터 1990년대 전반까지의 시기에 명백한 사회주의세력을 좌경세력이라고 부르거나, 심지어는 자기들의 투쟁을 위해 폭력수단을 주저 없이 사용하는 사회주의 혁명분자들마저도 좌경세력이라 불렀다. 이는 이론상으로 전혀 타당하지 못한 호칭이다. 이론상으로 볼 때, 자본주의사회인 대한민국 사회에서 좌경분자라면 기본적으로 자본주의를 지지하면서 사회주의에 대해 다소 동조적인 태도를 취하는 사람을 뜻하며, 그러한 사람들은 폭력수단을 동원하는 과격한 투쟁을 하지 않는다. 또한 사회주의세력이 아닌 단순한 좌경세력 정도라면 우리나라에 그다지 해로운 존재도 아니다. 어떤 세력을 단지 좌경세력으로 호칭하면서 체포 · 투옥한다는 것은 민주국가에서는 정당화될 수 없는 일이다. 또한 좌경폭력

세력이라는 용어도 이치에 맞지 않다. 사상이 단지 좌경화된 정도로는 사상을 위한 투쟁에서 폭력을 사용하는 일이 희소하기 때문이다.

당시 당국자들은 자기들이 체포 · 투옥한 자들이 사회주의혁명을 추구한다는 사실을 정확히 파악하지 못했거나 용어의 의미를 정확히 몰랐기 때문에 그러한 용어상의 오류를 범한 것이다. 폭력까지 주저 없이 사용하면서 단지 전술상 노골적으로 사회주의라는 상표를 표면에 내세우지 않을 뿐 내용 면에서는 완전히 사회주의적인 주장을 하는 자들은 좌익세력으로 불러야 타당하다.

06 : 신좌익과 신우익

기존의 좌익 및 우익과 전체적인 지향은 유사하면서도 주장의 구체적 내용과 행동방식이 다른 좌익 및 우익세력을 지칭하기 위해 신좌익과 신우익이란 용어들이 만들어졌다. 대체로 기존의 좌익이나 우익에 비해 주장이나 행동방식이 보다 강할 때 '신(new)'을 붙여주게 된다. 좌익이나 우익에 '신'을 붙이는 것은 '신00'을 자처하는 세력이 자신들을 기존 좌익이나 우익과 구별하고 싶어서 스스로 그렇게 할 수도 있고, 언론매체들이 기존의 좌익이나 우익과 구별하기 위해서 편의상 '신'을 붙여줄 수도 있다.

신좌익이란 용어가 사용되기 시작한 것은 1950년대 후반 영국에서부터이고, 신우익이란 용어가 사용되기 시작한 것은 1970년대 중반 영국과 미국에서부터이다.

1950년대 말, 영국에서 신좌익으로 지칭되었던 세력은 소련의 스탈린 독재체제에 대한 비판적 관점과 전후 서구사회의 상황에 대한 비판적 관점을 동시에 가지면서 보수주의와 사회민주주의를 두 개의 축으로 하는 기성 권력구조의 타파와 기성세대의 거세를 주장하는 20~30대의 젊은 마르크스주의자들이었다.

영국에서 등장한 신좌익운동은 1960년대 초부터 미국의 대학가에서 강한 공명현상을 불러일으켰다. 신좌익운동은 때마침 미국에서 전개되고 있던 학원민주화를 주장하는 학생운동과 흑인민권운동 및 베트남전쟁반대운동과 상승작용하여 영국에서와는 비교도 되지 않을 정도로 큰 규모로 성장했으며 그 위력 또한 강했다.

미국에서의 신좌익세력은 마르크스주의자들이 주된 구성분자인 영국의 신좌익세력과는 달리 좌경 자유주의자들(기본적으로 자유주의 노선에 따르면서 마르크스주의 이론을 많이 수용하고 기성질서에 대한 과격한 부정행동을 취하는 자들임. 흔히 radical liberals로 호칭됨)과 마르크스주의자들 및 무정부주의자들이 혼합된 세력이었다. 물론 미국의 신좌익에는 미국의 기존 공산주의자들 즉 구좌익과 사상적 및 혈연적으로 긴밀히 연결된 마르크스주의자들도 상당수 있었고 그들의 영향력도 매우 강했으나 그들이 신좌익의 전부는 아니었다. 미국 신좌익세력의 핵심 지휘부에는 공산주의자와 무정부주의자 및 폭력적 흑인운동가들이 헤게모니를 장악하고 있었으나 그들에 의해 조종되는 하위그룹에는 좌경 자유주의자와 문화적 일탈 추구자들(히피족)이 다수를 차지했다.

미국의 신좌익세력은 기성 권력구조가 시민을 소외시키고 겉으로는 자유를 보장한다고 하면서 실제에 있어서는 자유와 개성을 앗아가는 것이라고 비난했다. 그래서 그들은 미국의 기성 권력구조를 타파하고 시민들이 실질적으로 참여하는 참여민주주의(participatory democracy : 참여민주주의에 대한 자세한 사항은 이 책의 제7장에 서술되어 있다.)라는 새로운 권력구조를 수립할 것을 주장했다. 참여민주주의란 용어는 샌프란시스코 인근에 있는 캘리포니아 주립대학 버클리 캠퍼스의 학생운동 지도자들이 중국 문화혁명의 홍위병운동을 모델로 하여 만든 것이다. 그들은 또 현실타협적이고 무기력한 기성세대를 거세할 것(신좌익의 지도자들은 '30대 이상은 쓸어내야 한다'는 말을 자주 했다), '제국주의적인' 미국의 대외정책을 파탄시킬 것, 미국사회의 반공분위기를 타파할 것 등을 주장했다.

신좌익의 이러한 사상투쟁은 베트남의 공산주의자들을 지원하는 미국 내의 제3전선으로 되어 미국을 베트남전에서 패배시키는데 결정적인 기여를 했다. 북베트남의 공산당 지도자들은 훗날 자기들이 국제공산주의운동과 더불어 미국에서의 제3전선 형성에 많은 노력을 경주했으며 그것이 자기들의 승리에 결정적인 도움을 주었다고 회고했다.

또한 신좌익의 그러한 주장은 당시 미국으로 유학 가서 공부한 제3세계 국가들의 지식인들에게 매우 호소력 있게 전파되어 그들의 주장이 본국으로 여과 없이 도입되었다. 한국에서도 1960년대 말과 1970년대 초·중반에 미국 유학을 한 사람들에 의해 신좌익적 이론과 사고가 많이 보급되었으며, 그들이 1980년대 대학가의 마르크스주의 붐의 맹아를 조성하는데 기여했다.

미국에서는 1960년대 신좌익운동에 참여했던 학생들이 대학 졸업 후 시민을 '계몽' 시켜야 장차 미국사회를 자기들이 생각대로 개혁할 수 있다고 판단, 교육계와 언론계로 대거 진출했다.

1970년대 중반 이후 서구 선진민주국가 특히 미국과 영국에서 등장한 신우익은 개인의 자유와 책임, 시장의 원리에 충실한 경제, 공기업의 민영화, 법과 질서의 확립, 강력한 국가 등을 주장하며 경제에 대한 국가의 간섭, 지나친 사회복지와 노동자 보호, 도덕적 관용, 국제공산주의운동 등에 대해 반대하는 노선을 취하는 정치적 세력을 지칭한다.

미국과 영국은 1970년대 초반 중동전쟁의 여파로 초래된 오일쇼크로 인해 심한 경제적 곤란을 겪었다. 미국과 영국의 일부 과감한 우익정치인들은 자기 나라의 경제가 이처럼 외부충격에 허약하고 곤란을 심하게 겪는 것은 경제에 대한 국가의 간섭이 심하여 경제가 시장원리에 따라 운영되지 못하고, 과도한 사회복지로 인한 국가재정의 부담이 너무 과중하기 때문이라고 판단하여 경제난을 해결하려면 종전의 정책 노선을 과감히 수정해야 한다고 주장하게 되었다. 동시에 그들은 1960년대 신좌익 선풍으로 인해 공산주의에 대한 경각심이 약화되고 도덕적 타락현상이 심화된 것을 바로 잡아야 하며, 소련과 공산주의자들의 사회주의혁명 위협에 대응하기 위해 미국 혹은 영국이 강력한 국가로 재건되어야 한다고 주장했다. 이러한 입장은 이제까지 정부의 경제에 대한 간섭과 사회복지 확대에 대해 크게 반대하지도 않아 왔고, 공산주의와 도덕적 관용주의에 대해 상당히 타협적인 태도를 취해왔던 기존 우익의 노선과 다른 것이었다. 미국과 영국의 신우익의 입장은 정부의 경제활동에 대한 간섭과 사회복지 확대 노력에 대해 보다 비판적이고(자유경쟁시장원리를 더욱 강하게 실천하려 하고) 공산주의와 도덕적 관용주의에 대해 보다 단호하게 반대하는 노선이라고 말할 수 있다.

이러한 신우익의 입장을 대표하는 정치인은 영국의 대처 수상과 미국의 레이건 대통령이다. 이들 두 지도자는 신우익 노선에 따른 정책을 고집스럽게 추진하여 영국의 경제난을 극복하고 미국경제를 다시 번영의 길로 안내했다. 20세기 말까지 미국이 2차 세계대전 종전 후 최대 최장의 호황을 누리고 영국이 건실한 경제를 유지하고 있는 기반은 레이건과 대처의 신우익 노선에 의해 구축되었다. 또한 레이건의 신우익 노선은 자유진영과 공산진영간의 냉전에서 자유진영의 승리를 이끌어 낸 요인의 하나였다. 소련, 동유럽의 사회주의 체제 붕괴의 중대한 요인의 하나는 이들 두 지도자에 의해 대변되는 구미 선진국들에서의 신우익 노선의 성공이라고 할 수 있다.

07 : 일본과 한국의 신우익

일본에서는 국제적으로 일반화된 좌 · 우익 호칭법을 벗어나 정치세력을 독특하게 호칭한다. 앞서 말한 바와 같이 세계의 보편적 기준에서는 극우세력으로 불러야 마땅한 국수주의세력을 '우익' 이라 부르고, 우익세력으로 불러야 마땅한 정치세력을 '중도보수세력' 이라 부르며, 좌익세력으로 불러야 마땅한 사회주의세력을 '혁신세력' 이라 부른다. 일본에서는 신좌익과 신우익이라는 용어에 대해서도 세계의 보편적 기준과는 다른 태도를 보이고 있다.

일본에서는 우선 신좌익으로 호칭해야 할 자기 나라의 정치세력에 신좌익이라는 용어를 사용하지 않는다. '좌익' 이라는 용어를 잘 사용하지 않았기 때문에 신좌익이라는 용어도 사용할 수 없는 것이다. 1960년대와 1970년대에 일본에서도 구미의 '신좌익' 과 유사한 행태를 보이는 세력이 등장했으나 '신좌익' 으로 호칭되지 않았다. 반면에 일본에서도 '우익' 이라는 용어는 사용되어 왔기 때문에 1960년대 후반부터 신우익을 자칭하는 세력이 등장했다.

일본의 정치세력 호칭법은 국제적으로 보편화된 호칭법과 다르기 때문에 이들 일본의 신우익 역시 미국과 영국의 신우익과는 성격이 다른 세력이다. 일본의 신우익은 1960년대 일본 대학가를 지배한 좌익학생운동에 대한 안티테제적 성격을 띠고 등장한 새로운 우익학생운동에서부터 출발했다.

일본의 기존 우익학생이란 대체로 학내 체육써클 소속 학생들이 중심이 되어, 학교당국과 유착관계를 형성하여 좌익학생들에 폭력을 행사하고 학내 민주화를 탄압하는데 행동대 역할을 하는 학생들이었다. 새로운 우익학생운동 조직은 공부하는 학생들을 중심으로 한 사상운동 조직이었다.

그들의 사상은 '신민족주의'로 이름 붙여졌는 바, 그 신민족주의란 일본의 국가적 자주성을 확립하자는 것을 모토로 하는 것이다. 그들 신우익학생운동집단은 전후 국제체제는 미국과 소련에 의한 세계 분할지배를 목적으로 한 소위 '얄타-포츠담체제'이며 일본은 그러한 얄타-포츠담체제에 희생되어 국가적 자주성을 상실했으므로, 얄타-포츠담체제에 순응하여 만들어진 헌법을 고쳐서 천황에게 실질적 권한을 부여하고 자주국방체제 수립과 영토회복을 실현하여 국가적 자주성을 확립해야 한다고 주장했다.

이러한 새로운 학생운동이 발화점이 되어 기성세대에서도 작가 미시마 유끼오와 이시하라 신따로 등을 선두로 그에 동조하는 사람들이 많이 나타나게 되었으며, 그들을 일본 언론매체도 신우익이라 지칭하게 되었다. 일본의 신우익은 지식인운동세력이라는 점과 기본적으로 민주적 지향성이 상대적으로 강하다는 점에서 국수주의 행동대적 성격을 가진 일본의 기존 우익과 다르다.

일본의 신우익은 1970년 신우익의 상징적 인물의 한 사람인 미시마 유끼오가 신우익의 주장에 대한 지지를 호소하기 위해 공개적으로 할복자살하는 끔찍한 사건이 있은 후 그들에 대해 '지나치다'는 비판적 여론이 가해져 점차 퇴조했다. 그러나 1990년대 중반 이후 일본국민의 정치의식이 우경화하면서 이시하라 신따로의 도쿄도(都) 지사 당선에서 보는 바와 같이 일본 신우익에 대한 대중적 지지가 부활하는 경향을 나타내고 있다.

한국에도 신우익으로 번역될 수 있는 뉴라이트를 자칭하는 세력이 있다. 그러나 한국 뉴라이트의 행태를 보면 구미의 신우익이나 일본의 신우익과 차이가 있다. 한국의 뉴라이트는 대체로 신자유주의 노선을 취하는 점에 있어서는 구미의 신우익과 일치하나 반공을 구우익보다 덜 강조하는 점에 있어서는 구미의 신우익과 다르다. 한국의 뉴라이트는 민족주의를 강조하는 정도가 약하다는 점에서 민족주의를 강도 높게 주장하는 일본의 신우익과도 거리가 있다. 한국의 뉴라이트가 신우익이라는 타당한 번역어가 존재하는데도 불구하고 자기들의 세력명칭을 신우익이라 하지 않고 뉴라이트라고 한 것은 한국의 좌익세력이 전술적인 이유에서 조성해놓은 좌익·우익이란 정치세력 호칭법을 기피하는 사회 분위기를 추종하고 있는 것으로 해석된다.

한국에는 신우익으로 분류될 수 있는 자칭 뉴라이트세력이 존재하나, 신좌익으로 분류될 수 있는 세력은 존재하지 않는다. 한국의 좌익세력은 정통 마르크스-레닌주의 혁명노선이나 스탈린주의 노선인 북한의 김일성 주체사상을 적극적으로 수용하고 있어서 자기들의 명칭을 구미에서처럼 신좌익으로 명명할 처지가 못 된다.

08 : 좌파 · 우파 호칭의 오류

이상에서 살펴본 바와 같이 사상을 달리한 정치세력은 특별한 가치평가가 내포되지 않은 용어인 좌익과 우익으로 호칭하는 것이 역사적으로 보아도 타당하고, 다른 나라의 예에 비추어 보아도 타당하다. 그러나 오늘날 이 나라에서는 사상을 달리한 정치세력을 호칭함에 있어, 좌익과 우익이란 용어를 사용하지 않고 좌파와 우파로 부르는 오류를 너무 많이 범하고 있다. 좌파 · 우파 호칭을 사용하는 사람들은 좌익에 유리한 함의를 내포한 진보 대 보수의 호칭을 사용하기 싫어하는 비좌익 지식인과 정치인들이다.

비좌익 인사들의 좌파 · 우파 호칭은 한국의 사상세력들을 진보 · 보수로 호칭하는 것보다는 상대적으로 더 타당한 호칭이기는 하지만 그러한 호칭 역시 잘못된 것이다. 오늘날 우리 사회에서는 이러한 잘못된 호칭 사용이 이론적인 근거를 별로 따지지 않는 언론계에서만 이루어지고 있는 것이 아니라 이론적 근거를 면밀히 따져서 용어를 사용해야 하는 학계에서조차 광범하게 행해지고 있다. 예를 들면, 해방 직후 남한에서 활동한 좌익과 우익 정치세력을 좌파와 우파로 호칭하는가 하면, 심지어는 좌익을 좌파로 부르고 우익을 극우세력으로 부르기도 한다. 당대에 자칭 타칭 공히 좌익과 우익으로 호칭되었던 해방 직후의 정치세력을 오늘날의 사람들이 아무런 이론적 근거를 제시함이 없이 좌파와 우파로 고쳐 부른다는 것은 언어사용에 두서가 있는 국가에서라면 절대로 발생할 수 없는 이상한 일이다.

사상을 기준으로 구분된 세력의 명칭인 좌익과 우익을 좌파와 우파로 호칭하는 것은 다음의 두 가지 이유 때문에 타당하지 않다.

첫째, 좌익과 우익을 좌파와 우파로 부르는 것은 동양의 한자문화권에서 통용되어 온 정치인들 및 사상운동가들의 집단적 호칭의 단위를 무시한 것이기 때문에 타당하지 않다. 한자문화권에서는 사상적 경향이 동일한 세력을 지칭할 때는 '익'(翼: wing 또는 forces)이라는 단위를, 동일한 사상진영에 속하면서도 정책의 차이로 별도의 정치조직을 만든 경우에는 '당'(黨: party)이라는 단위를, 그러한 당 내부에서 인간적 친분관계나 당면문제에 대한 정책적 입장의 동일성 등으로 뭉쳐진 집합을 지칭할 때는 '파'(派: faction)라는 단위를 각각 사용했다. 예를 들면, 우익 내 한민당의 김성수파, 혹은 좌익 내 공산당의 박헌영파 등과 같이 호칭했던 것이다. 물체의 크기나 무게를 호칭하는데 도량형의 단위가 있고 그 단위의 순서를 올바로 지켜야 하듯이 정치세력을 호칭하는데도 단위가 있고 그 단위의 순서가 올바로 지켜져야 하는 것이다. 무게의 단위로 비유하면, 익은 kg에 해당하는 단위이고, 당은 g에 해당하는 단위이며, 파는 mg에 해당하는 단위이다. 물체의 무게를 설명함에 있어서 kg → g → mg의 단위 구분을 무시하고 kg으로 호칭해야 할 것을 mg으로 호칭하면 물체의 무게에 대한 인식의 혼란이 초래되듯이 '익' 이라는 단위로 호칭해야 할 세력을 '파' 라는 단위로 호칭하게 되면 그 집단의 성격에 대한 인식의 혼란이 초래되는 것이다. 오늘날 이 나라 언론매체들과 지식인 사회에서 좌 · 우익을 좌 · 우파로 바꾸어 부르는 것은 '익 → 당 → 파' 로 일목요연하게 단위를 구분하여 사용되던 합리적인 정치세력 호칭법을 무시한 것이다. '파' 를 사상적 세력을 지칭하는 단위로도 사용하고 한 정당 내의 파벌을 지칭하는 단위로도 사용하는 것은 문법의 교란과 동시에 인식의 혼란을 야기한다.

둘째, 좌파나 우파는 좌익의 정당이나 우익의 정당 내의 파벌을 호칭할 때도 사용되기 때문에 그것들을 사상적 세력을 호칭하는 단위로 사용하는 것은 타당하지 않다. 예를 들면, 해방공간에서 활동한 우익진영의 정당인 한민당 내에서도 좌파와 우파가 있었고, 좌익진영의 정당인 공산당 내에서도 좌파와 우파가 있었다. 오늘날에도 한나라당 → 새누리당 → 국민의힘당 내에서도 좌파와 우파를 구분할 수 있고 열린우리당 → 민주통합당 → 더불어민주당과 민노당 → 통진당 → 정의당 내에서도 좌파와 우파를 구분할 수 있다. 이처럼 좌파와 우파는 모든 사상진영의 정당 내에 존재하기 마련인데, 정당보다 범위가 넓은 사상진영을 좌파와 우파로 호칭한다는 것은 심각한 언어의 혼란이다. 이러한 상황에서 누군가를 지목하여 '저 사람 좌파야' 라고 말하면, 그가 사상적으로 좌익진영에 속한 인물인지, 아니면 좌익 정당 내의 좌파에 속하는 인물인지, 아니면 우익 정당 내의 좌파에 속하는 인물인지를 분간할 수가 없어진다. 이런 언어의 혼란은 정상적인 정신상태에서는 행하기 힘든 행위이다.

약간만 논리적으로 생각해보면 좌익과 우익으로 호칭해야 할 대상을 좌파와 우파로 호칭하는 것이 타당하지 않다는 것을 금방 파악할 수 있는 것인데도, 우리 사회에서는 사상세력에 대한 인식의 혼란을 유도하는 문법교란적이고 정신분열적인 세력 호칭이 비좌익 지식인들에 의해 널리 사용되어왔다. 이러한 용어혼란에는 좌익으로부터 강한 비판을 받지 않으려는 이 나라 비좌익 지식인 및 정치인들의 비겁성, 그리고 사상관련 용어에 대한 그들의 지식 부족이 작용하고 있을 것이다. 어떤 세력을 좌익세력으로 부르기가 겁나면 좌경세력으로 부르면 된다. 좌익으로 호칭해야 할 대상을 좌파로 호칭하는 것은 그들을 좌경세력으로 호칭하는 것보다 훨씬 심한 오류를 범하는 것이다.

우리 사회에서는 불행하게도 사상문제에 대한 지식의 결여로 인해 이러한 정신분열적 언동을 하는 사람들이 매우 많다. 또한 진보세력이라는 용어가 사회주의자들이 자신들을 미화하여 부르는 호칭이라는 사실을 모른 채 그 용어를 사용하는 사람들도 매우 많다.

Chapter

03

진보와 진보주의

01 : 좌익세력이 애용해온 '진보'

진보(progress)가 사상과 관련된 용어로 우리나라에서 사용되기 시작한 것은 해방 직후부터이다. 공산당을 비롯한 좌익은 해방 직후 자기들의 정치적 입장 천명이나 정강 · 정책을 발표하면서 '진보'나 '진보적 민주주의'라는 용어를 빈번하게 사용했다. 그들이 말하는 진보란 사회주의화이고, 진보적 민주주의는 사회주의 혹은 사회주의를 지향하는 정치체제를 뜻하는 것이었다.

1948년 8월 15일 대한민국이 건국되고 뒤이어 6 · 25전쟁을 겪으면서 공산주의 정당인 남로당이 지하로 숨고, 비남로당계 좌익세력도 세력이 크게 쇠퇴하면서 진보라는 용어도 한국의 정치담론에서 함께 사라졌다. 그러다가 1956년 진보당이 창당되면서 한국의 정치담론에 진보라는 용어가 다시 등장했다.

진보당은 그 당명에서 진보를 사용할 정도로 진보를 애용했으며, 그들의 노선을 밝히는 각종 문건에서 진보라는 용어를 빈번히 사용했다. 진보당은 진보를 혁신과 비슷한 용어로 사용하면서도 혁신보다는 구체적인 강령이 담긴 용어로 사용했다. 진보당의 문건은 '진보', '진보적 근로 인테리', '가장 진보적인 진정한 사회복지국' 등의 용어들을 사용했다. 문맥상으로 보아 진보당 문건에 사용된 '진보적'은 '사회주의 지향적'이라는 의미였다. 진보당이 말하는 진보는 '민주주의적 사회주의'의 실현을 의미했다. 1958년 진보당의 당수 조봉암을 비롯한 진보당 간부들이 간첩사건으로 대거 체포되고 진보당이 해체됨에 따라 진보는 한국의 정치담론에서 다시 사라졌다.

진보가 한국사회에서 다시 중요한 사상적 용어로 재등장한 것은 1980년대 말부터이다. 그때부터 우리 사회에서 혁명투쟁을 전개해 오던 세력 즉 혁명운동권이 스스로를 '진보세력', '진보진영'이라고 호칭하는 일이 빈번해지고, 그들에 동조하는 친운동권 언론매체들이 그러한 호칭의 사용을 확산시켰다. 1990년대 후반부터는 여타 언론매체들과 정치인들이 운동권을 진보세력, 진보진영으로 호칭하는 시류에 편승하였으며, 그에 따라 그러한 호칭법이 우리 사회에서 보편화 되었다. 그 후 초기에 혁명운동권 만을 지칭하던 진보세력 또는 진보진영이 의미하는 범위가 혁명운동권의 영향 하에 있는 주변세력들까지도 포괄하게 되었다.

이처럼 1980년대 말 이후 우리 사회에서 진보라는 사상적 용어가 널리 사용되면서 많은 사람들이 진보세력이 말하는 진보가 무슨 뜻인지, 혁명운동권이 왜 자기들을 진보세력이라 자칭하는지를 알지도 못한 채, 또한 혁명운동권과 그 주변세력을 진보세력이라고 호칭하는 것이 어떤 정치적 효과를 가지는지도 모르는 채 진보세력 및 진보진영이라는 용어를 사용했다. 심지어는 혁명운동권을 국가에 해로운 사람들이라고 강하게 비판하는 사람들마저 혁명운동권을 '세상을 보다 좋은 상태로 변화시키는 세력' 이라는 좋은 의미를 가진 진보세력으로 호칭하는 웃기는 일이 벌어졌다. 최근에는 북한정권을 추종하는 종북세력마저 '진보세력' 으로 간주하는 '종북진보세력' 이라고 호칭하는 사례까지 나타나고 있다.

해방 직후부터 오늘에 이르기까지 이 나라의 좌익세력이 진보라는 용어를 애용해온 이유가 무엇인지, 오늘날 우리 사회의 혁명운동권(곧, 좌익세력)이 자기들을 진보세력이라고 자칭하는 까닭이 무엇인지를 정확히 이해하고, 그들을 진보세력이라고 보편적으로 호칭하는 것이 객관적으로 타당한지를 올바로 판단하려면, 번역어 진보의 원어인 서양의 progress가 사상적 의미를 가지고 사용되게 된 내력부터 살펴볼 필요가 있다.

02 : '진보'의 역사와 의미

사회적 의미를 가진 것으로서의 '진보'의 관념을 논리를 갖추어 표명한 최초의 사상가는 18세기 중후반에 활동했던 프랑스의 계몽철학자이자 정치가였던 아느 로베르 튀르고(Anne Robert Turgot)이다. 그 이전에도 중세의 교부철학자 아우렐리우스 오거스티누스(Aurelius Augustinus)나 17세기에 활동한 독일 철학자 고트프리트 라이프니츠(Gottfried Wilhelm Leibniz)의 저작들에서도 진보의 관념이 등장하지만, 그러한 관념은 비유적 암시적으로 제시되고 논리적 체계를 갖추어 직설적으로 천명되지는 않았다. 계몽주의 시대 이전의 역사 담론에서는 진보보다는 순환의 관념이 지배적이었다.

튀르고는 1750년 파리의 소르본느대학에서 행한 '인간정신의 지속적 진보에 관한 철학적 검토'라는 제목의 강연에서 "인간이란 군중의 전체는 평온과 소요, 선과 악이 교차되는 과정에 의해서 느리기는 하지만 끊임없이 보다 훌륭한 완전성을 향하여 전진한다"라고 말하여 진보의 관념을 뚜렷한 형태로 표명했다. 이러한 튀르고의 진보 관념은 그의 사상적 제자격인 마르키스 드 콩도르세(Marquis de

Condorcet)에 의해 보다 구체화되었다. 프랑스 계몽주의 철학자이자 프랑스혁명 기간 중에 활동했던 정치가인 콩도르세는 1795년에 발간된 '인간정신의 진보에 관한 역사적 개요' 라는 논문에서 인간의 역사는 비록 우여곡절을 겪더라도 결국에 가서는 어떤 보편법칙에 따라 점진적 및 단계적으로 진보하며 인류역사의 진보는 총 10개의 단계로 구성된다고 주장했다.

이처럼 튀르고와 콩도르세에 의해 논리를 갖추어 천명된 진보의 관념은 당시의 사상계에서 많은 공감을 얻었으며, 19세기 중엽 찰스 다윈(Charles Darwin)의 진화론이 발표되고 그것이 사회이론과 결합함으로써 진보의 관념은 서양의 사상계에서 대대적으로 유행하게 되었다. 당시 서양의 지식인들은 서구사회의 경제적 및 정치적 발전의 영향을 받아 인류의 이성적 능력을 신뢰하면서 당시까지의 인류의 역사가 진보의 역사임을 확신하고 아울러 인간의 미래도 진보를 실현하게 될 것으로 낙관하고 있었던 것이다.

그러나 진보의 관념이 유행하면서 지식인들은 점차 진보가 무엇을 의미하는가를 놓고 갈등하게 되었다. 진보란 인간의 생활상태나 사물의 상태가 '덜 바람직한(less desirable) 상태로부터 보다 바람직한(more desirable) 상태로 변화하는 것' ,를 의미하며, 더 줄여서 말한다면 진보란 '보다 좋은 상태로의 변화(change for better)' 라 할 수 있다. 이때 '바람직한 상태' 혹은 '보다 좋은 상태' 가 구체적으로 무엇인가를 놓고 사람마다 의견이 달라지게 되었다. 그 '바람직한 상태'

의 내용은 사람들이 가지고 있는 사상 또는 가치관에 따라 달라질 수밖에 없는 것이기 때문이다. 물질을 중요시 하는 사람들은 물질문화의 발전을 진보라고 말하기도 하고, 자유를 중요시하는 사람들은 인간의 자유보장의 확대를 진보라고 주장했으며, 평등을 중요시하는 사람들은 사회구성원들 간의 평등 확대를 진보라고 주장했다. 또한 마르크스(Karl Marx)와 그의 추종자들은 사회가 낮은 단계의 생산양식의 사회로부터 높은 단계의 생산양식 사회로 변해 가는 것, 다시 말해서 사회의 생산양식이 원시공동체 생산양식 → 노예제 생산양식 → 봉건제 생산양식 → 자본주의 생산양식 → 사회주의 생산양식의 순으로 변화해가는 것을 진보라고 주장했다.

이처럼 진보의 구체적 내용을 놓고 사상이 다른 사람들 사이에 갈등이 일어나게 되자 19세기 말부터는 사회현상을 보다 과학적 혹은 가치중립적으로 분석하고 설명해보려는 지식인들은 점차 진보라는 용어의 사용을 기피했다. 어떤 용어의 구체적 의미가 그 용어를 사용하는 사람들의 사상에 따라서 달라진다면 그 용어는 객관적 지식을 추구하는 학문적 용어로는 부적절하기 때문이다. 그래서 과학적 혹은 가치중립적으로 사회현상을 연구 · 설명하려는 지식인들은 진보라는 용어를 사용하지 않고, 가치판단이 배제된 용어인 변화(change)를 사용했다. 이러한 경향은 20세기에 와서 더욱 강해졌으며, 그 결과 구미에서는 과학적인 자세로 학문연구를 하려는 사회과학자나 자유주의적 지식인들은 진보라는 용어를 거의 사용하지 않고 있다.

그에 반해, 진보를 낮은단계 생산양식의 사회로부터 높은 단계 생산양식의 사회로 변해 가는 것으로 규정한 마르크스주의자들은 진보라는 용어를 애용해왔다. 그들은 자본주의시대에서는 자본주의 생산양식이 사회주의 생산양식으로 변하는 것이 진보이므로 사회주의는 진보사상이며, 자본주의사회에 살면서 자본주의 생산양식을 사회주의 생산양식으로 변혁하려는 자기들 사회주의세력을 진보세력이라고 주장해 온 것이다. 그들은 자기들이 사회의 진보를 위해 노력하고 미래지향적인 사람들이라는 관념을 대중들의 뇌리에 이입시키고, 진보라는 용어 속에 내포된 좋은 느낌을 대중을 상대로 한 자기들의 선전에 이용하기 위해(호의적인 반응을 유도하기 위해) 그렇게 한 것이다.

사회주의자들의 이러한 집요한 노력의 결과, 진보라는 용어는 점차 사회주의자들의 독점물이 되었다. 그로 인해 사회주의국가의 언어생활에서, 그리고 비사회주의국가의 사회주의 언론매체 및 사회주의 정치인과 학자들의 언어생활에서 '진보=사회주의화, 진보세력=사회주의세력' 이라는 등식이 일반화되었다. 물론 구미의 객관적 지식인들은 사회주의세력을 진보세력이라고 부르는 일이 결코 없지만, 마르크스주의자들은 선전전술의 일환으로 그러한 등식을 고수하고 사회인식능력이 약한 언론인들이나 대중들은 사회주의자들의 언어전술을 알지 못한 채 그와 같은 등식을 무의식적으로 수용하고 있다.

03 : 진보세력

한국의 좌익 혁명운동권은 진보에 대한 마르크스주의자들의 견해를 그대로 이어받아 진보란 용어를 사용해왔다. 한국의 좌익 혁명운동권이 기본적으로 마르크스주의 사상을 추종하기 때문에 그것은 극히 자연스런 일이다. 한국 사회에서 이른바 진보진영의 이론가들이 진보운동 · 진보세력에 대해 내리는 정의를 살펴보면 한국사회에서 진보세력임을 자칭하는 사람들이 진보라는 용어를 마르크스주의의 진보론에 따라 사용하고 있다는 사실을 쉽게 확인할 수 있다. 그러한 확인을 해주는 사례로 한국에서 진보진영을 자처하는 세력의 대표적 이론가인 서울대교수 김세균의 다음과 같은 문장들을 들 수 있다.

"『진보평론』발간모임에 참여한 사람들은 진보를 자본주의 극복의 전망을 포기하지 않는 입장, 계급적 착취와 억압만이 아니라 모든 형태의 억압과 착취 및 배제에 반대하는 입장, 모든 사회적 문제들에 대한 근본적인 분석과 해결을 지향하는 입장 등으로 정리했다."〈김세균, 「편집자의 글 :

진보의 새장을 열기 위하여」,『진보평론』(현장에서미래를 발행) 창간호(1999년 가을), 4쪽.〉

"유럽에서는 사회민주주의자로부터 극좌파에 이르기까지의 '범좌파'를 '진보세력'으로, 자유주의자로부터 극우파에 이르기까지 '범우파'를 '보수세력'으로 부르기도 한다. … 본인의 견해로는 자본주의사회에서의 진보운동이란 대체로 다음의 세 가지 측면과 관련하여 논의될 수 있다고 생각된다.

첫째, 이념적 측면에서 '진보'와 '보수'를 가르는 기본적 경계선은 노동자-민중의 사회적 이익의 구현을 저해하는 현존하는 사회적 관계의 근본적인 변혁을 추구하는 운동 또는 그러한 변혁운동과 유기적으로 결합되어 있는 운동인가, 아니면 현존하는 사회적 관계의 유지와 재생산을 목표로 하거나 전제하는 속에서 이루어지는 운동인가에 주어져야 할 것이다. 둘째, 운동적 측면에서 진보운동은 무엇보다 노동자-민중운동과의 융합을 추구하는 운동이다. … 셋째, 노동자-민중의 입장에 서서 사회의 '기본모순' 내지 자본주의 발전단계에 상응하는 '주요모순'의 해결을 목표로 하여 전개되는 운동을 우리는 '(민주)변혁운동'이라고 부를 수 있는데, 이 민주변혁운동은 진보운동의 최고형태이다."〈김세균, 「한국 진보운동의 과제와 전망」, 『정치경제연구』(덕산종합연구원 발행) vol. 1 no. 4(1994년 12월), 2쪽.〉

위의 인용문에서 쉽게 파악할 수 있는 것은 진보운동이라는 것이 ① 노동자-민중의 사회적 이익의 구현을 저해하는 현존하는 사회적 관계의 근본적 변혁을 추구하는 운동이고, ② 노동자-민중과 융합하는 운동이고, ③ 진보운동의 최고형태는 노동자-민중의 입장에서서 사회의 '기본모순' 내지 자본주의 발전단계에 상응하는 '주요모순'의 해결을 목표로 하여 전개되는 '민주변혁운동'이라는 사실이다. 장황하게 늘어놓은 위의 내용을 다시 쉽게 정리하면, 진보운동은 노동자-민중의 이익구현을 위해 노동자-민중과 융합하여 전개하는 체제의 근본적 변혁을 추구하는 운동이고, 그 진보운동의 최고형태는 사회주의혁명이라는 것이다. 요컨대 사회주의혁명운동 또는 사회주의 지향적 혁명운동이 진보운동이라는 것이다.

이러한 사실은 진보진영을 자처하는 사람들의 문건을 하나 더 인용해보면 더욱 쉽게 이해된다. 영남대학교가 1992년에 발행한 『영대문화』에 게재된 「사회주의의 위기와 1992~93년 민족민주운동의 진로」라는 글은 "소련과 동유럽에서 사회주의가 실패했다고 하여 사회주의가 진보주의자들의 사회변혁의 실천과제가 될 수 없다는 것은 아니다. 죽은 것은 소련과 동유럽에서 실천한 사회주의체제일 뿐 사상으로서의 사회주의가 죽은 것은 아니다"라고 주장했다. 이 주장은 곧 사회주의가 한국에서 '진보주의자'를 자처하는 사람들의 실천과제임을 분명히 입증해주고 있다.

결론적으로 말해서, 한국에서 진보세력 혹은 진보진영을 자처하는 사람들은 진보세력이라는 용어를 협의로는 사회주의혁명세력을 뜻하는 것으로, 광의로는 사회주의혁명세력 및 그들과 '유기적으로 결합되어 있는' 세력을 뜻하는 것으로 사용하고 있는 것이다.

스스로를 진보세력으로 자처하는 사람들은 이처럼 그 용어의 의미를 정확하게 이해하고 사용하는데 반해, 그러한 사람들과 사상적 입장을 달리하는 사람들, 특히 사회주의에 반대하는 사람들이나 보수세력을 자처하는 사람들의 일부는 진보나 진보세력이라는 용어의 정확한 의미와 그 이론적 배경을 알지 못한 채 그 용어를 사용하고 있다. 그들은 '진보주의자들의 견해는 잘못된 것' 이라던가 '보수세력과 진보세력이 화합해야 한다' 는 등의 말을 한다. '진보주의자' 즉 진보세력이란 문자 그대로의 의미로 보면 사회상황을 보다 바람직한 상황으로 변화시키려고 노력하는 사람들인데, 그러한 진보세력의 견해를 비판한다는 것은 곧 사회상황의 개선에 반대한다는 뜻이 된다. 그들은 '진보' 의 의미를 모르기 때문에 그와 같이 말하는 것이다. 또한, 이미 말한 바와 같이 진보세력을 자칭하는 사람들에게 있어서의 진보세력은 사회주의혁명세력과 그 주변세력을 지칭하는 것이므로 사회주의혁명에 극력 반대하는 입장을 가진 보수세력은 그러한 진보세력을 자칭하는 사람들과 화합하는 것이 불가능하다.

사회주의자들이 자기들을 진보세력이라고 부르는 것은 객관적으로는 타당한 것이 아니지만, 그들 자신의 입장에서 보면 부자연스러울 것도 없다. 사람들은 누구나 자기의 사상이 인류사회의 진보를 위한 사상이라고 믿기 마련이며, 그러한 점에서 볼 때 사회주의자들이 사회주의를 진보를 위한 사상으로 주장하고 그러한 사상을 믿는 자신들을 진보세력으로 자처하는 것은 크게 부자연스럽지 않은 것이다. 그러나 사회주의자가 아닌 사람들, 심지어는 사회주의에 반대하는 사람들이 사회주의세력을 진보세력이라고 부르는 것은 극히 부적절하다. 사회주의자들을 진보세력이라고 부른다면, 그것은 곧 사회주의화를 진보 즉 바람직한 상태로의 변화로 생각한다는 것을 의미하기 때문이다. 비사회주의자나 사회주의에 반대하는 사람이 사회주의자들을 진보세력이라고 호칭하는 것은 정신분열적인 행위라 할 수 있다. 사회주의는 잘못된 사상이라고 주장하며 그에 반대하는 사람이 동시에 사회주의를 사회상황을 '바람직한 상태로 변화' 시키려는 사상이라고 주장하는 것은 정신분열적 언동이기 때문이다.

우리 사회에서는 불행하게도 사상문제에 대한 지식의 결여로 인해 이러한 정신분열적 언동을 하는 사람들이 매우 많다. 또한 진보세력이라는 용어가 사회주의자들이 자신들을 미화하여 부르는 호칭이라는 사실을 모른 채 그 용어를 사용하는 사람들도 매우 많다.

04 : 'liberals'는 '진보세력'이 아니다

한편, 한국 사회에서는 미국에서 사용되는 'liberals' 라는 사상적 용어를 '진보세력' 으로 번역하고 있는바, 이것 또한 'liberals' 와 '진보' 의 의미를 정확히 모르고 그 용어를 잘못 사용하는 매우 심각한 왜곡 사례의 하나이다. 한국의 언론매체에서는 미국의 사상적 용어 liberal과 progressive를 다 같이 '진보적' 으로 번역하고 있다. 그러한 실례로는 우리 언론이 2000년 미국 대통령선거에서 경합하고 있던 공화당의 부시후보와 민주당의 고어후보의 노선을 보수 대 진보로 묘사하고 있는 것을 들 수 있다(2000년 8월 9일자 중앙일보와 동아일보의 부시-고어토론 기사 참조). 부시의 노선을 묘사하는 영어단어 conservative는 '보수적' 으로 옳게 번역하면서 고어의 노선을 묘사하는 영어단어 'liberal' 은 '진보적' 으로 왜곡 번역한 것이다. 그러한 오역의 시류를 반영하여 시판되는 영한사전들마저 그렇게 오역하고 있다.

언론 종사자들뿐만 아니라 대학에서 강의를 하고 있는 학자 심지어는 정치학자조차도 미국의 정치용어 liberal을 '진보적' 으로 오역하는 경우가 적지 않다. 저자가 목격한 바에 의하면, 1997년 가을 대통령선거운동이 한창이던 시기에 한 TV방송 토론에서 사회자가 K대학에 근무하는 정치학자에게 한국의 대통령선거에서 쟁점이 될 수 있는 보수와 진보의 문제에 대해서 논평해달라고 요구하자 그 교수는 "보수와 진보의 대립은 정부의 역할을 축소할 것이냐 확대할 것이냐에 대한 입장의 대립으로서 별로 중요한 것이 아니다"라고 말하는 것으로 그 대목이 넘어갔다. 아마도 당시 TV토론의 사회자는 한국의 대통령선거에서 쟁점으로 부각될 듯 말 듯 하던 반공적 자유민주주의 대 사회주의 간의 사상대립 문제를 염두에 두고 그러한 질문을 한 데 반해, 그 학자는 미국의 정치용어 liberals를 진보세력으로 오역하여 미국에서의 conservatives 대 liberals의 대립을 염두에 두고 그같이 동문서답식 대답을 했을 것이다.

언론매체나 학자들이 영어의 liberals와 한국어 진보세력을 동일한 의미를 가진 것으로 호환적 번역을 하게 되면, 한국의 사상갈등 상황에 대한 한국 국민과 영어권 독자들의 심각한 오해를 불러일으키게 된다. 미국의 liberal과 liberals를 우리말로 '진보적'과 '진보세력'으로 번역하면 한국의 많은 신문독자와 방송시청자들은 한국에서 진보세력으로 지칭되는 세력과 동일한 세력, 즉 사회주의세력 및 그 주변세력이 미국에서도 정권을 장악하는 등 강력한 영향력을 행사하고 있는 것으로 착각하면서 한국에서 진보세력을 자처하는 세력이 집권을 하게 되더라도 미국 민주당 행정부의 정책과 대동소이한 정책을 펼 것으로 오해할 것이다. 또 한국의 진보세력을 영어 liberals로 번역된 것을 본 미국의 신문독자나 방송시청자들은 한국에서 사회주의혁명을 추구하는 세력, 그리고 김일성주체사상을 지도사상으로 받들면서 반미투쟁을 전개하는 세력을 사회주의에 반대하고 김일성주체사상을 경멸하는 미국 민주당 당원과 같은 사상을 가진 세력으로 오해할 것이다. 이런 점을 생각하면, 한국의 언론매체들에서 미국의 'liberal'을 '진보적'으로 번역하는 것이 관행화된 것도 어쩌면 과거에서부터 이 나라 언론계에서 활동해온 좌익분자들의 의도적인 노력의 결과일 수 있겠다는 추측도 가능해진다.

미국에서 liberals는 미국의 자유민주주의 정치체제와 자본주의 경제체제를 존중하면서 그 체제 속에서 정부의 역할 확대, 도덕적 엄격성의 완화, 사회적 약자계층에 대한 배려 확대 등을 추구하는 세력을 뜻한다. 그들은 자유주의의 핵심적 가치들을 신봉하며, 자유주의의 주변적 요소들에 있어서만 미국의 보수세력과 입장을 달리한다. 그러한 점에서 그들은 분명한 자유주의자들이다. 미국에서 liberals가 추구하는 자유주의와 보수주의자들이 추구하는 자유주의의 차이를 구분하여 말하자면 전자는 수정 자유주의이고 후자는 고전적 자유주의(오늘날의 신자유주의와 내용이 거의 동일한 것)이다. 〈※ 이에 관한 보다 자세한 논의는 이 책의 제4장 「자유주의와 신자유주의」에 서술되어 있다.〉

한국 비좌익계열 지식인들의 대부분은 사상에 관한 지식이 부족하기 때문에 자유주의 내부의 하위범주들을 제대로 이해하지 못하여 미국의 liberals를 우리말로 옮길 때 진보세력으로 오역하고 한국의 진보세력을 영어로 옮길 때 liberals로 오역해온 것이다. 반면에 한국의 좌익계열 지식인들의 대부분은 사상에 관한 지식이 부족하지 않아 그러한 오역을 하지 않는다. 그들은 한국의 진보세력을 영어로 번역할 때 progressives나 radicals로 번역하며 liberals로 번역하는 일은 결코 없다. 다만 그들은 전술적인 이유에서 한국의 비좌익계열 지식인이나 언론매체들이 영어 liberals와 한국어 진보세력을 동일시하는 것을 즐거운 마음으로 방치하고 있을 뿐이다. 그러한 오역은 현 단계에서는 진보세력을 자처하는 한국의 좌익세력에게 전술적으로 유리한 점이 많기 때문이다.

05 : '진보세력'을 '과격세력'으로 바꿔야

영어 단어 liberal의 한국어 번역은 '진보적'이 아니라 '자유주의적'이어야 한다. liberal을 '진보적'으로 번역해서는 안 된다는 것은 liberal democracy를 자유민주주의로 번역하고, liberal socialism를 자유주의적 사회주의로 번역해야 하며, 진보적 민주주의나 진보적 사회주의로 번역해서는 안 된다는 것을 생각해보면 더욱 분명해진다. liberal democracy를 자유민주주의가 아닌 진보적 민주주의로 번역해 놓으면 사회주의적 민주주의인 progressive democracy(원래의 진보적 민주주의)와 그에 반대되는 liberal democracy(자유민주주의)가 한국어에서 동일한 것으로 되어버린다. liberal socialism을 진보적 사회주의로 번역하면 그 의미는 원래의 의미와 반대되는 것이 된다. democracy와 socialism 앞에 붙은 liberal을 진보적으로 번역해서는 안 되고 자유주의적으로 번역해야 한다면 liberal을 독립적으로 번역할 때도 진보적으로 번역해서는 안 되고 자유주의적으로 번역해야 옳은 것이다. 한국어의 진보세력에 해당하는 미국의 용어는 liberals가 아닌 다른 용어이다. 미국에서도 사회주의세력 및 그 동조세력들이 자기들을 지칭할 때 progressives(진보세력)라는 용어를 사용한다. 그러나 사회주의자가 아닌 사람들이 그들을 지칭할 때는 progressives를 사용하지 않고 radicals(과격세력)란 용어를 사용한다. 미국의 사회주의자와 그 주변세력도 자기들을 progressives라고 자칭하기도 하지만 자기들에 대한 객관적 명칭인 radicals로 자칭하기도 한다. 이렇게 볼 때 우리나라에서 진보세력이라 부르는 세력에 대한 타당한 미국어 호칭은 radicals이다. 이러한 점은 진보세력을 자칭하는 우리나라의 세력도 인정하고 있다. 예를 들면, 한국의 한 좌익그룹이 발행한 기관지 『진보평론』은 자신들의 영어 제호를 'The Radical Review' 로 번역하고 있다. 사회주의세력 및 그 주변세력을 미국에서는 radicals로 부르고 한국에서는 과격세력으로 부르는 것이 객관적으로 타당하다.

이와 관련하여 짚고 넘어갈 사항이 한 가지 있다. 그것은 한국의 언론매체들이 radicals를 '과격세력' 이 아닌 '급진세력' 으로 번역하는 경향이 강하다는 것이다. '급진세력' 은 진보를 급하게 추진하려는 세력이라는 뜻이므로 '과격세력' 에 비해 매우 호의적인 번역이다. radicals를 급진세력으로 번역하는 것은 사회주의세력과 그 주변세력을 진보세력으로 호칭해주는 것과 동일한 맥락의 고의적 오역이다. 한국의 언론계는 사회주의와 관련된 것이면 일단 호의적 함의를 가진 명칭으로 불러주고 호의적 함의를 가진 단어로 번역해주려는 심한 좌경성향을 나타내고 있는 것이다. 그러한 좌경성향이 미국에서처럼 마땅히 과격세력으로 호칭해야 할 세력을 진보세력으로 호칭하고, 나아가서는 미국의 liberals를 진보세력으로 오역하게 만드는 주범이다.

미국에서 사회주의세력의 주관적인 용어가 아닌 비사회주의자들의 객관적인 용어로서 progressives가 사용되는 경우가 없지는 않다. 흔하지는 않지만 객관적 용어로서 progressives가 사용되는데 그럴 경우, 그 progressives의 의미는 사회주의자들이 그 용어를 사용할 때의 의미와는 크게 다르다. 미국에서 progressives가 비좌익에 의해 사용될 때 그것이 뜻하는 바는 두 가지이다. 하나는 다음 절에서 설명하는 20세기 초 미국의 도시 거주 백인중산층 주민들이 전개한 정치개혁운동인 진보운동(Progressivism/Progressive Movement)과 진보운동을 계승하여 만들어진 진보당(Progressive Party)에 참여한 사람들을 뜻한다. 이때의 progressives의 의미는 진보주의자 혹은 진보적 인사가 아닌 '진보운동가' 또는 '진보당원'이다. 다른 하나는, 매우 드물게 사용되는 것으로서, 자유주의 노선도 아니고 사회주의 노선도 아닌 중도좌파(left-of-center)의 노선을 따르는 사람들 내지 공산주의 동조자(communist sympathizer: 공산주의자는 아니면서 공산주의자에 동조적인 사람)를 뜻한다. 이런 용례는 앞서 말한 진보운동에서 파생된 측면이 강하다. 후술하겠지만 미국에서의 진보운동 및 진보당이 표방한 노선이 자유주의와 사회주의의 중간쯤에 해당되는 노선이며, 진보당원의 상당수가 평화운동 단체 등에서 공산 당원들과 더불어 활동했기 때문이다.

06 : 진보주의란 사상은 없어

위에서 본 바와 같이 우리나라 대부분의 정치인들과 언론인들, 심지어는 교수들까지도 '진보' 라는 용어를 부정확하게 사용하고 있으며, 그러한 오류의 연장선상에서 '진보주의' 또는 '진보주의자' 라는 용어를 자주 사용하고 있다. 진보세력을 자처하는 사람들은 그러한 용어를 사용하는 경우가 흔치 않은데, 이상하게도 진보세력을 자처하지 않는 사람들 가운데서 그러한 용어를 사용하는 사람들이 많다. 그들은 진보세력 혹은 진보진영을 자처하는 사람들을 '진보주의자' 로 지칭하고 '진보주의자' 들의 사상을 '진보주의' 로 지칭하고 있다. 그러나 정확하게 말하자면 진보주의라는 고유의 사상은 없기 때문에 이러한 용어의 사용은 크게 잘못된 것이다.

보수와 진보를 대칭개념으로 사용하는데 버릇이 되다 보니 '보수' 에 '주의' 를 붙여서 '보수주의' 라는 용어가 만들어지니까 '진보' 에 '주의' 를 붙여서 '진보주의' 라는 용어를 만들 수 있을 것이라고 생각해서 그러한 오류를 범하고 있는 것으로 추정된다. 그러나 보수주의는 하나의 완전한 체계를 갖춘 사상이므로 보수주의라는 용어가 가능하지만, 존재하지도 않는 사상인 진보주의라는 용어를 사용하는 것은 잘못이 아닐 수 없다. 또한 모든 정치사상이 공통적으로 추구하는 것이 보다 좋은 상태로의 변화, 즉 진보이며, 그 진보의 구체적 내용은 그것을 말하는 사람의 사상에 따라 큰 차이가 나는 것이기 때문에 어느 하나의 사상을 진보주의로 객관적으로 호칭하는 것은 이론적으로 성립할 수 없는 일이다.

혹시 일부 인사들이 20세기 초반 미국에서 등장했던 정치운동과 관련하여 'progressivism' 이라는 용어가 사용되었던 것을 상기하여 '진보주의 사상이 왜 존재하지 않는가?' 라고 반문할지 모른다. 그러나 미국 정치사에 등장하는 progressivism을 사상을 의미하는 진보 '주의' 로 번역하는 것은 미국에서 'ism' 이라는 접미사를 사상이 아닌 운동에도 붙이며 미국의 progressivism은 어떤 정립된 사상체계를 가지지 못한 정치운동이었다는 점을 모르는 데서 비롯된 부적절한 번역이다.

20세기 초반 미국에서 등장했던 progressivism, 즉 진보운동은 도시에 거주하는 백인중산층이 중심이 되어 전개한 정치개혁운동이었다. 당시의 도시 거주 백인 중산층은 농촌지역 주민들이 중심이 되어 전개된 민중주의(populism)운동과 도시거주 노동자들이 중심이 되어 전개된 사회주의(socialism)운동에 상응하여 당시 미국의 부패하고 정의롭지 못한 정치와 경제를 민주적이고 정의롭게 개선하기 위한 운동을 전개했던바, 그 운동의 주도자들은 자기들의 운동이 미국 사회의 진보를 지향하는 것이라는 뜻에서 자기들의 운동을 진보운동이라 명명했다.

progressivism, 즉 진보운동이 추구하는 목표는 ① 대기업들의 시장독점 등 부의 집중을 해체하고 중소기업 및 소규모 농장의 이익을 보호할 것, ② 부패의 근원인 정당과 이익집단의 횡포를 저지하고 직접민주주의제도를 대폭 도입할 것, ③ 사회정의를 구현하고 사회복지를 확대할 것 등 3가지로 요약할 수 있다.

이러한 진보운동은 진보당(Progressive Party)의 결성으로 발전했고, 진보당은 대통령선거에서 한 번도 승리하지 못했지만 1910년대와 1920년대의 미국 정치에 상당히 강한 영향을 미쳤다. 이러한 진보운동에 사회민주주의세력은 협조했지만 혁명적 사회주의세력, 즉 공산주의세력은 협조하지 않았다. 이러한 진보운동의 정신과 목표는 1930년대와 40년대에 루즈벨트(Franklin Roosevelt) 대통령의 뉴딜정책에 많이 흡수되었으며, 뉴딜의 노선은 그 후 미국 민주당 주류의 정책 노선인 자유주의(liberalism: 미국판 자유주의)의 중요요소가 되었다. 2차 세계대전 종전 후 민주당에서 떨어져 나간 민주당 좌파가 진보당을 부활시켰으나 선거에서 미미한 지지표밖에 얻지 못하다가 1952년을 고비로 사라졌다. 사라진 진보당의 잔존자 대부분은 다시 민주당으로 흡수되었다. 그 결과 미국에서는 자타가 공히 '진보세력'으로 호칭하는 독립적 정치세력은 사실상 사라지게 되었다.

다만 지난날 진보운동의 목표를 추구하면서 자유주의가 그러한 목표추구에 미흡하다고 생각하여 자기가 자유주의자(liberals)로 호칭되는 것을 거부하는 소규모의 사람들, 다시 말해서 미국판 자유주의에 만족하지 않으면서 사회주의에도 완전히 동조하지 않는 중도좌파 성향의 사람들을 'progressives'로 호칭하도록 만드는 언어적 잔재만 남겼다.

20세기 초반에 전개된 미국의 정치운동으로서의 progressivism과는 달리 사상적 노선으로서 progressivism이라는 용어를 사용하는 사람들이 최근 영국과 미국에서 등장했다. 한 사람은 영국의 우경 사회민주주의자인 기든스(Anthony Giddens)이고, 다른 한 사람은 미국의 좌익학자 윌슨(John K. Wilson)이다. 기든스는 자기가 표방하는 우경 사회민주주의의 노선을 '제3의 길'이라고 말하고, 그 제3의 길을 progressivism이라고 호칭하기도 한다. 기든스에 있어서 진보주의는 자기노선의 당초 명칭인 제3의 길의 별칭인 것이다. 윌슨은 1960년대 이후 미국에서 나타난 좌익계열의 사상들을 포괄적으로 지칭하여 progressivism 즉 진보주의라고 말한다. 윌슨에게 있어서 진보주의도 고유의 사상을 말하는 것이 아니라 미국 좌익들의 사상에 대한 포괄적 명칭인 것이다. 이들이 말하는 progressivism은 사회주의화를 진보라고 고집하면서 progress라는 단어를 애용하는 좌익의 관행에 따라 만들어진 용어이고, 대체로 우경 사회민주주의 노선 내지 잡다한 좌경노선을 뜻할 뿐, 어떤 고유사상을 뜻하지는 않는다. 이상과 같이 볼 때, 미국의 정치 용어에 progressivism이 존재한다는 것을 근거로 진보주의라는 고유의 사상이 있다고 주장하는 것은 타당하지 않다는 점이 분명해진다. 따라서 진보주의니 진보주의자니 하는 용어는 특정 사상을 가진 사람들이 자기들을 미화하기 위해서나 대중의 인식혼란을 초래하기 위한 전술적 및 선전적 목적으로 사용하는 경우가 아닌 객관적 용어로서 사용하는 것은 매우 부적절하다.

07 : 혁신세력

우리 사회에서 진보와 진보세력이라는 용어가 잘못 사용되는 것과 관련하여 언급해야 할 또 하나의 부적절한 용어가 있다. 그 용어는 바로 '혁신세력' 이다. 현대의 정치용어로서 혁신세력이라는 용어는 일본에서 고안된 정치적 용어이다. 일본에서는 2차 세계대전 전에는 군국주의세력이 혁신세력을 자칭했다. 2차 세계대전 종전 후에는 사회주의세력과 사회민주주의세력을 혁신세력이라고 불렀다. 정치용어를 국제적 공준에 맞지 않게 사용하기를 잘하는 일본의 좌경화된 언론매체들은 사회주의세력과 민주사회주의세력에게 정서적으로 호감이 가는 정치적 명칭을 붙여주기 위해 그들을 혁신세력이라고 불러주고 그에 대칭되는 보수세력이라는 명칭을 자유민주주의세력에게 붙인 것이다. 어의적으로 볼 때, 혁신이라는 용어는 보수보다는 항상 도덕적으로 우월하다는 점을 고려하여 좌경화된 일본의 언론매체들이 좌익 및 좌경 정치세력을 혁신세력으로 명명해준 것이다.

우리나라에서도 이러한 일본의 잘못된 용어사용법을 따라서 1970

년대까지 혁신세력이라는 용어가 주로 사용되었다. 한국에서의 혁신세력은 주로 사회민주주의세력을 지칭했다. 그때까지는 북한공산정권과 생존 자체를 걸어놓고 싸우는 대한민국에서 혁명적 사회주의세력 곧 공산주의세력이 국내에 존재한다는 것은 상상도 할 수 없었기 때문이다. '혁신' 이란 어떤 사상을 가진 세력이라도 추진할 수 있는 것인데 하필 사회민주주의세력만을 혁신세력으로 부르는 것은 이론적으로 타당치 못한 것임에도 불구하고, 용어를 정확하게 사용하지 않는 한국의 언어문화로 인해 그와 같은 부적절한 용어사용이 일반화된 것이다.

1980년대 이후 우리 사회에서는 이러 저러한 위장명칭을 붙인 혁명적 사회주의세력이 급성장했다. 그들은 자기들을 지칭하는 별명으로서 혁신세력이 사용되는 것을 부적절하게 생각했다. 우리나라에서는 그 용어가 주로 사회민주주의세력을 지칭해 왔었던 데다가 혁신이라는 용어가 혁명보다는 개혁(즉 개량)에 더 가까운 어감을 갖고 있기 때문인 듯하다. 그래서 그들은 자기들을 변혁세력 혹은 진보세력으로 자칭한 것이다. 보다 정확하게 부르자면 사회주의혁명세력이 되겠으나, 그렇게 노골적으로 호칭해놓으면 아직 반공성향이 강한 국민심리(이것을 그들은 레드 컴플렉스라 부른다)를 생각할 때 자기들의 혁명투쟁에 마이너스 효과가 클 것이라는 전술적 고려에서 그러한 정확한 호칭을 사용하지 않은 것이다.

사회주의세력이나 사회주의(지향)정당을 본래 그대로의 명칭인 사회주의세력이나 사회주의정당으로 부르지 않고 혁신세력이나 혁신정당, 혹은 진보세력이나 진보정당으로 불러주는 것은 극히 부적절한 일이다. 그들을 본래의 명칭대로 호칭해주어야 대중이 그들의 정체를 정확히 알고 대처할 것인데 그렇게 하지 않고, 대중이 그 의미를 정확히 포착할 수 없는 애매하면서도 호의적인 별호로서 그들을 지칭함으로 인해 그들의 정체에 대한 대중의 정확한 이해와 올바른 대응이 불가능하게 되고, 그들을 긍정적으로 평가하는 대중심리가 조장되고, 그들을 사회적으로 보호해주는 효과가 나타나는 등의 부작용을 낳고 있다.

자유주의를 크게 두 가지 범주로 분류하여 이해하는 것이 간명하다고 생각한다. 하나는 로크, 스미스, 스펜서, 밀 등이 주장했던 자유주의의 초기 노선을 따르는 자유주의이고, 다른 하나는 그 노선을 수정한 자유주의이다.

Chapter 04

자유주의와 신자유주의

01 : 자유주의를 둘러싼 인식혼란

자유주의(liberalism)의 사상적 내용은 조선조 말기 서구문물을 받아들이던 1880년대 중반부터 우리 민족에 소개되었다. 당시 서구문물에 대한 지식을 익히던 젊은 지식인들에게 서양의 천부인권사상이 소개되었는데, 이 천부인권사상이 곧 자유주의의 핵심요소의 하나인 자연권사상이다. 당시는 이러한 자유주의 사상을 통상 민권사상으로 호칭했다. 1890년대 후반에는 민권사상을 대중에게 확산시키고 현실 정치에 반영하고자 하는 단체(독립협회)까지 등장했다. 자유주의의 사상적 내용은 이처럼 일찍부터 소개되었지만, 정작 자유주의라는 사상의 명칭은 8 · 15해방 후에야 소개되었고, 그마저도 부정일변도로만 소개되었다.

사상을 잘 모르는 '역사학자' 들은 해방 직후 이승만을 대표로 하는 이 나라 우익진영의 사상을 '반공적 자유주의' 로 규정하는 잘못을 범하고 있다. 이승만은 인간의 기본권 보장을 옹호하면서도 자유주의의 핵심요소의 하나인 개인주의에 대해서 비판적이고 사유재산권의 제한을 당연시했으며 개인의 이익보다 전체의 이익을 더 중요시하는 통합주의 노선을 취했다. 해방정국에서 자유주의를 지도 사상으로 표방한 정치세력은 없었다.

우리나라에서는 대기업주들의 이익단체인 전국경제인연합회가 자유기업원을 설립하여 자유주의를 확산시키기 시작한 1990대 중반까지도 자유주의는 대체로 '우리나라에는 적합하지 않은 사상' 으로 간주되었다. 자유기업원의 활동 이후 우리 사회에서는 자유주의를 옹호하는 이론가들도 늘어나고 자유주의를 긍정적으로 수용하는 사람들도 늘어났다. 그럼에도 불구하고 우리 사회에서는 자유주의에 대한 정확한 이해가 충분하지 않아 자유주의의 의미를 놓고도 엇갈린 주장이 등장하고 응당 자유주의로 번역되어야 할 미국의 liberalism이 진보주의로 오역되기도 하며, 정치세력으로서의 미국의 liberals을 진보세력으로 오역하는 것이 일반화되었다.

이처럼 자유주의에 대한 이해가 정확하지 않은데 더하여 우리나라가 외환위기로 인해 경제난에 빠진 1998년 이후 언론매체들에서 '신자유주의' 라는 용어가 자주 사용되면서 자유주의라는 용어를 둘러싼 우리 사회의 인식혼란이 가중되었다. 자유주의에 대한 이해가 부정확한 터에 신자유주의라는 용어도 그 의미가 부정확하게 사용되었기 때문이다. 어떤 사람은 신자유주의를 자유주의와 같은 것이라고 말하고 어떤 사람은 그것을 자유주의와 다르다고 말했다. 또 신자유주의를 영어 단어 new liberalism의 번역어로 생각하는 사람도 있었고 neoliberalism의 번역어로 생각하는 사람도 있었다. new liberalism과 neoliberalism은 상반된 노선을 지칭하는 용어들이다.

자유주의라는 용어를 둘러싼 우리 사회의 인식혼란과 부적절한 사용은 자유주의라는 사상의 기원과 역사를 정확히 이해할 때만 해소될 수 있을 것이다.

02 : 자유주의의 기원

영국에서 명사로서의 liberalism(자유주의)은 19세기 초부터 정당이나 정치운동의 명칭으로 사용되기 시작했다. 그 후 역사가들이 봉건시대 이후의 유럽사회의 발전과 연관된 이데올로기적 경향들을 분류하는데 자유주의란 개념이 편리하다는 점을 깨닫고 그 용어를 자주 사용함으로써 자유주의라는 용어가 널리 사용되었다. 그러나 자유주의 사상은 그보다 훨씬 이전인 1640년대 영국의 청교도혁명 시기에 공화제 통치구조를 주장했던 수평파(Levellers)의 주장에서부터 시작되었다.

청교도혁명의 지도자인 올리버 크롬웰(Oliver Cromwell)의 동지이자 경쟁자였던 수평파의 지도자 존 릴번(John Lilburne)은 의회가 이끄는 군대가 왕을 축출하는데 성공한 직후인 1646년에 발표한 정치 팜플렛 『자유인의 정당한 자유』에서 어떤 형태의 권한도 그 권한의 영향을 받는 사람의 동의에 근거하지 않는 한 정당할 수가 없다고 주장했다. 릴번이 이끄는 수평파에 따르면, 영국인들은 원래 자유인으로서 자유를 누리도록 태어났는데 영국을 점령한 노르만족이 세습적 특권제도를 도입하여 영국인들로부터 태어날 때부터 가진 기본적 자유들을 박탈해갔으므로 세습특권을 가진 통치 엘리트들의 권력과 부를 일반 민중에게 나눠주어 일반 민중의 원래의 자유를 회복시켜주어야 한다는 것이었다. 수평파들은 청교도혁명 과정에서 시민적 자유 보장과 정부의 권한 제한을 규정한 성문헌법의 제정과 민주공화제의 도입을 추구하여 크롬웰과 대립하기도 했다.

이러한 수평파의 정치적 신조는 50년 후 존 로크(John Locke)에 계승되어 자유주의 사상으로 체계화되었다. 청교도혁명에 참가했던 한 장교의 아들인 로크는 1688년 영국의 절대군주제를 철폐하고 입헌군주제적 대의정치체제를 확립한 명예혁명을 성공시킨 정치세력을 추종하는 지식인이었다. 로크는 명예혁명이 성공한 직후인 1690년 명예혁명의 성과인 대의정치체제의 정당성을 이론적으로 밑받침하기 위해 『통치론』이란 저서를 출판했다. 로크는 자유주의 사상의 최초의 이론적 문헌이 된 이 저서에서 자유주의 사상의 핵심적 요소가 되는 주장들을 전개했다.

로크는 생명과 자유와 재산은 자연법에 의해 인간에게 부여된 자연권이며, 개인들은 자연상태에서 그러한 자연권이 침해되는 사태를 방지하기 위해 사회계약을 통해 정부를 만들었으므로, 정부는 국민의 생명과 자유와 재산을 보호해야 한다고 주장했다. 그는 이어 정부는 피치자들의 동의에 입각한 법률에 따른 권한만을 행사해야 하며, 정부의 권한은 개인의 생명과 자유와 재산을 보호하는 것과 같은 공공복지만을 위해 행사되어야 한다고 주장했다. 그는 또 정부가 국민의 동의에 입각하지 않은 권한을 행사한다든지 국민의 생명과 자유와 재산을 침해할 경우에는 국민은 그러한 정부에 대해 저항할 권리를 가진다고 주장했다.

이처럼 자유주의는 최초에는 종교적 관용을 추구하면서 절대군주제와 세습 귀족들의 봉건적 특권을 공격하고 입헌주의와 대의정부를 정당화하는 정치적 교의로부터 출발했다. 이 사상은 당시 발달하기 시작한 시장경제에 따라 부와 사회적 영향력을 축적한 신흥 상공인계급 곧 부르주아계급의 이익과 부합했으며, 이러한 이익부합은 자유주의를 경제 분야의 자유 보장을 강조하는 경제적 자유주의로 확산되게 만들었다.

경제적 자유주의를 최초로 제시한 사상가는 아담 스미스(Adam Smith)이다. 18세기에 활동한 영국의 도덕철학자이자 경제학자인 아담 스미스는 영국에서 산업혁명이 시작되던 시기인 1776년 『국부론』이란 저서를 출판했다. 이 책은 정부가 민간인들의 경제활동에 자의적으로 과도하게 개입하여 자유로운 상공업 활동을 저해하고 궁극적으로 국부의 증가를 방해하는 중상주의의 폐단을 비판하고, 민간인들의 자유로운 경제활동의 보장을 촉구했다. 이 책은 훗날 경제적 자유주의의 바이블이 되었다.

『국부론』에서 스미스는 개인의 이익추구 활동은 일정한 조건 아래서 행해지게 되면 자신들의 의도와 상관없이 '보이지 않은 손' 의 인도를 받아 사회 전체의 이익을 가져오게 된다고 주장하면서, 개인의 이익추구 활동이 사회 전체의 이익으로 귀결되려면 시장이 개방적이고 경쟁적이어야 하며, 시장이 개방적이고 경쟁적이려면 민간 상공인들에 의한 독점이나 경제 분야에 대한 정부의 직접적인 간섭이 없어야 한다고 주장했다. 그는 이어 자유경쟁적 시장이 가격의 상호작용을 통해서 생산자와 소비자의 이해관계를 잘 조정하여 그들의 전체적인 이익의 총화를 극대화해주면 그것은 곧 사회 전체의 이익 증대를 가져오기 때문에 국가의 부가 증대되려면 모든 개인이 자유롭게 이익추구 활동을 전개할 수 있어야 한다고 주장했다. 스미스는 또 국가는 국부의 증대를 위해 노력해야 하지만 경제 분야에 직접 개입해서는 안 되며, 국민들이 보다 효율적으로 경제활동을 할 수 있도록 제도적 장치를 마련하는 간접적 방법으로 노력해야 한다고 제시했다.

경제 분야에 관한 이러한 스미스의 주장은 당시 부의 축적을 위해 상공활동을 적극적으로 전개하던 부르주아계급의 정부 간섭 없는 자유로운 경제활동의 희망을 대변하는 것이었다. 자유주의는 사상적 태동기부터 자유경쟁 시장경제질서 곧 자본주의 경제와 긴밀하게 연결되었던 것이다.

03 : 자유주의의 발전

로크의 정치이론과 스미스의 경제이론에 의해 정립된 자유주의 사상의 원형은 19세기에 와서 영국의 대표적 자유주의 사상가들인 허버트 스펜서(Herbert Spencer)와 존 스튜어트 밀(John Stuart Mill)에 의해 개인의 자유를 더욱 확대하고 국가의 역할을 더욱 축소하는 내용으로 발전했다. 가까운 친구였던 스펜서와 밀은 영국 역사상 '자유방임의 시대' 라고 불릴 정도로 시장에서의 자유경쟁이 확대되는 동시에 영국이 산업혁명의 선발국가로서의 이익을 최대한으로 향유하여 국가 번영의 절정을 이루었던 시기인 1800년대 중반에 각기 저서를 출판하여 자유주의의 개인자유보장 사상을 절정으로 몰아갔다.

스펜서는 1851년에 출판된 그의 저서 『사회정학(社會靜學)』에서 사회의 질은 그것을 구성하는 개인들의 질에 의해 좌우되므로, 사회의 질이 좋아지려면 다시 말해서 사회가 진보하려면 사회구성원들이 우량해야 하고, 사회구성원들의 질이 우량해지려면 사회에서 생존경쟁과 적자생존이라는 자연적 질서가 방해되지 않아야 한다고 주장했다. 그에 따르면, 치열한 생존경쟁과 적자생존의 질서가 유지되면 경쟁에서 승리한 우량한 사회구성원들만 살아남고 경쟁에서 패배한 열등한 구성원들은 사라지게 되며, 그렇게 해서 구성원들의 질이 높아지면 사회의 질도 높아진다는 것이다. 스펜서는 이어 정부가 빈민구제나 사회복지 등을 이유로 생존경쟁과 적자생존의 자연질서를 방해하게 되면 열등한 사회구성원을 도태시키는 정화과정이 작동되지 않아 사회의 진보가 이루어지지 않기 때문에, 정부는 국방과 치안질서를 유지하는 최소한의 역할만 해야 하고 그러한 '야경(夜警)'의 수준을 넘어서는 일들을 해서는 안 된다고 주장했다.

밀은 1859년에 출판된 그의 저서 『자유론』에서 인간의 정신적 발전이나 인류의 진보를 위해서는 인간의 개성 또는 개인의 자유가 필요하다고 주장했다. 그에 따르면, 개인의 행위에는 자기에게만 관련된 부분과 다른 사람에게도 관련된 부분이 있는바, 타인과 관련된 부분에 대해서는 제한이 불가피하지만 자기에게만 관련된 부분에 대해서는 개인의 자유가 완전히 보장되어야 하며, 그에 대한 외부로부터의 어떠한 간섭도 있어서는 안 된다는 것이다. 밀은 다수의 전횡에 의한 인간의 개성 억압도 정부에 의한 자유 억압 못지않게 인간의 자발성과 능력을 질식시키기 때문에, 개인의 자기에게만 관련된 부분에는 정부로부터의 간섭이 배제되어야 하는 것은 물론이고 사회구성원 다수의 의견이나 감정으로부터의 간섭도 배제되어야 한다고 주장했다.

스펜서의 주장은 자유주의의 내용 중 자유경쟁의 정당성과 보장 필요성 주장을 극점으로 몰아가는 것이고, 밀의 주장은 자유주의의 내용 중 개인의 자유 확대와 보장 주장을 극점으로 몰아간 것이다. 자유주의의 내용은 스펜서와 밀에 이르러 극점에 도달한 것이다.

자유주의라는 이름으로 호칭되는 이 사상은 이상에 소개한 로크와 스미스에서 출발하여 스펜서와 밀에 의해 절정에 달하는 주장들을 포괄적으로 일컫는 것이었다. 그들이 주장한 것을 정리해보면 다음과 같다.

첫째, 정부는 국민의 생명과 자유와 재산을 보호해야 한다.

둘째, 정부의 통치는 국민의 동의에 입각한 입헌주의적 통치여야 한다.

셋째, 정부는 경제 분야에 개입하지 말고 개인들이 자유롭고 경쟁적으로 이익추구 활동을 전개하도록 방임해야 한다.

넷째, 사회가 진보하려면 치열한 경쟁과 적자생존 · 부적자도태의 자연질서가 진행되는 것이 방해되지 않아야 한다.

다섯째, 개인의 자기에게만 관련된 행위 영역에 대해서는 정부는 물론 사회구성원들의 간섭이 일절 배제되어야 한다(타인의 권리를 침해하지 않는 한 개인의 자유와 개성은 최대한 보장되어야 한다).

이상과 같은 5가지 항목이 곧 자유주의 사상의 핵심요소들이며, 자유주의의 정의는 이 핵심요소들을 취합하면 된다. 자유주의란 정부가 국민의 동의에 입각한 입헌주의적 통치를 실시하면서 개인의 생명과 자유와 재산을 보호하되, 경제 분야에 대해서는 개입하지 말고 개인들의 자유 경쟁적 이익추구 활동을 방임해야 한다고 주장하는 사상이다. 이러한 자유주의의 핵심 가치는 개인의 자유와 재산권 보장, 동의에 의한 입헌주의적 통치, 자유경쟁의 보장과 촉진, 개성 및 다양성에 대한 관용 등이다.

로크에서 밀에 이르는 사상가들의 주장으로 이루어진 자유주의가 자유주의의 원형이며, 이것을 미국에서는 '고전적 자유주의(classical liberalism)' 라고 호칭하고, 유럽에서는 '자유주의' 라고 호칭한다.

04 : 신자유주의 I (new liberalism)

19세기 중반에 극점에 달했던 자유주의는 19세기 말에 이르러 자기반성을 하기 시작했다. 자유주의의 자기반성은 자유주의 원리에 따라 발전하던 영국경제가 장기 불황에 빠져 영국 사회에 초래한 불행 때문에 유도되었다.

19세기 중반까지 세계 최고의 번영을 누리던 영국은 1875년부터 장기적인 불황을 겪게 되면서, 빈곤과 실업의 증가를 비롯한 많은 경제 · 사회적 문제들이 발생했다. 1875년부터 시작된 영국경제의 불황은 중간에 약간의 회복기를 가졌다가 다시 불황으로 되돌아가 약 반세기 동안 지속되었다. 그로 인해 많은 기업들이 도산하고 실업자가 증가하며 빈곤층이 확대되었다.

이처럼 어려운 경제 · 사회적 환경에 처하게 된 영국의 자유주의자들은 자유경쟁을 절대시하는 시장경제가 좋은 결과만을 초래하는 것이 아니라는 점을 깨닫게 되었고, 법률에 규정되어 있는 자유가 파산 · 실업 · 빈곤 등으로 고통받고 있는 사람들에게는 현실적으로 무의미하다는 점을 알게 되었다. 그 결과, 영국의 자유주의 지식인들 가운데 상당수가 모든 것을 자유경쟁적 시장에만 맡겨놓아서는 안 되며 사회적 약자들의 실질적 자유를 보호하기 위해서는 정부가 소극적인 야경(夜警) 역할만 하는 것을 넘어서 민간영역으로 간주되어 온 분야에도 개입해야 한다는 주장을 하게 되었다.

이러한 주장을 전개하는 데 앞장선 사람들은 토마스 힐 그린(Thomas Hill Green), 존 홉슨(John Hobson), 레오나드 홉하우스(Leonard Hobhouse) 등이다.

그린은 1886년에 출판된 그의 저서 『정치적 의무에 관한 강론』에서 자본주의와 사유재산권을 옹호하면서도, 국가의 보다 적극적인 역할 수행을 주장했다. 그린은 그 저서에서 자유란 단순한 구속의 부재가 아니라 가치 있는 것을 행하고 즐길 수 있는 적극적인 능력까지를 의미한다고 전제하면서, 국가는 국민의 그러한 적극적 자유의 실현 또는 자아발전을 저해하는 장애물들을 제거하는 일을 수행해야 한다고 주장했다. 그는 민간영역에 대한 국가의 개입과 관련하여 따져야 할 문제는 개입을 해야 하느냐, 하지 않아야 하느냐의 문제가 아니라 개입의 질의 문제라고 했으며, 보다 많은 개인들이 보다 높은 자유를 향유할 수 있도록 자유의 장애물을 제거하기 위한 국가의 개입은 좋은 것이라고 말했다.

홉슨은 1914년에 출판된 그의 저서 『노동과 부』 및 기타 논문들에서 자유경쟁시장을 불경기와 빈곤의 근원이라고 지적했다. 홉슨에 따르면, 시장에서는 완전한 공정경쟁이 전개되기 힘들고 현실적으로 시장에서 전개되는 경쟁은 경제적 강자들이 좌우하는 불완전 경쟁이며, 그러한 불완전 경쟁으로 인해 시장에서 이루어지는 분배는 경제적 강자에게는 자기의 정당한 몫보다 많은 소득을 제공하고 경제적 약자에게는 정당한 몫보다 적은 소득을 제공한다는 것이다. 그는 이어 이러한 시장의 불공정한 분배로 인해 경제적 강자, 곧 부자들에게는 소비할 수 있는 규모를 초과하는 소득이 주어져 부자들은 소비하고 남은 돈을 저축하는데 반해, 경제적 약자, 곧 가난한 사람들에게는 생계에 필요한 수준에도 못 미치는 소득이 분배되어 충분한 소비를 할 수 없게 되며, 그로 인해 일차적으로 저소비가 발생하고, 부자들의 저축이 생산에 투자됨으로써 생산은 과잉되고 생산에 대한 소비의 상대적 규모는 더욱 줄어들게 되며, 그 결과 과잉생산과 저소비가 누적되어 불경기와 대량 실업이 발생하고 실업은 빈자들을 더욱 가난하게 만든다고 분석했다. 홉슨은 이러한 불경기와 빈곤을 해결하기 위해서는 정부가 부자들에게 과다 분배된 소득을 세금으로 징수하고 다수 대중의 소비력을 증대시키는 역할을 해야 하며 토지공유제 · 대중교통수단 확보 · 저소득층을 위한 주택건설사업 등을 실시해야 한다고 제안했다.

홉하우스는 1911년에 출판된 그의 저서 『자유주의』에서 그린의 적극적 자유 개념에 기초하여 인간의 자유가 실질적인 것이 되기 위해서는 평등의 조건이 갖추어져야 하며, 개인들 간의 불평등을 초래하는 사회 · 경제적 요인들이 제거되어야 한다고 주장했다. 그는 개인들 간의 불평등을 초래하는 요인들을 제거하기 위한 국가의 개입은 자유의 억압을 초래하는 것이 아니라 자유의 확대를 초래하는 것이라고 주장했다. 그는 이어 경제를 비롯한 민간영역에 대한 국가의 개입 또는 통제는 개인들의 자아실현을 위한 것일 경우에만 정당하며, 국가는 개인의 자아발전 잠재력이 최대한으로 계발될 수 있도록 사회적 조건을 마련하는 역할을 수행해야 한다고 말했다.

장기간의 불경기로 인한 경제적 약자들의 불우한 처지에 대한 인도주의적 관심에서 출발한 이들의 정치 · 경제이론은 당시 신자유주의(new liberalism)로 호칭되었다. 저자는 설명의 편의상 이것을 '신자유주의 I'로 호칭하기로 한다. 이러한 신자유주의 I 의 경제이론은 존 케인즈(John Keynes)에서 세련되게 체계화되었다. 케인즈는 1926년에 출판된 그의 저서 『자유방임의 종언』과 1936년에 출판된 그의 저서 『고용, 이자 및 화폐에 관한 일반이론』을 통해 자유경쟁시장은 개인의 이익과 사회의 이익을 일치시키지 못하고, 자율조정능력을 가지고 있지 못하기 때문에 항상 불안정하며, 불황과 실업은 경제주체들의 자유방임적 경제활동에서 비롯된다고 분석했다. 그는 당면한 경제난을 극복하려면 정부가 국민의 경제생활에 직접 개입해야 하며, 정부는 재정정책을 통해 국민 전체의 소비능력을 적절히 관리함으로써 경기침체와 실업문제를 해결해야 한다고 제안했다.

그린, 홉슨, 홉하우스, 케인즈 등은 기본적으로 자유주의자들이었으나, 그들의 주장은 원래의 자유주의로부터 크게 이탈한 것이다.

원래의 자유주의는 최소국가론을 주장하고, 인간은 이기적인 동시에 자기가 필요한 것을 스스로 조달할 수 있는 존재라는 전제하에 개인은 자신의 삶과 복지에 대해 책임을 져야 하고, 경제영역과 사회복지 분야에 대한 정부의 개입에 반대하고 모든 분야에서의 자유경쟁 극대화를 주장했다. 그에 반해 신자유주의는 규제되지 않는 자유경쟁시장은 새로운 형태의 부정의를 초래한다는 생각에서 경제 분야와 사회복지에 대한 국가의 역할증대에 대해 긍정적인 입장을 취하고, 국가의 개입은 생존이 위협받는 사회적 재난으로부터 인간을 보호해줌으로써 인간의 자유를 확대해준다고 주장한 것이다. 이처럼 원래의 자유주의로부터 크게 이탈한 그들의 사상적 노선을 '자유주의'로 호칭할 수 없어서 '신자유주의'로 호칭하게 되었던 것이다.

신자유주의 I 은 경제 분야에 대한 국가의 개입에 긍정적인 입장이나 경제 · 사회정책 면에서 사회민주주의와 유사한 점이 많았다. 그러한 까닭으로 해서 신자유주의 I 은 사회적 자유주의(social liberalism), 또는 복지 자유주의(welfare liberalism)라고도 호칭한다. 사회주의를 진보사상이라고 생각하는 사람들은 신자유주의 I 과 사회민주주의의 유사점을 근거로 신자유주의 I 을 사회주의 쪽으로 접근해 간다는 의미에서 진보적 자유주의(progressive liberalism)로 명명할 수 있을 것이다.

그러나 신자유주의 I 과 사회민주주의는 현실정책에 있어서의 유사성에도 불구하고 상이한 사상노선이다. 그들은 사고의 출발 원점(생각하는 근본원리)이 다르다. 신자유주의 I 은 정부의 활동 제한론과 자유경쟁 보장을 대전제로 하여 정부의 활동 제한을 완화하고 자유경쟁 보장의 완화(경쟁 패배자에 대한 배려)를 가미하는 노선이다. 그에 반해 사회민주주의는 정부의 전면적 개입과 자유경쟁의 부정을 대전제로 하여 정부의 개입 축소와 자유경쟁 부정의 완화를 가미한 노선이다. 양자는 현실 정책면에서는 유사한 점이 많지만 사상의 중심에서는 뛰어넘을 수 없는 거리가 있다.

05 : 미국판 자유주의

이러한 신자유주의 I 의 노선은 영국에서보다 1930년대 미국에서 더욱 빠르고 적극적으로 받아들여졌다. 1930년대 미국의 프랭클린 루즈벨트(Franklin Roosevelt) 행정부는 당시의 대공황을 극복하기 위해 신자유주의 I 노선에 따른 경제정책을 적극적으로 수립 · 집행했다. 그런데 미국의 저널리즘은 그러한 신자유주의 I 을 그냥 '자유주의' 로 호칭했다. 영국에서 신자유주의(new liberalism)로 호칭되는 사상노선이 미국에서는 이처럼 자유주의(liberalism)로 호칭되면서 자유주의라는 용어가 뜻하는 내용에 혼선이 빚어졌다. 저자는 편의상 미국에서 자유주의로 호칭되는 노선을 '미국판 자유주의' 로 명명한다.

미국에서 미국판 자유주의를 '자유주의' 로 호칭하는 관행이 정착되면서 로크에서 밀에 이르는 사상가들의 원래의 자유주의에 대해 다른 호칭이 부여되었다. 그 다른 명칭이 바로 '고전적 자유주의'(classical liberalism)이다. 마땅히 신자유주의로 호칭되어야 할 것을 자유주의로 호칭하는 미국인들의 언어 관행이 처음부터 자유주의로 호칭되어왔던 노선을 고전적 자유주의로 바꿔 부르게 만든 것이다.

어쨌든 미국판 자유주의는 미국에서 강한 호소력을 발휘했다. 미국에서는 미국판 자유주의와 정책면에서 유사점이 많은 사회민주주의노선을 추구하는 세력이 미미하여 미국판 자유주의가 강한 대중적 호소력을 발휘한 것이다. 그에 반해 유럽에서는 사회민주주의가 활발하여 미국판 자유주의 곧 신자유주의 I 이 대중적 호소력을 갖지 못했으며, 따라서 유럽인들에게는 미국판 자유주의는 특별한 의미를 가지지 못했다. 그 결과, 미국에서는 자유주의라 하면 미국판 자유주의, 곧 신자유주의 I 을 의미하는데, 유럽에서는 자유주의라 하면 미국 사람들이 고전적 자유주의라고 부르는 원래의 자유주의를 의미하게 되었다. 그 결과 미국인과 유럽인은 liberalism이라는 동일한 용어로 상반되는 노선을 지칭하게 된 것이다. 미국인들이 저술한 도서에서 자유주의는 '경제와 사회복지에 대한 정부의 개입을 확대하는 정책을 추구하는 사상' 을 의미하는데 반해, 유럽인들이 저술한 도서에서 자유주의는 '경제와 사회복지에 대한 정부의 개입을 최소화하는 정책을 추구하는 사상' 을 의미한다.

제2차 세계대전 종전 후 미국의 군사 · 경제적 영향력이 확대되고 그에 따라 미국의 언어 · 문화적 영향력도 확대되었다. 그로 인해 미국식 용어법이 유럽식 용어법보다 강한 위력을 발휘하게 되어 제3세계에서는 미국판 자유주의를 '자유주의' 로, 원래의 자유주의를 '고전적 자유주의' 로 호칭하는 관행이 지배적으로 보급되었고, 일부 유럽인들도 그것을 받아들이고 있다. 그러나 압도적 다수의 유럽인들은 아직도 미국인들이 고전적 자유주의라고 호칭하는 것을 '자유주의'로 호칭하는 경향이 강하다.

미국판 자유주의로 인한 용어혼선과 미국판 자유주의, 곧 신자유주의 I 이 정책면에서 사회민주주의와 유사한 사실이 한국 지식인들 사이에서 미국에서 사용되는 liberalism(미국판 자유주의/신자유주의 I)을 진보주의로 오역하는 희극적인 사태를 초래했다. 그러한 오역의 배후에는 사회주의를 진보사상이라고 자부하는 한국 좌익세력의 의도적 책략도 작용했지만, 그것은 부차적인 요인이다. 미국 liberalism은 정책 노선이 사회민주주의에 근접하고, 사회주의에 가까이 가는 것을 진보적인 것이라고 생각하는 한국 지식인들의 좌경적 사고가 그러한 오역의 주범인 것이다. 저자는 미국의 liberalsim을 진보주의로, liberal을 진보적으로 번역하는 것은 명백한 오역이라는 사실을 1990년대 초반부터 계속 말해왔지만, 한국 언론계 및 지식인사회의 헤게모니가 좌익 · 좌경세력의 손에 잡혀있기 때문에 그러한 오역이 아직도 일반화되고 있으며, 좌익에 반대하는 사람들조차 그러한 오역을 받아들이고 있다.

06 : 신자유주의 II (neo liberalism)

영국에서 자유경쟁시장의 폐단으로 인해 그에 대한 반성적 보완을 주장하는 신자유주의 I 이 등장하던 시기에 오스트리아에서는 일단의 경제학자들에 의해 자유경쟁시장을 옹호하는 이론이 주장되었다. 영국에서는 자유시장경제가 실천되어 그 폐단이 노출된 데 반해 대륙 유럽, 특히 오스트리아와 독일에서는 국가간섭주의가 지배하고 있어서 국가간섭주의의 폐단을 시정하고자 하는 지적 노력이 자유경쟁시장을 옹호하게 만든 것이다. 그들 오스트리아의 경제학자들은 고전적 자유주의 경제학의 이론적 약점을 보완하면서 그것을 보다 정교한 논리로 옹호했다. 그러한 노력에 앞장선 사람은 루트비히 폰 미제스(Ludvig von Mises)와 프리드리히 폰 하이예크(Friedrich von Hayek)였다.

사제관계인 미제스와 하이예크는 인간의 이성적 능력으로는 경제 상황에 관련된 모든 요인들에 대한 정보를 완벽하게 갖출 수 없으며, 정부도 인간들의 집단이므로 그러한 인간적 한계를 벗어날 수 없는데, 경제 상황에 대한 제한된 정보밖에 가지지 못한 정부가 경제생활에 대해 간섭하는 것은 자본주의 경제를 불구로 만들게 된다고 주장했다. 그들에 따르면, 국민의 물질적 복지향상을 위해서 정부가 할 수 있는 일은 공정한 경쟁이 원활하게 이루어지도록 시장의 질서를 유지하며, 새로운 자본의 축적과 새로운 생산기술을 방해하는 일이 없도록 제도적 장치를 만들고 유지하는 것뿐이며, 경기를 부양하고 사회복지를 향상시키기 위해 정부가 국민의 경제생활에 개입하는 것은 일시적으로는 긍정적인 효과를 나타낼 수도 있지만 장기적으로는 반드시 부정적인 결과를 초래한다는 것이다. 그들은 불황과 고실업의 장기 지속은 자유경쟁시장 때문이 아니라 충분한 자유경쟁이 이루어지지 못하도록 방해한 정부의 개입 때문에 초래된 것이며, 불황은 자유시장경제의 주기적 정화과정이므로 정부가 경제 분야에 개입하지 않아야 하며 불황을 자유경쟁시장의 기능에 맡겨두면 시장의 힘에 의해 보다 빠른 시일 내에 극복된다고 주장하면서, 자유경쟁시장에서 이루어진 조치가 가장 합리적이고 효율적이며 정당한 것이라고 주장했다. 그들은 또 인간의 자유는 분야별로 분해될 수 없는 것이므로 정치적 자유와 경제적 자유를 분리할 수 없으며, 정부의 간섭으로 시장에서 개인의 자유경쟁이 방해되면 국민들은 결국 정부의 은총에 종속되는 사실상의 노예가 된다고 주장했다.

미제스와 하이예크의 이러한 주장은 로크에서 밀에 이르는 원래의 자유주의, 특히 아담 스미스와 허버트 스펜서의 주장과 동일한 것이다. 그들의 이론은 당시 오스트리아에서 지지를 받지 못했으며, 1960년대 이전까지는 세계 어느 나라에서도 주목을 받지 못했다. 오늘날 그들의 이론의 중심지가 된 미국에서도 1960년대까지는 신자유주의 I, 곧 미국판 자유주의가 절대적인 영향력을 발휘하고 있었다. 미제스와 하이에크는 1940년대 이후 미국으로 건너가서 학술활동을 했음에도 그들의 이론은 미국판 자유주의에 눌려 별다른 반향을 얻지 못했다. 그러다가 미제스와 하이에크의 이론은 미국의 토박이 자유경쟁시장 옹호론자들로 구성된 시카고학파와 접목되면서 비로소 주목을 받게 되었다. 시카고학파는 미제스와 하이에크를 시카고대학으로 끌어들여 그들의 이론을 강화했다.

시카고학파는 1930년대 루즈벨트의 뉴딜정책 때부터 정부 간섭주의를 비판하고 철저한 자유경쟁적 시장경제를 옹호해온 시카고대학의 경제학교수 프랭크 나이트(Frank Knight)와 그의 제자들로 구성된 그룹이며, 그 대변자들은 밀튼 프리드먼(Milton Friedman)과 제임스 부캐넌(James Buchanan)이다.

시카고학파는 자유시장경제가 모든 사람의 행복을 보장하는 만병통치약은 아니지만 인간의 자유와 번영을 실현하는데 가장 효과적인 장치이므로, 정부는 경제와 관련하여 재산권을 보호하고 경쟁질서를 창출 · 유지하는 것은 물론 기업들의 시장진입 자유를 보장하고, 고정된 원칙에 입각하여 통화를 안정적으로 공급하는 등 극히 기본적인 역할만을 수행하고 그 한계를 넘어서는 간섭은 하지 말아야 한다고 주장해왔다. 시카고학파는 경제에 대한 정부의 적극적 개입에는 반대하지만 전면적인 자유방임을 주장하지는 않는다는 점에서, 정부의 개입에 대한 반대 강도는 미제스나 하이예크에 비해 덜 강하다고 할 수 있다.

미제스와 하이예크, 그리고 시카고학파의 주장은 고전적 자유주의와 공통점이 많은 반면 미국판 자유주의 즉 신자유주의Ⅰ과는 상반되는 요소가 많다. 그래서 미국인들은 이들의 노선을 미국의 기존 자유주의와는 다른 새로운 자유주의라는 의미로 neo liberalism(신자유주의Ⅱ)이라고 호칭했다. neo liberalism이라는 명칭은 미국인들이 영국의 신자유주의(new liberalism, 신자유주의Ⅰ)를 '자유주의'로 호칭하고 원래의 자유주의를 '고전적 자유주의'로 호칭하는 것의 연장선상에서 만들어진 것이다. 미국 사람들은 미국판 자유주의가 '자유주의'이기 때문에 그것을 비판하고 원래의 자유주의(곧 고전적 자유주의)로 회귀하려는 사상노선을 신자유주의(neo liberalism)로 호칭하게 된 것이다. new liberalism으로 명명하면 19세기 말부터 대두된 영국에서의 new liberalism과 혼동될 수 있기 때문에 neo liberalism으로 명명한 것이다. 저자는 설명의 편의를 위해 미국 사람들이 말하는 신자유주의(neo liberalism)를 신자유주의Ⅱ로 부른다.

신자유주의Ⅱ가 미국에서 각광을 받기 시작한 것은 1970년대 초부터이다. 1960년대 후반과 1970년대 전반, 미국경제가 장기침체에 처하면서 그에 대한 처방전으로 신자유주의Ⅱ가 등장했다. 뉴레프트 광풍과 베트남전쟁 패배로 미국의 경제가 곤경에 처하고 미국 사회에 빈곤층이 확대되자 1930년대 이후 미국 경제정책의 주도노선이었던 미국판 자유주의 곧 신자유주의Ⅰ의 호소력이 약화되었다. 그러자 신자유주의Ⅱ 계열의 경제학자들이 미국이 경제번영과 사회복지에 실패한 것은 신자유주의Ⅰ의 정부개입노선 때문이라고 비판하면서 미국 경제가 번영의 길을 가려면 정부의 개입을 축소하고 자유경쟁시장을 활성화할 것을 주장했다. 때마침 신자유주의Ⅱ 계열의 대변자라 할 수 있는 하이예크와 프리드먼이 1974년과 1976년에 노벨경제학상을 수상하여 신자유주의Ⅱ의 학문적 권위도 높아졌다. 당시 미국의 레이건 정권과 영국의 대처 정권이 대서양 양쪽에서 신자유주의Ⅱ 노선에 입각한 경제정책을 실천하여 양국의 경제를 활성화하는데 성공함으로써 신자유주의Ⅱ는 실천적 정당성도 확보하게 되었다. 미국에서 신자유주의Ⅱ를 주장하는 사람들은 대부분이 공화당을 지지하는 사람들이다. 고전적 자유주의 노선의 유지를 주장하는 공화당의 보수주의 노선과 고전적 자유주의와 동일한 내용을 가진 신자유주의Ⅱ는 공통점이 많기 때문이다.

한편, 미국의 일부 언론매체들은 간혹 미제스-하이예크-시카고학파의 neo liberalism(신자유주의Ⅱ)과 상이한 노선, 다시 말해서 미국판 자유주의(신자유주의Ⅰ)의 기조를 유지하면서 그 틀 속에서 시장의 기능을 확대하고 노 · 사 · 정 협력을 강화할 것을 주장하는 노선을 neo liberalism으로 호칭하기도 한다. 그러한 노선을 주장하는 대표적인 지식인과 정치인으로는 찰스 라이히(Charles Reich), 레스터 더로우(Lester Thurow), 엘 고어(El Gore), 개리 하트(Gary Hart) 등을 들 수 있다. 이들은 민주당 소속이거나 민주당을 지지하는 인사들이다. 그들은 지난날 미국에서 경제와 사회복지에 대한 정부의 개입이 과도했다는 점을 인정하고, 미국 경제의 활력 회복을 위해서는 시장의 기능을 보다 많이 활용해야 한다고 주장한다. 그럼에도 불구하고 그들은 고전적 자유주의로 되돌아가는 것을 반대한다는 점에서 신자유주의Ⅱ와 다르다. 이러한 미국 언론매체들의 부적절한 용어사용(고전적 자유주의로 되돌아가자는 노선도 neo liberalism으로 호칭하고, 고전적 자유주의로 되돌아가는 것을 거부하는 노선도 동일하게 neo liberalism으로 호칭)으로 인해 neo liberalism, 즉 신자유주의라는 용어의 의미는 한층 더 혼란스럽게 된다. 그러나 다행스럽게도 오늘날에는 이들 민주당계 인사들을 neo liberals로 호칭하는 사례는 거의 사라지고 있다.

저자는 자유주의를 크게 두 가지 범주로 분류하여 이해하는 것이 간명하다고 생각한다. 하나는 로크, 스미스, 스펜서, 밀 등이 주장했던 자유주의의 초기 노선을 따르는 자유주의이고, 다른 하나는 그 노선을 수정한 자유주의이다. 전자에 속하는 것은 고전적 자유주의와 신자유주의Ⅱ(neo liberalism)이고, 후자에 속하는 것은 신자유주의Ⅰ(new liberalism)과 미국판 자유주의이다. 저자는 전자를 자유주의라 부르고 후자를 수정 자유주의라 부른다. 자유주의를 이처럼 자유주의와 수정 자유주의로 양분하여 이해하게 되면 자유주의와 관련된 인식 및 호칭의 혼란을 피할 수 있다.

07 : 자유지상주의

1970년대부터 미국 지식인 사회에는 자유주의의 일종이면서도 자유주의와는 다른 명칭으로 호칭되는 사상노선이 등장했다. 바로 자유지상주의(libertarianism)이다. 자유지상주의는 개인의 자유(liberty), 특히 구속의 부재를 의미하는 소극적 자유를 절대적으로 우선시하여 자유가 여하한 다른 가치에 의해서도 침해되어서는 안 된다고 주장하는 사상이다. 자유지상주의는 신자유주의 II (neo liberalism)의 중심이론가인 미제스-하이예크의 이론을 계승하면서도 개인의 자유와 사유재산권의 보장을 신자유주의 II 보다 더욱 극단적으로 주장한다.

자유지상주의 노선을 주장하는 대표적 이론가들은 애인 랜드(Ayn Rand), 로버트 노직(Robert Nozick), 머레이 로드버드(Murray Rothbard) 등이다. 그들은 미국판 자유주의, 즉 신자유주의 I 이 자유주의의 핵심요소인 개인주의와 멀어지고 집산주의적 요소를 많이 내포했다고 비판하면서, 개인의 자유와 재산에 대한 국가의 통제를 극소화할 것과 대부분의 국가기관들을 민영화할 것을 주장한다. 자유지상주의자들은 자유경쟁시장의 효율성을 신뢰하며, 개인의 자유 존중, 사유재산권 보호, 법치 등을 강조하고, 정부의 사회복지 노력에 반대하며 사회정의 개념을 무시하는 점에 있어서는 신자유주의Ⅱ(neo liberalism)와 별 차이가 없다. 다만 개인의 중요성과 개인의 자유 보장을 극단적으로 주장하고, 그 연장선상에서 국가의 필요성까지 부정한다는 점에서 신자유주의Ⅱ와 다르다.

자유지상주의자들의 일부는 개인의 자유 보장을 극단적으로 중요시한 나머지 마약의 복용과 거래, 성매매 등의 자유까지 허용해야 한다고 주장한다. 그들에 따르면, 마약 복용과 거래, 성매매 등은 도덕적 및 사회적으로 문제가 있다 하더라도 타인에게 피해를 주지 않는 행위이므로 개인의 자유 영역으로 인정해주어야 하며, 결코 범죄로 간주하여 처벌해서는 안 된다는 것이다. 극단적인 자유지상주의자들은 개인의 자유 극대화를 위해 심지어는 국가를 없앨 것을 주장하기도 한다. 자유주의자들에게 있어서 '국가는 필요악'(necessary evil)으로 인식되지만 극단적 자유지상주의자들에게 있어서 '국가는 불필요한 악'(unnecessary evil)으로 인식된다.

개인의 자유 극대화를 위해 국가를 없애야 한다고 주장하는 대표적 이론가는 로드버드이다. 미제스의 제자이기도 한 로드버드는 1978년에 출판된 그의 저서 『자유를 위하여: 자유지상주의 선언』에서 정당한 사회질서는 국가에 대한 개인의 우위를 존중해야 하며, 정치질서의 좋고 나쁨은 그것이 개인의 자유를 충족시키는 정도를 기준으로 평가해야 한다고 말한다. 그에 따르면, 국가는 역사상 가장 대규모적이고 가장 가공스런 조직범죄망이고, 세금징수는 국가를 지배하는 사람들의 생활비를 마련하기 위한 사기극이며, 군 복무는 노예제도라는 것이다. 그는 국가가 개인의 자유와 물질적 풍요의 실현을 가로막는 주된 장애물이므로 없어져야 하며, 국가와 세금을 없애고, 국가가 하는 모든 사업(심지어는 사회질서 유지와 국방까지도)을 민간 기업이 대신 수행한다면 경제의 효율성 증대는 물론 사회복지의 증진에도 기여하게 될 것이라고 주장한다.

자유지상주의와 무정부주의(anarchism)는 국가의 필요성을 부정하는 점에서는 동일하지만, 무정부주의는 국가를 배제하고 개인들 간의 협력을 추구하는 데 반해, 자유지상주의는 국가를 배제하고 개인들 간의 협력도 추구하지 않는다는 점이 다르다.

보수주의란 한마디로 정의하자면 공동체의 운영에 있어서 기존의 전통과 경험과 질서를 존중하고 필요한 변화는 점진적으로 추진할 것을 주장하는 사상이다. 보수주의가 보수(保守)하려는 것은 기존의 상황이 아니라 기존의 제도 속에 녹아있는 지혜이다

政治思想

Chapter

05

보수주의와
신보수주의

01 : 좌익이 떠안긴 '보수' 명칭

우리 민족은 우리 민족의 역사가 기록되기 시작한 이래 줄곧 보수적으로 통치되어 왔음에도 불구하고 보수주의(conservatism)라는 용어가 우리나라에서 널기 사용되기 시작한 것은 극히 최근의 일이다. 대체로 1980년대 후반부터 보수주의자를 자처하는 사람들이 우리 사회에 나타나기 시작했고, 그러면서 보수주의라는 용어도 널리 사용되기 시작했다. 당시 좌익혁명세력이 민족해방 민중민주주의혁명 투쟁을 격렬하게 전개하고 있는 상황에서 객관적으로 볼 때 우익인사로 호칭되어야 마땅한 지식인이나 정치인들이 이러저러한 이유로 자신을 우익인사로 자칭하기 싫어서 보수주의자로 자칭하는 경향이 있었다. 미국의 경우, 우익과 보수세력이 동의어로 사용되고 있기 때문에 어의론 상으로 볼 때는 별문제가 없는 일이지만, 그들이 우익이란 용어로 자신을 수식하기 싫어서 보수주의자를 자처한 심리적 동기는 문제가 있다.

그 무렵부터 보수주의라는 용어는 우리 사회에서 상당히 넓게 사용되기 시작했지만, 우리 사회에서 그 용어가 보다 널리 사용되게 된 데는 다른 요인이 작용했다. 그 다른 요인이란 좌익세력이 자기들을 진보세력으로 자칭하면서 자기들에 반대되는 세력인 우익세력을 보수세력이라고 명명한 것을 말한다. 좌익세력은 자기들을 진보세력으로 호칭하는 것이 자기들의 이론에도 맞고 선전 면에서도 유리하기 때문에 진보세력을 자처하고, 자기들의 타도대상인 우익세력에 대해서는 대중, 특히 젊은 층으로부터 부정적인 반응을 유발할 보수세력이라는 명칭을 부여했다.

'보수(保守)'라는 것은 기본적으로 현재의 사회상황을 유지한다는 의미를 갖기 때문에, 그에 대한 사람들의 평가는 그들이 살고 있는 사회상황에 대한 그들의 평가에 따라 좌우된다. 현재의 사회상황을 긍정적으로 평가하는 사람들은 보수에 대해 긍정적인 태도를 보이지만, 사회상황을 부정적으로 평가하는 사람들은 보수에 대해 부정적인 태도를 보인다. 한국 국민 가운데, 특히 한국의 청년층 가운데 한국의 현재 사회상황을 긍정적으로 평가하는 사람은 매우 적다. 대부분의 국민, 특히 청년층의 압도적 다수는 이 나라의 현재 사회상황을 고칠 것이 많은 상황으로 보고 있다. 이러한 조건에서, 진보세력은 그 명칭만으로도 청년층으로부터 점수를 얻고, 보수세력은 그 명칭만으로도 청년층으로부터 점수를 잃게 된다.

좌익세력은 바로 이런 이유에서 우익세력에게 보수세력이라는 명칭을 떠안겼는데, 우익세력으로 호칭될 수 있는 대부분의 개인과 단체들이 좌익의 그러한 전술을 알지 못하고 '우익'보다는 '보수'를 선호했다. 그 결과, 진보세력이라는 용어가 널리 사용된 것을 뒤따라서 보수세력, 보수주의라는 용어도 널리 사용되었다.

이렇게 해서 우리 사회에서 보수주의라는 용어가 널리 사용되기는 했지만, 그 용어를 사용하는 사람들이 보수주의의 의미와 내력을 정확히 알고 사용하는 예는 많지 않다. 좌익세력은 그 용어를 부정적으로만 생각하며 사용하기 때문에 그것의 의미나 내력을 정확히 알 필요가 없는 일이고, 보수세력을 자처하는 사람들의 대부분은 사상적 각성이 없는 채 그 용어를 사용하기 때문에 그 의미나 내력을 정확히 알지 못하는 것이다.

02 : 보수주의의 연원

보수주의의 의미와 내력을 정확히 파악하려면 우선 보수주의의 언어적 연원부터 추적해봐야 한다. 보수주의의 언어적 연원은 프랑스에서 입헌군주제를 옹호하는 온건한 왕당파 정치인이자 소설가인 프랑스와 드 샤또브리앙(Francois de Chateaubriand)이 1818년 파리에서 창간한 잡지의 제호로 『보수주의자(Le Conservateur)』를 사용한 데서 찾아진다. 1820년까지 발행되었던 이 잡지는 당시 왕당파 내의 온건파의 입장을 대변했다. 샤또브리앙과 그의 잡지는 당시 강경한 왕당파의 노선에 입각한 복고왕정의 반동적 정책을 비판하고 언론자유를 비롯한 정치적 자유를 보장하는 온건한 입헌군주제적 개혁을 주장했다. 이 잡지가 발행된 이후 이 잡지의 제호인 『보수주의자』는 점차 과격한 혁명(또는 급격한 변화)을 반대하고 온건한 방법에 의한 점진적 변화를 추구하는 사상을 가진 사람들을 지칭하는 정치적 용어로 널리 사용되었다.

과격한 혁명을 반대하는 사상을 가진 사람 또는 정치세력을 보수주의자로 지칭하는 프랑스의 용어법은 곧 영국과 미국으로 전파되었다. 1820년대부터 영국에서도 보수주의자라는 용어가 사용되었고, 1830년에는 미국의 공화주의자들이 자기들을 보수주의자로 자칭했고 1832년에는 영국의 왕당파 정치세력인 토리당이 보수당을 자기들의 공식 당명으로 채택했다. 그 후 과격한 혁명 또는 급격한 변화를 반대하고 현상유지 내지 온건한 방법에 의한 점진적 변화를 추구하는 사람들을 보수주의자로 지칭하는 용어법이 전 세계적으로 보편화되었다.

이처럼 보수주의라는 용어는 19세기 초반부터 사용되기 시작했지만 보수주의의 이론적 연원은 멀리는 고대 그리스의 아리스토텔레스(Aristoteles)의 정치이론으로까지 거슬러 올라갈 수 있으며, 보수주의적 세계관에 의한 통치는 그보다 훨씬 전부터 행해져왔다. 그러나 현대에 와서 보수주의로 호칭되는 사상이 명확한 형태로 등장한 것은 1789년 프랑스혁명에 대한 유럽의 정치세력과 지식인들의 반응에서부터이다. 당시 자유주의 정치세력과 지식인들은 프랑스혁명을 환영했고, 보수주의 정치세력과 지식인들은 프랑스혁명을 비판했다. 유럽에서 프랑스혁명을 비판하는 보수주의 사상은 두 개의 사상적 자원으로부터 도출되었다.

하나의 자원은 가톨릭교회의 인간관이다. 가톨릭교회는 인간을 원죄를 저지른 타락한 존재로 보며, 인간은 하나님이 명령한 계율에 따라 엄격한 통제를 받아야 구원받을 수 있는 존재로 본다. 가톨릭교회의 이러한 인간관은 인간사회에 있어서의 질서를 중시하고,

하나님의 계시가 아닌 인간의 자의적 설계에 따라 기존의 질서를 파괴하는 것을 금기시했다. 근대에 오면서 가톨릭교회의 정치적 영향력은 약화되었지만 가톨릭교회의 인간관과 사회관은 세속의 통치이론에 있어서 절대군주정이론으로 연결되었다. 절대군주정론은 엄격한 법질서 속에서 군주는 신민들의 생명과 재산을 보호해주기 위해 최선을 다해야 하고 신민들은 군주에게 무조건 복종해야 한다는 것이다.

다른 하나의 자원은 경험주의철학에 입각한 통치론이다. 이 통치론은 기존의 제도와 전통을 중시하고, 혁명과 같은 단절적이고 급속한 변화를 반대한다. 경험주의철학에 기반한 통치론에 따르면, 인간들에 대한 통치행위는 기본적으로 요리나 목수일과 비슷한 것으로서 오랜 세월에 걸쳐 축적된 지혜와 판단력을 필요로 하며, 그러한 지혜와 판단력은 인간의 이성적 추론보다는 기존의 제도와 전통 속에서 더 많이 찾을 수 있다. 이 통치론은 통치제도나 기법은 조건 및 환경의 변화에 따라 변할 수 있지만, 그 변화는 전통 속에 들어 있는 지혜를 존중하면서 점진적으로 질서있게 추진해야 변화의 이익을 얻을 수 있는 것이며, 질서와 전통을 무시한 과격한 혁명을 통해 추진하게 되면 변화는 당초 의도와는 빗나간 재난을 초래하게 된다고 본다.

프랑스혁명에서 과격한 혁명이 일어나자 유럽 각국에서는 이 두 개의 사상적 자원으로부터 프랑스혁명을 비판하고 프랑스에서 발생한 혁명의 파도가 자기 나라로 파급되는 것을 막으려는 보수주의 사상이 형성되었다. 같은 보수주의 사상이지만 대륙 유럽에서는 주로 가톨릭교회의 인간관과 사회관의 영향을 받은 보수주의가 우세했고, 영국에서는 경험주의철학에 입각한 통치론의 영향을 받은 보수주의가 우세했다. 프랑스혁명 이후 유럽의 정치 · 경제 상황변화와 사상사의 흐름으로 인해, 주로 영국에서 확산된 보수주의가 현대 보수주의를 대표하는 것이 되었다.

현대 보수주의의 출발은 18세기 후반에 활동한 영국의 정치가이자 사상가였던 에드먼드 버크(Edmund Burke)의 프랑스혁명 비판이론이다. 버크는 1790년에 발간된 그의 저서 『프랑스혁명에 대한 성찰』에서 1년 전에 발생한 프랑스혁명의 소용돌이를 분석하면서 급격한 정치변혁을 추구하는 프랑스혁명은 결국 프랑스 국민을 공포정치와 군사독재의 탄압 밑으로 밀어 넣게 될 것이라고 예측하고(실제로 버크의 저서가 발간된 후 프랑스에서는 쟈코뱅파의 공포정치가 실시되었고 마침내는 나폴레옹의 군사독재가 등장했다), 프랑스혁명이 그와 같은 비극적 결말을 맞이할 수밖에 없게 만드는 원인은 그 혁명이 경험에 의해 밑받침되지 않은 공상적 이론에 입각하여 전통과 질서를 부정하고 급격하고 전면적인 변화를 추구하는데 있다고 지적했다.

버크가 말하는 공상적 이론은 프랑스혁명의 지도사상인 쟝 자크 루소(Jean-Jacques Rousseau)의 정치이론을 지칭한다. 버크에 따르면, 자연상태에서의 인간생활에 대한 신화적 상상을 토대로 하고 인민의 일반의지(general will)를 최고의 가치로 주장하는 루소의 이론은 잘못된 이론이며, 그러한 잘못된 이론으로부터, 교육 · 설득으로 때로는 테러를 동원하여 평등한 자유를 누리는 사회로 인류를 구원해갈 수 있다는 정치적 광신주의(fanaticism)가 생겨났으며, 그러한 광신주의가 전통과 질서를 파괴하는 급격한 혁명을 추진하게 되고, 그러한 혁명은 당초의 의도대로 인류를 구원하는 것이 아니라 그 의도와는 정반대로 혼란 속에 공포정치와 군사독재를 초래하게 된다는 것이다.

공상적 이론에 입각한 광신주의(프랑스혁명에서 쟈코뱅파의 공포정치가 등장한 후 버크는 광신주의를 쟈코뱅주의로 바꿔 불렀다)와 그에 의해 주도되는 프랑스혁명을 비판한 버크의 이론은 훗날 자신을 보수주의자로 자칭하거나, 그 반대자들에 의해 보수주의자로 규정되는 사람들이 공통적으로 계승하게 되었다. 오늘날 과격한 혁명을 추구하는 사람들은 예외 없이 버크의 이론을 비판하지만 보수주의자로 자칭하거나 타칭되는 사람들은 예외 없이 버크의 이론을 존중하고 있다. 그러한 이유로 해서 혹자는 현대 보수주의에 있어서 버크의 위치는 사회주의에 있어서 마르크스의 그것과 같다고까지 말한다.

03 : 보수주의의 내용

보수주의는 인간과 사회 및 세계에 대해 독자적으로 분명하고 체계적인 이론을 제공하는 현대의 3대 이데올로기(자유주의, 보수주의, 사회주의) 중의 하나이다. 버크를 비롯한 보수주의 사상가들이 주장해 온 보수주의의 이론적 내용을 요약 정리하면 대체로 다음과 같다.

국가가 구성되기 전의 자연상태에서 인간은 평등하고 자유로운 삶을 영위했던 것이 아니라 무정부적 혼란상태에서 원시적인 삶을 살았다. 따라서 인간의 자유는 자연에 의해 혹은 하늘에 의해 주어진 불가양(不可讓)의 권리가 아니라 사회에 의해 창조된 것이다. 인간은 평등하게 태어난 것이 결코 아니며 평등을 강조하게 되면 자유가 억압당한다.

인간은 결코 완전한 존재가 아니고, 인간의 이성도 완벽할 수가 없다. 따라서 인간들은 완벽한 사회를 만들 수도 없고 인간이 만든 이론에 입각하여 완전한 사회를 만든다는 것은 더더욱 불가능하다. 인간은 불완전한 존재이기 때문에 완전한 통치는 불가능하며 아무리 민주주의적인 정부라 하더라도 국민의 복리를 완전하게 실현할 수는 없다. 따라서 아무리 국민을 위해 봉사하는 정부라 할지라도 개인의 사생활 특히 경제생활에 대해 간섭해서는 안 된다. 본질적으로 불완전할 수밖에 없는 정부가 개인의 사생활에 간섭하게 되면 정부의 불완전성에서 비롯된 부적절한 간섭이 나타나서 나쁜 결과를 초래하기 쉽다.

인간은 길고 험한 노정을 거쳐서 야만상태로부터 문명사회에 이르렀으며, 사회의 전통과 제도에는 오랜 세월에 걸친 인간들의 경험에 의해 축적된 지혜가 스며들어 있다. 따라서 전통과 제도와 질서는 존중되어야 하며, 사회의 변화는 경험에 의해 축적된 지혜와 기존 사회상황에 대한 반성이 조화를 이루어 자연스럽게, 다시 말해서 점진적으로 신중하게 이루어져야 한다. 전통과 제도를 전면적으로 부정하는 급격한 혁명은 반드시 공동체 구성원들의 불행을 초래한다.

인간은 윤리규범을 준수해야 하고 종교를 믿는 것이 좋다. 윤리는 인류의 오랜 경험에 의해 축적된 삶의 지혜의 산물이며 개인이 윤리규범을 잘 준수할수록 개인의 생활과 공동체의 번영이 이루어진다. 윤리규범을 경시하는 것은 법과 질서를 무시하는 것과 같은 혼란을 초래하므로, 정부는 사회에서 도덕적 타락이 일어나지 않도록 노력해야 한다. 인간은 본질적으로 불완전한 존재이기 때문에 완전한 신에 의존해야 하는 종교적 존재이다. 종교는 개인적으로는 인간의 선행과 위안의 원천이며 사회적으로는 안정의 수호자이고 광신주의의 억제장치이다.

이상과 같이 요약해 본 보수주의의 사상적 내용은 현대에 와서는 다음과 같은 정치 · 사회적 아젠다로 집약된다. 작은 정부, 자치의 확대, 경제에 대한 정부의 간섭 배제와 시장의 논리 존중, 개인의 책임 강화, 과도한 평등화와 사회복지 확대의 반대, 법치의 확립, 도덕적 권위의 존중, 종교의 보호, 공상적 이론에 입각한 광신주의적 혁명사상(예: 사회주의와 파시즘) 반대 등이다.

보수주의란 한마디로 정의하자면 공동체의 운영에 있어서 기존의 전통과 경험과 질서를 존중하고 필요한 변화는 점진적으로 추진할 것을 주장하는 사상이다. 보수주의가 보수(保守)하려는 것은 기존의 상황이 아니라 기존의 제도 속에 녹아있는 지혜이다. 보수주의가 반대하는 것은 변화 일반이 아니라 일부 형태의 변화이다. 보수주의가 반대하는 일부 형태의 변화는 공상적인 이론에 입각한 전면적이고 과격한 변화이다. 보수주의는 기존제도를 무조건 고수할 것을 주장하지도 않으며, 자연스러운 변화, 인위적으로 추진되지 않는 변화는 긍정적으로 수용하는 사상이다. 보수주의가 자연스러운 변화에 대해 긍정적인 입장을 가지고 있다는 점은 현대 보수주의의 비조(鼻祖 : 시조)라 할 수 있는 버크가 프랑스혁명은 반대하면서도 미국혁명(미국의 독립전쟁)은 지지했으며, '약간의 변화를 실천할 수단을 갖지 못하는 국가는 자신을 지킬 수단도 갖지 못한다' 라고 말했던 사실에서 쉽게 확인된다. 뿐만 아니라 영국의 토리당이 공식 당명을 보수당으로 바꾸던 바로 그 시기에 그 당이 선거법 개혁을 단행했다는 사실과 서구의 근대화와 민주화에 보수주의자들이 참여해왔다는 사실을 상기하면 쉽게 이해될 수 있다. 보수주의는 혁명(revolution)을 반대하고 진화(evolution)를 지지하는 사상이며, 결코 모든 변화를 반대하는 사상이 아니다.

04 : 보수주의의 종류

보수주의는 변화에 대한 태도와 지키려는(보수하려는) 대상을 기준으로 종류를 나눌 수 있다.

먼저 변화에 대한 태도를 기준으로 보수주의를 분류하면, ⓐ 현재 상황의 어떠한 변화에 대해서도 반대하는 태도를 취하는 보수주의, ⓑ 현재 상황을 과거의 좋았던 시절의 상황으로 변화시키려는 태도를 취하는 보수주의, ⓒ 현재 상황이 미래지향적으로 변화하는 것을 인정하면서 변화의 내용이 기존상황과 단절되지 않은 것이며 변화의 속도가 점진적일 것을 추구하는 보수주의 등으로 나눌 수 있다.

프랑스혁명 직후 유럽에서는 이들 3종류의 보수주의가 병존했다. 대륙 유럽에서는 흔히 기질적 보수주의로 호칭되는 ⓐ와 반동적 보수주의로 호칭되는 ⓑ가 우세했고, 영국에서는 ⓐ와 ⓒ가 우세하다가 점차 ⓒ가 보편화되었다. 1차 세계대전과 2차 세계대전을 겪으면서 대륙 유럽에서의 ⓐ형 보수주의와 ⓑ형 보수주의는 완전히 소멸되었고, 20세기 후반에 이르러서는 ⓒ형 보수주의만 남았다. 이 ⓒ형 보수주의를 현대 보수주의라고 말하며, 20세기 후반 이후 현대 보수주의자들은 ⓐ형과 ⓑ형의 보수주의를 '보수주의'로 호칭하지 않고 '전통주의(traditionalism)'으로 호칭하여 자기들의 사상과 구분하고 있다.

다음으로, 지키려는 대상을 기준으로 보수주의의 종류를 분류하면, 정치 분야 및 정치 이외의 분야에 있어서의 전통적 가치들과 사회구성원들의 연대 및 종교적 경건성 등을 지키려는 보수주의와 고전적 자유주의를 지키려는 보수주의로 나눌 수 있다. 전자는 대륙 유럽에서 영향력이 강한 보수주의이다. 대륙 유럽의 국가들에는 오랜 전통을 가지고 있으며, 과거 신분사회시대부터 지속되어온 사회구성원들 상호간의 온정적 유대의식이 존재한다. 그에 더하여 가톨릭교회의 영적 생활에 대한 지배가 거의 2천년 간 지속되어 오고 있다. 이러한 대륙 유럽의 조건은 그 지역의 보수주의세력으로 하여금 그러한 것들을 지키고 싶어하도록 만들고 있다. 대륙 유럽의 이러한 보수주의는 자본주의와 마찰적인 요소도 가지고 있으며, 사회복지를 위한 국가의 노력에 긍정적인 경향을 나타낸다.

고전적 자유주의를 지키려는 보수주의는 미국의 보수주의이다. 미국은 유럽 국가들과는 달리 신생국가여서 지켜야 할 전통적 가치들이 없다. 게다가 미국은 종교적 자유와 자본주의를 정신적 기반으로 하여 건국된 나라이다. 따라서 미국의 보수주의자들에게 있어서 지켜야 할 전통적 가치 가운데 최우선의 것은 고전적 자유주의이다. 미국에서는 건국 후 약 1백여 년 동안은 고전적 자유주의가 도전받지 않았기 때문에 고전적 자유주의를 지키기 위한 보수주의도 뚜렷하게 등장하지 않았다. 그러나 1920년대말 대공황 후 정부가 대공황을 극복하기 위해 수정자본주의적 정책을 동원하여 고전적 자유주의를 파괴함에 따라 고전적 자유주의를 지키려 하는 보수주의세력이 형성되었다. 미국에서는 수정자본주의정책을 도입한 세력이 자신들을 자유주의세력(liberals)으로 호칭했기 때문에 고전적 자유주의를 지키려는 세력은 자신들을 보수주의세력(conservatives)으로 호칭하게 되었다. 사회주의세력이 유력한 정치세력으로 등장하기 전까지는 대륙 유럽과 영국에서는 보수주의가 고전적 자유주의의 주적이었던 점에 비추어볼 때 미국에서 보수주의세력이 지키려 하는 주된 대상이 고전적 자유주의라는 점은 역설적인 면이 있다.

대륙 유럽의 보수주의와 미국의 보수주의는 지키려는 주된 대상이 다르기 때문에 현실적인 정책에 있어서 불일치하는 요소도 있다. 예를 들면, 사회복지를 위한 정부의 노력에 대해 유럽의 보수주의는 긍정적이지만 미국의 보수주의는 부정적이며, 국민의 경제생활이나 노-사관계에 대한 국가의 개입에 대해 유럽의 보수주의는 수용적이지만 미국의 보수주의는 거부적이다. 그러나 유럽의 보수주의와 미국의 보수주의는 이러한 차이를 압도하는 공통점을 가지고 있다. 두 지역의 보수주의는 인간의 완전성에 대한 회의나 변화에 대한 점진주의적 태도와 같은 보수주의의 근본적 요소들을 공유할 뿐만 아니라, 공통적으로 공산주의나 파시즘에 대해 철저히 반대하며, 무신론과 도덕적 규범의 경시에 대해 비판적이고, 질서와 가족가치 등을 중요시한다.

05 : 두 개의 신보수주의

1970년대 이후 미국에서는 우리말로 신보수주의로 번역되는 두 개의 보수주의 경향이 등장했다. 하나는 neo-conservatism이고, 다른 하나는 new conservatism이다. 우리말로 다 같이 신자유주의로 번역되는 neo-liberalism과 new liberalism이 다른 것과 마찬가지로 미국의 보수주의에서도 neo-conservatism과 new conservatism은 다른 것이다.

neo-conservatism은 1970년대 초에 등장했다. 미국의 사회주의자 마이클 해링턴(Michael Harrington)이 1973년 뉴레프트 계열의 잡지 『불찬성(Dissent)』에 기고한 글에서 신보수주의자들(neo-conservatives)이란 용어를 처음 사용했으며, 여기에서 파생되어 neo-conservatism이란 용어가 만들어졌다. 해링턴은 뉴레프트의 과격성향에 비판적인 일단의 자유주의(물론 미국판 자유주의) 및 사회민주주의 성향의 저명한 지식인들을 비판하면서 그러한 지식인들을 신보수주의자들이라고 규정했다.

1960년대 후반 미국 대학가에서는 거센 신좌익의 선풍이 불었다.

혁명적 사회주의자들과 무정부주의자 및 좌경 자유주의자들로 구성된 신좌익은 미국의 대학가와 지성계에서 과격한 문화혁명을 전개하며 대학가와 지성계를 황폐하게 만들었다. 이러한 신좌익의 파괴적 활동은 지난날 미국사회를 비판하고 젊은 세대의 봉기를 옹호했던 자유주의 지식인들과 사회민주주의 지식인들로 하여금 권위와 질서의 중요성을 깨닫게 만들었다. 그들 중 일부 용기 있는 인사들은 마치 프랑스혁명의 소용돌이를 목격하면서 당대 영국의 고전적 자유주의자였던 버크가 전통과 질서의 중요성을 절실하게 깨닫고 프랑스혁명을 비판했던 것과 마찬가지로 신좌익을 비판하게 되었다.

그러자 신좌익은 그들을 위선적인 기성세대로 규정하여 집중 공격을 가했다. 신좌익은 당시 정통 보수주의 노선을 취하는 지식인들은 숫자도 적고 사상경향이 그들과 판이하기 때문에 아예 경멸적으로 무시하여 강한 공격의 대상으로 삼지도 않았다. 그에 반해 자유주의 및 사회민주주의 성향의 지식인들은 숫자와 사회적 영향력이 강한데다가 사상적 경향이 자기들과 유사하면서도 자기들에 동조하지 않기 때문에 더욱 증오적 공격의 대상으로 삼았다. 이러한 공격을 당하게 되자, 자유주의 및 사회민주주의 지식인들 가운데 용기 있는 인사들은 더욱 강하게 신좌익을 비판하게 되었고, 그들이 신좌익을 강하게 비판할수록 그들의 주장은 종래 보수주의자들이 주장하는 것과 비슷한 점이 많아지게 되었다.

이에 미국의 신좌익과 사회주의자들은 그러한 사람들이 자유주의자나 사회민주주의자가 아니라(한국식으로 말하면 진보인사들이 아니라는 뜻) 새로운 형태의 보수주의 노선을 따르는 신보수주의자들이라고 야유하게 되었다. 어빙 크리스톨(Irving Kristol), 대니얼 벨(Daniel Bell), 세이머 마틴 립세트(Seymour Martin Lipset), 새뮤얼 헌팅턴(Samuel Huntington) 등과 같이 지난날 사회민주주의자나 자유주의자로 분류되던 지식인들이 신보수주의자로 낙인찍힌 것이다. 그들의 일부는 자기가 신보수주의자로 호칭되는 것을 수용했지만 대부분은 그에 동의하지 않았다. 그럼에도 불구하고 좌익세력의 언어전술의 영향으로 제3자들은 그들을 신보수주의자로 호칭했다. 이와 같은 신보수주의자라는 용어의 유래를 생각할 때, 우리나라에서 일부 정치세력이 '우리의 노선은 신보수주의다' 라고 외치는 것은 다소 우스워 보인다.

미국에 있어서 신보수주의(neo-conservatism)와 보수주의는 질서, 계속성, 윤리, 권위 등을 강조하고 정치적 광신주의와 폭력을 반대하는 점에 있어서 공통된다. 그러나 다음 몇 가지 점에 있어서 양자는 상이한 입장을 취하고 있다. 보수주의는 경제에 대한 정부의 간섭확대라는 이유로 사회복지의 확대나 복지국가론에 대해 반대 입장을 취하지만 신보수주의는 복지국가를 긍정적으로 수용하고 정부의 경제 분야 개입에 대해 그 불가피성을 인정한다. 보수주의는 전통의 권위와 종교의 중요성을 강조하는데 반해, 신보수주의는 그것들을 크게 강조하지 않는다. 또한 보수주의는 기본적으로 사회적 평등을 경시하는데 반해, 신보수주의는 사회적 평등을 보다 중요시한다. 그러나 이러한 보수주의와 신보수주의간의 차이는 그 공통성에 비하면 의미가 매우 작다.

사상사적 프리즘에서 보면 신보수주의 노선은 대체로 미국판 자유주의와 보수주의의 중간쯤에 해당하는 노선이라고 할 수 있다. 그러나 신보수주의를 지지하는 사람들은 신보수주의가 미국판 자유주의와 보수주의를 절충한 것이 아니라 미국 건국 초기부터 있어 온 공화주의 정치철학, 즉 자유와 공동체의 조화, 도덕적 기반을 가진 정치적 자유 등을 추구하는 정치철학을 계승한 독자적인 노선이라고 주장한다.

한편 미국에서는 1970년대 후반부터 또 하나의 신보수주의인 new conservatism이 등장했다. 워터게이트사건으로 리차드 닉슨(Richard Nixon) 대통령이 사임한 후 쇠퇴하던 미국 보수주의운동을 부활하려는 사람들을 언론매체들은 new conservatives(신보수주의자들)이라고 호칭했고, 점차 그러한 사람들의 주장을 new conservatism이라고 호칭하게 되었다. new conservatives는 그때까지의 수세적 태도에서 벗어나 보다 공격적으로 보수주의적 노선을 주장하며 보수주의세력의 정치적 진출을 적극적으로 추구했다. 언론매체와 정치논평자들은 new conservatives와 신우익(new right)을 호환적 동의어로 간주했다. neo-conservatives가 자유주의자나 사회민주주의자였다가 보수적인 주장을 한 것과는 달리, new conservatives는 처음부터 보수주의 전통을 계승한 사람들이었다. neo-conservatives는 그들의 원래의 사상적 입장의 작용으로 인해 반공의식이 덜 강하고, 종교와의 유대가 상대적으로 약하며, 정부의 사회복지정책에 대해 덜 부정적인 입장을 취한다. 그에 반해 new conservatives는 반공의식이 더욱 강하고, 종교(기독교 복음주의)와의 유대가 강하며, 사회복지정책의 확대에 대해 부정적인 입장을 취한다. new conservatives는 주로 1980년대 레이건정권 때 경제정책 분야에서 강한 영향력을 행사했고, neo-conservatives는 1990년대 아들 부시 정권 때 대외정책 분야에서 강한 영향력을 행사했다.

06 : 보수주의와 관련 잘못된 용어 사용 사례들

우리 사회에서는 정계와 언론계는 물론이고 심지어는 학계에서조차도 보수주의에 대한 이해가 부족하기 때문에, 보수주의와 관련하여 여러 가지로 잘못된 용어를 사용하고 있다.

가장 먼저 들 수 있는 잘못된 용어 사용으로는 우리 사회에서 사상진영을 구분하는 표현으로 '보수 대 진보(conservative vs progressive)'라는 용어를 사용하는 것이다. 이미 거듭해서 설명한 바와 같이 보수주의는 결코 변화나 진보를 반대하는 사상이 아니다. 보수주의는 정치적 광신주의세력이 선동 · 추진하는 과격한 방법에 의한 전면적인 변화에만 반대하고 변화나 진보 그 자체를 반대하는 사상이 아니다. 보수주의는 심지어는 혁명이라도 자유를 추구하는 혁명에 대해서는 지지하는 사상이다(평등을 추구하는 혁명은 전적으로 반대하지만). 따라서 사상진영이나 정치세력을 분류함에 있어서 '보수 대 진보'로 분류하는 것은 극히 부적절한 것이다.

서구에서는 사회주의자들만이 정치세력을 분류함에 있어서 보수 대 진보라는 표현을 사용할 뿐이고 일반적으로는 그러한 표현을 사용하지 않는다. 미국에서는 '보수주의세력 대 자유주의세력(conservatives vs liberals: 이것을 한국의 언론에서는 통상 보수 대 진보로 부적절하게 번역하고 있다)', '보수 대 과격(conservatives vs radicals)' 이란 표현이 많이 사용되고, 유럽에서는 좌익 대 우익의 표현이 보다 일반적으로 사용된다.

비사회주의 국가인 우리나라에서 이론적으로도 부적합하고 다른 선진민주국가에서도 잘 사용하지 않는 '보수 대 진보' 라는 세력구분 표현이 거의 보편적으로 사용되고 있는 것은 타당하지 않다. 보수주의는 결코 진보를 반대하는 사상이 아니며 보수(conservative)의 반대는 진보(progressive)가 아니라 과격(radical) 이라는 사실, '보수'는 정치적 광신주의자들의 과격한 방법에 의한 파괴적 혁명에 대항하는 온건한 개혁을 추구한다는 사실이 우리나라에서는 정확히 인식되지 않고 있다.

보수주의와 관련하여 우리 사회에서 부적절하게 사용하고 있는 용어사용법의 두 번째 사례로는 '보수반동' 이라는 표현이다. 반동이라는 정치적 용어는 19세기의 과격파 사상가들에 의해 사용되기 시작했다. 당시 서구에서는 개혁과 혁명으로 이루어진 여러 가지 정치 · 사회적 변화를 억제하려 하거나 역전시키려는 세력들이 있었다. 교회와 귀족 및 구체제의 잔존세력들이 바로 그러한 사람들이었다. 그들의 일부는 과거의 좋았던 시절로 상황이 변화되기를 희망했다. 과격파들은 그것을 빌미로 모든 보수세력을 반동세력과 동일시하는 선전을 전개했다. 이처럼 반동이란 용어는 급격한 혁명을 추구하는 세력들의 작품이며, 오늘날도 좌익들이 즐겨 사용하는 용어이다. 파시스트나 독일의 나치도 자기들을 혁명세력 혹은 혁신세력이라고 부르고 자기들의 정책에 반대하는 비사회주의자들을 반동세력이라고 불렀다. 일본에서도 1930년대 군국주의세력이 자기들을 혁신세력이라고 자칭했다. 혁명적 사회주의세력을 비롯하여 급격한 사회변혁을 추진하는 세력은 그들의 입장에 반대하는 사람들을 매도 탄압하기 위해 이 반동이라는 용어를 애용하며, 특히 좌익은 자기들에 반대하는 반공세력 및 보수세력을 비판할 파시스트, 극우 등의 용어와 함께 보수반동이라는 용어를 자주 사용한다.

그러나 보다 객관적으로 정의한다면, 반동이란 역사적 진행에 거역하는 행위 혹은 순리적 상황변화를 거부하는 행위가 된다. 따라서 보수주의와 반동은 크게 다르다. 앞서 서술한 바와 같이 대륙 유럽에서의 반동적 보수주의는 1차 세계대전과 2차 세계대전을 거치면서 사라졌다. 혁명적 사회주의세력들이 '보수반동세력' 이란 용어를 사용하는 것은 보수와 반동을 비슷하거나 본질적으로 동일한 것처럼 왜곡하여 자기들의 적(敵)인 보수세력에 대한 대중의 혐오감을 조장하기 위해 행한 선전전술적 책략이다. 보다 정확히 말한다면 소련과 동구의 사회주의체제 붕괴에서 확인된 사회주의의 붕괴라는 역사의 진행 방향에 역행하는 혁명적 사회주의자들이야말로 현대의 반동세력이라 할 수 있을 것이다.

보수반동과 비슷한 용어로 수구보수세력이란 용어도 사용되고 있다. 수구는 동양의 한자문화권에서 만들어진 반동에 상응하는 용어이다. 반동이라는 용어가 동양의 한자문화권에서는 다소 생소하기 때문에 동양의 좌익들이 반동이라는 서양적 용어에 상응하는 보다 실감나는 용어로 수구라는 용어를 동원한 것이다. 옛 것을 고수한다는 의미의 수구는 변화에 거역한다는 의미의 반동과 동의어이다. 동양의 좌익들은 자기들에 반대하는 보수주의자들을 강력하게 비판하고 변화를 희망하는 대중으로 하여금 용어만 듣고서도 보수주의세력에 대한 혐오감을 갖도록 유도하기 위해 수구보수세력이라는 용어를 사용해왔다. 그들이 보수반동세력이란 용어 대신에 수구보수세력이란 용어를 사용하는 데는 '반동' 이란 용어가 북한 공산주의자들이 애용하는 용어이기 때문에 그 용어를 사용함으로써 자기들의 사상적 정체에 대한 대중의 의심이 강화되는 것을 피하려는 전술적 고려도 작용하고 있을 것이다.

보수주의와 관련하여 우리 사회에서 잘못 사용되고 있는 용어사용법의 세 번째 예로는 '보수우익', '개혁적 보수', '중도보수' 등을 들 수 있다. 우리나라 언론매체들이나 정치인들 및 심지어 학자들도 특정인이나 특정집단의 사상성향을 말할 때 '보수우익' 이니, '개혁적 보수' 니, '중도보수' 니 하는 호칭을 자주 사용한다. 그러나 이러한 표현법은 이론적으로 볼 때 부적절한 것들이다.

보수우익이라는 용어는 보수세력과 우익세력을 지나치게 동일시하기 때문에 부적절하다. 우리나라를 비롯한 자유민주주의 국가에서는 보수주의세력과 우익세력은 일치하는 점이 많지만, 때로는 상당한 차이를 나타낼 때도 있다. 예를 들면 다 같이 우익 노선을 취하면서도 개혁을 보다 적극적이고 큰 범위로 추진하려는 세력과 그렇지 않은 세력이 있을 수 있다. 이런 차이는 반공적 독재정권이나 민주화 수준이 낮은 반공정권 하의 우익세력에서 발생하기 쉽다. 전자는 개혁적 우익세력이라고 할 수 있고 후자는 보수적 우익세력이라 할 수 있다. 그러한 점에서 볼 때 보수우익이라는 용어는 보수세력과 우익세력을 지나치게 동일시하는 오류를 내포한 부적절한 용어임이 분명하다.

'개혁적 보수' 라는 용어는 자기부정적 조어의 성격이 강하기 때문에 부적절하다. 현대 보수주의는 자연스러운 변화나 점진적인 개혁에는 반대하지 않는 사상이다. 그렇다고 해서 보수주의가 변화나 개혁에 대해서 적극적인 사상이라고는 말할 수 없다. 보수주의는 개혁을 부정하지는 않지만 개혁보다는 현상유지를 선호하는 사상이다. 따라서 '개혁적 보수' 란 용어는 개혁에 적극적인 보수, 다시 말해서 보수를 부정하는 보수라는 함의를 가지기 때문에 자기부정적 성격이 강한 조어라고 말할 수 있다. 반좌익의 입장을 취하면서 '개혁' 을 강조하고 싶으면 '개혁적 보수' 라고 할 것이 아니라 '개혁적 우익' 이라고 말하는 것이 타당하다. 앞서 말한 바와 같이 우익에는 개혁적 우익노선과 보수적 우익노선의 분화가 가능하기 때문이다.

'중도보수' 라는 용어는 보수주의 노선에서 좌 · 우 · 중도의 분류를 하는 것이 적절치 못하기 때문에 부적절한 용어이다. 좌익 · 우익의 분류법에서는 좌와 우의 중간에 중도를 설정할 수 있고, 그러한 사고의 연장선상에서 중도우파나 중도좌파라는 용어를 사용하는 것은 부적절하지 않다. 그러나 보수 · 과격(혹은 한국식으로 보수 · 진보)의 분류법에서 그 사이에 중도를 설정하는 것은 부적절하며, 보수주의 노선이나 과격주의 노선(한국식 용어의 진보주의 노선) 내부에서 좌 · 우 · 중도를 분류한다는 것도 부적절하다. 중도보수라는 용어의 부적절성은 '중도과격' 이나 '중도진보' 라는 용어가 매우 자연스럽지 못하다는 점을 생각해보면 금방 이해할 수 있다. 그리고 보수 · 진보 분류 도식에 좌 · 우 · 중 분류도식을 혼합시킬 바에야 차라리 보수 · 진보 분류도식을 좌 · 우 · 중 분류도식으로 대체하는 것이 타당하다. 좌 · 우 · 중 분류도식에 따르면 '우 보수', '좌 보수', '중도 보수' 같은 기이한 용어들을 조작해낼 필요가 없기 때문이다.

보수주의를 선호하면서도 '보수우익', '개혁적 보수', '중도보수' 등의 부적절한 용어를 사용하는 것은 사상으로서의 보수주의에 대한 이해가 부족한 데 더하여, 좌익으로부터의 비난이 두려워 좌익 · 우익 호칭법의 사용을 꺼리는 비겁성이 작용했을 것으로 추정된다.

보수주의와 관련하여 우리 사회에서 잘못 사용되고 있는 용어사용법의 네 번째 예로는 중국이나 북한과 같은 공산주의국가들이 간부들의 성향을 분류함에 있어 '보수적' 이란 용어를 부적절하게 사용하는 것을 들 수 있다. 우리나라 언론매체들에서는 중국 등 공산국가에서 개혁 개방에 반대하고 공산주의 교의에 보다 충실하려는 정치인들을 보수적 간부 심지어는 보수주의자로까지 호칭하는 경우가 간혹 있다. 공산국가에서 개혁 개방에 반대하고 공산주의 교의에 보다 충실하려는 것은 사상으로서의 보수주의에 정반대되는 것이다. 따라서 그러한 사람들을 단지 기존의 것을 지키려 하는 태도만을 고려하여 보수적 간부나 보수주의자로 호칭하는 것은 크게 잘못된 것이다. 그러한 호칭은 보수주의에 반대하는 사람을 보수주의자로 호칭하는 것이기 때문이다. 그러한 사람들은 교조주의적 간부나 교조주의자, 또는 좌경 완고파 등으로 호칭해야 한다. 정작 공산주의자들은 그렇게 호칭하는데 비공산주의자들이 공산주의자들에게 '보수적' 이라는 용어를 부적절하게 사용하여 의미의 혼란을 초래하는 것은 매우 잘못된 일이다.

민주주의와 시장경제라는 용어의 정확한 사용과 그러한 용어를 사용하는 사람의 사상적 입장을 정확히 이해하기 위해서는 그 용어의 역사와 의미를 정밀하게 추적해봐야 한다.

政治思想

Chapter

06

민주주의와 시장경제

01 : 오래 전에 소개된 민주주의와 시장경제

우리나라에서 사상관련 용어로서 정치 분야의 용어 중 가장 많이 사용되는 용어의 하나는 민주주의이고, 경제 분야의 용어 중 가장 많이 사용되는 용어의 하나는 시장경제이다.

민주주의(democracy)는 구한말인 1880년대 중반부터 우리나라에 소개되었다. 당시에는 영어 단어 democracy가 '민주주의'로 번역되지 않고, 합중정치(合衆政治), 민주국체(民主國體), 민주정체(民主政體), 민주정치 등으로 번역되었다. democracy는 '민주주의'로 번역하는 것보다는 '민주정'이나 '민주정체'로 번역하는 것이 더 타당하다. democracy는 귀족정(aristocracy)이나 전제정(autocracy) 등과 같은 통치의 형태를 지칭하는 용어이며, 정치사상을 지칭하는 용어가 아니기 때문이다. democracy의 어미가 통치형태를 지칭하는 단어들의 어미인 -cracy이고, 사상을 지칭하는 단어들의 어미인 -ism이 아니라는 사실도 그것을 '민주주의'보다는 '민주정'으로 번역하는 것이 타당하다는 점을 밑받침해 준다.

그러나 우리나라에서는 처음 소개될 때 '민주정체'나 '민주정치'

로 보다 타당하게 번역되었던 democracy는 일제식민지 시기부터 '민주주의'로 번역되었다. 서양어를 한자어로 번역하는 데 선구적 역할을 한 일본 지식인들이 democracy를 민주주의로 부적절하게 번역한 것이 한반도에도 그대로 도입된 탓이라 생각된다.

우리나라에서 '민주주의'라는 용어가 널리 사용된 것은 8 · 15해방 직후부터이다. 해방 직후 모든 정치세력은 민주주의를 표방했다. 그중에서도 공산주의세력이 '민주주의'라는 용어를 가장 많이 애용했다. 민주주의에 반대되는 공산독재를 지향하는 공산주의세력이 해방정국에서 '민주주의'라는 용어를 가장 애용하고 자기들을 '민주진영'으로 자칭하고, 그들의 기관지로 『민주주의』라는 월간잡지까지 발행했다는 사실은 공산주의자들의 언어전술을 확인해주는 실감나는 사례이다.

시장경제(market economy)라는 용어는 일제식민지 시기에 한반도에 소개되었고, 해방 직후부터 많이 사용되었다. 그러나 시장경제라는 용어는 1980년대 후반까지는 자본주의경제라는 용어보다는 자주 사용되지 않았다. 1980년대 중반부터 대학가를 중심으로 자본주의에 반대하는 민중민주주의혁명운동이 거세게 일어난 이래 우리나라 정치인과 지식인들은 자본주의경제보다 시장경제를 더 많이 사용하는 경향을 보였다. 혁명운동권의 비판적 눈길을 피하려는 심리가 작용한 것이다.

민주주의와 시장경제라는 용어는 이처럼 오래전부터 우리나라에 소개되었고, 우리나라 국민에 의해 매우 광범하게 사용되었음에도 불구하고, 그 용어들이 정확히 이해되고 있지 못하고 있다.

02 : 민주주의와 시장경제에 대한 이해 부족

저자는 1980년대 말 KBS-TV에서 행한 사상 관련 토론에 참여했을 때 우리나라에서 민주주의가 제대로 이해되지 않고 있다는 사실을 실감한 적이 있다. 저자는 그 토론에서 민주화의 문제가 제기되었을 때 "민주주의나 민주화란 용어는 그것을 말하는 사람의 사상에 따라 판이한 의미를 가질 수 있으므로 민주화에 관한 토론을 하려면 우선 각 토론자가 생각하는 민주주의 및 민주화의 의미와 내용을 분명히 밝히는 것부터 시작해야 한다"라고 말했다. 그 말에 사회자가 깜짝 놀라는 표정을 지으며 "정말 그렀습니까?"라고 반문했다. 큰 TV방송의 사회문제 토론 사회자 정도 되는 인사가 민주주의의 의미가 그 용어를 말하는 사람의 사상에 따라 달라진다는 사실을 모를 정도이니 일반 국민이 민주주의에 대한 이해 정도가 낮을 것임은 더 말할 필요가 없는 일이다.

우리나라 국민의 대부분은 민주주의가 그것을 말하는 사람의 사상에 따라 매우 다양한 의미를 가지게 된다는 사실을 잘 알지 못한다. 지난날 미국정부와 소련정부가 다 같이 자기들은 민주주의를 실천하고 있다고 주장했으며, 미국의 민주주의와 소련의 민주주의가 상반된 점이 많았다는 사실과 해방 직후 남한에서 민주주의라는 용어를 가장 많이 사용했던 정치세력은 좌익세력이었다는 사실을 잘 모른다. 또한 공산독재정권인 북한정권이 자기들의 국호에 '민주주의'를 사용하고 있다는 사실을 진지하게 따져보지 않는다. 그래서 어느 정치인이나 '운동가'가 "나는 민주주의를 신봉한다"라고 말하면 그가 우리나라의 정치이념인 자유민주주의를 신봉하는 것으로 간주해버린다.

우리나라 국민의 대부분은 시장경제의 의미와 유형에 대해서도 잘 모른다. 이 나라 국민은 시장경제에는 자유시장경제만 있는 것이 결코 아니라는 사실을 알지 못한다. 그래서 어떤 정치인이나 '운동가' 혹은 지식인이 "나는 시장경제를 지지한다"라고 말하면 그가 자유경쟁 시장경제 곧 자본주의를 지지하는 것으로 간주해버린다.

요컨대, 어떤 사람이 "나는 민주주의와 시장경제를 지지한다"라고 말했을 때, 그 말은 그가 "나는 자유민주주의와 자유시장경제를 지지한다"는 뜻만으로 해석될 수 없으며, "나는 프롤레타리아민주주의와 사회주의적 시장경제를 지지한다"라는 뜻으로도 해석될 수 있는 것이다. 이 나라에서는 이런저런 이유로 자기의 사상적 입장을 명확하게 밝히고 싶지 않은 사람들은 막연하게 "나는 민주주의와 시장경제를 지지한다"라고 말할 수도 있다. 그럼에도 불구하고 일반인들은 그러한 사실을 전혀 모른다.

민주주의와 시장경제라는 용어의 정확한 사용과 그러한 용어를 사용하는 사람의 사상적 입장을 정확히 이해하기 위해서는 그 용어의 역사와 의미를 정밀하게 추적해봐야 한다.

03 : 민주주의의 기원과 수많은 정의

민주주의라는 용어는 고대 그리스어에서 비롯된 것이다. 고대 그리스어 demokratia가 처음 등장한 것은 기원전 5세기 중엽 고대 그리스의 도시국가 아테네에서였다. 일부 학자들은 아테네 통치제도를 민주적으로 개혁한 클라이스테네스(Kleisthenes)가 만들어낸 명칭이라고 한다. 다른 일부 학자들은 아테네 민주정이 결함을 노정하던 시기에 아테네의 통치제도에 비판적인 지식인들이 아테네의 통치제도를 비하하기 위해 만든 명칭이라고 한다. demokratia는 고대 그리스어 demos와 kratia를 합쳐서 만든 합성어이며, 고대 그리스어 demos는 영어의 people 즉 인민에 해당하고 kratia는 영어의 rule 즉 통치에 해당한다. 그러므로 Demokratia란 말은 '인민에 의한 통치' 를 뜻한다. 이 말은 당초 군주정, 귀족정 등과 같은 통치방식을 뜻하는 용어로 등장했으므로, 한자어로 번역할 때 '민주정' 으로 번역하는 것이 타당한데, 19세기 중반 이 말을 번역한 일본인들이 민주 '주의' 로 번역하는 바람에 민주주의가 어떤 통치사상인 것 같이 착각하는 인식의 혼란을 초래하고 있다.

아테네에서 demos는 도시국가 아테네의 정치·행정 체제의 지역적 기초단위 deme의 민적부에 등재된 사람들을 뜻했다. deme의 민적부에 등재된 사람들 즉 demos는 아테네에 거주하는 모든 사람들이 아니었다. demos는 아테네의 시민권을 가진 사람들만을 뜻했던 것이다. 당시 아테네에는 시민권자만 거주하고 있었던 것은 아니다. 기원전 430년경을 기준으로 할 경우, 아테네에 거주하는 인구 총수는 16만 내지 17만 명 정도였고, 그중 시민권자의 수는 4만 명 미만이었던 것으로 추산된다. 아테네의 시민권은 아테네 본국에서 시민권자의 자녀로 출생한 성년 남자들에게만 부여됐다. 시민권자의 자녀라도 여자에게는 시민권이 부여되지 않았다. 시민권자는 전체 인구의 4분의 1밖에 되지 않으며, 그들을 제외한 나머지 사람들 즉 여자, 미성년자, 노예, 상주외국인 등은 아테네에 거주하지만 정치에는 참여하지 못하는 비시민들이었다. 인류 역사에서 민주주의는 이처럼 제한적 민주주의로 출발했던 것이다.

아테네에서 인민에 의한 통치는 이 시민권자들만에 의해 행해졌다. 시민권자들은 도시국가의 중요문제가 발생하면 큰 광장에서 집회(민회)를 개최하고 거기에서 토론을 전개하여 의사를 결정했다. 시민들이 집회하는 광장이 별도로 마련되어 있었고, 시민들은 아무 때나 집회를 개최하는 것이 아니라 정해진 규정과 절차에 따라서만 집회를 개최했다. 그리고 결정된 사항은 그 집회에서 선정된 집행위원회가 집행했다. 한마디로 말해서 아테네에서의 인민에 의한 통치, 즉 민주주의는 전체 인구가 아닌 시민권자들에 의한 직접민주주의였던 것이다.

아테네에서는 이처럼 뜻이 분명했던 민주주의가 훗날 아테네와 조건이 판이한 국가들에서 민주주의를 주장하고 실천하는 과정에서 의미가 다양해졌다. 그리고 아테네 시민들과 상이한 정치사상을 가진 사람들이 민주주의의 의미에 자기들 나름대로의 요소를 첨가하면서, 민주주의라는 말의 의미는 그 용어를 사용하는 사람의 사상에 따라 큰 차이를 나타내게 되었다. 그래서 민주주의가 무엇인가를 놓고 수많은 개념정의들이 등장하게 되었다.

1950년 노르웨이의 역사학자이자 정치학자인 내스(Arne Naess)와 크리스토페르센(Jens Christophersen)은 그때까지 문헌상에 등장한 민주주의의 중요한 개념정의를 정리해봤다. 고대 그리스시대부터 1950년까지 문헌에 나타난 민주주의의 개념정의는 무려 311개에 달했다. 1950년 이후로도 전 세계의 학자나 정치인들이 민주주의에 대한 새로운 개념정의를 하는 일들이 지속되었으므로 민주주의에 대한 개념정의 숫자는 이제 더욱더 많아졌을 것이다. 아마도 500개는 넘을 것이다.

민주주의에 대한 개념정의의 수는 매우 많지만, 민주주의라는 용어를 구성하고 있는 두 단어 즉 '인민'(demos=people)과 '통치'(kratia=rule)라는 단어의 현실적 의미를 잘 정리해보면 민주주의의 현실적 의미, 혹은 민주주의의 실천형태는 몇 가지로 정리된다. 다시 말해서, 민주주의를 말하는 사람이나 세력이 마음속으로 가지고 있는 인민(여기서의 인민은 보통사람들이라는 의미로서의 인민이 아니라 통치의 주체 혹은 민주주의의 참정권을 보유한 사람들이라는 의미로서의 인민이다)이 구체적으로 어떤 사람들을 지칭하며, 그 인민이 실행하는 통치의 방식과 내용이 구체적으로 어떤 것을 지칭하느냐를 정리해보면 민주주의의 현실적 의미(또는 실천형태)가 명확히 정리될 수 있다는 것이다.

04 : '인민'의 실질적 의미 따라 달라지는 민주주의

통치의 주체 혹은 참정권을 보유한 사람들로서의 '인민(people)'이란 용어의 실질적 의미는 그 용어를 사용하는 사람의 사상에 따라 여러 가지로 갈라지며, 인민의 실질적 의미의 차이에 따라 민주주의의 실질적 의미도 달라진다. '인민'의 의미는 그 용어를 사용하는 사람의 사상에 따라 그 국가의 통치를 받는 사람 전체를 의미할 수도 있고, 국가에 거주하는 인구의 한 부분을 의미할 수도 있다. 오늘날 서구민주주의 국가나 대한민국에서 말하는 인민은 자기 나라의 통치를 받는 사람 전체를 의미한다. 따라서 오늘날 서구민주주의 및 대한민국의 민주주의는 모든 국민이 참정권을 가지는 인민이 되는 '국민' 민주주의이다.

고대 아테네의 민주주의에서의 인민, 보통선거권이 보장되기 전의 영국의 민주주의에서 말하는 인민, 그리고 공산주의자들이 말하는 인민민주주의(남한에서는 민중민주주의라는 용어로 많이 사용됨)나 프롤레타리아민주주의에서의 인민은 모두 국가의 통치를 받는 사람들의 어떤 부분만을 의미한다.

고대 아테네 민주주의에서의 '인민(demos=people)'은 앞서 기술한 바와 같이 아테네 시민권을 가진 사람들만을 의미했다. 아테네라는 도시국가의 통치를 받는 사람들의 4분의 1에 해당하는 사람들만이 인민이었던 것이다. 보통선거권이 보장되기 전의 영국에서 말하는 '인민(people)'은 일정한 수준 이상의 교육을 받고 일정한 수준 이상의 세금을 납부한 사람들만을 의미했다. 미국에서도 처음에는 백인 남자만 참정권을 가졌고, 20세기 초반까지도 흑인은 참정권을 가지지 못했다. 따라서 선거권이 확대되기 전의 미국에서는 백인남자들만이 인민이었던 것이다. 따라서 고대 아테네의 민주주의나 보통선거권이 보장되기 전의 영국과 미국의 민주주의는 시민권을 가진 시민들만의 민주주의 곧 '시민권자' 민주주의였다.

공산주의자들이 말하는 '인민' 민주주의에서의 '인민(people)'의 구성요소는 가변적이다. 그러나 그들이 말하는 인민에는 대체로 생산활동에 직접 참여하지 않는 대자본가, 지주, 고급관료 등이 제외된다. 따라서 그들이 말하는 인민민주주의는 대자본가, 지주, 고급관료들을 제외한 사람들만의 민주주의인 것이다. 공산주의자들에게 있어서 '인민민주주의'는 프롤레타리아민주주의로 이행하기 위한 중간단계의 통치형태이다. 공산주의자들은 사회주의혁명이 완전히 성공한 후에는 프롤레타리아민주주의를 실시한다. 프롤레타리아만을 참정권을 가진 인민으로 대우하는 민주주의인 것이다.

공산주의자들은 자본주의사회의 민주주의를 부르주아민주주의라고 부르며, 그것은 인민민주주의 및 프롤레타리아민주주의에 반대되는 것이라고 말한다. 그들에 따르면, 부르주아민주주의는 법률적 참정권이 전체 국민에게 부여되는지 여부와 상관없이 부르주아계급만이 실질적 참정권을 가진 민주주의라는 것이며, 부르주아민주주의에서는 부르주아계급이 실질적 참정권을 독점하고 다른 계급들을 탄압하기 때문에, 부르주아민주주의는 부르주아독재가 된다. 동일한 논리로 프롤레타리아민주주의에서는 프롤레타리아계급만 민주주의를 하고 부르주아계급은 탄압되기 때문에 프롤레타리아독재가 된다.

이처럼 민주주의는 통치의 주체 혹은 참정권을 보유한 사람들로서의 인민이 실질적으로 지칭하는 인간집단이 누구냐에 따라서 민주주의는 '국민' 민주주의, '시민권자' 민주주의, '인민' 민주주의, '프롤레타리아' 민주주의 등 4개의 종류로 나누어지는 것이다. 그리고 그들 4개 형태의 민주주의 간에는 내용상 큰 차이가 있다. 특히 앞의 두 형태와 뒤의 두 형태는 모두 민주주의로 지칭되면서도 전혀 양립할 수 없다.

05 : 통치의 방식 따라 달라지는 민주주의

통치(rule)의 과정과 방식의 차이에 따라서도 '민주주의' 라는 용어의 현실적 의미와 실천형태가 달라지며, 그들 간의 차이는 심한 경우 양립 불가능한 상반성으로 확대되기도 한다.

먼저 통치과정에서 상이한 의견들의 자유경쟁을 보장하는지 여부를 기준으로 해서 민주주의의 실질적 의미가 달라진다. 하나는 인민들 사이에서나 혹은 인민의 대표들 사이에서 의견을 달리하는 사람들 간에 자기들의 의견을 다수의 의사로 만들기 위해 자유로운 경쟁이 이루어지고, 소수의 지지밖에 획득하지 못한 의견을 주장한 사람들도 탄압당하지 않는 인민통치이다. 이런 인민통치를 '경쟁적' 민주주의라 한다. 고대 아테네의 민주주의에서나 18~19세기의 영국과 미국의 시민권자민주주의나 현대의 서구민주주의 및 대한민국의 민주주의에서의 인민통치는 경쟁이 보장되는 통치이다. 다른 하나는 인민들 사이에서나 혹은 인민의 대표들 사이에서 의견을 달리하는 사람들 간에 자유로운 경쟁이 불가능하고 소수파는 탄압당하는 인민통치이다. 이런 인민통치를 '비경쟁적' 민주주의라 한다. 인민민주주의나 프롤레타리아민주주의 및 일부 제3국가들에서의 일당제(一黨制)민주주의에서의 인민통치는 비경쟁적 방식에 의해 행해진다.

인민의 구성의 차이와 상이한 의견들의 자유경쟁 보장 여부를 기준으로 볼 때, 상반된 내용의 통치형태가 민주주의라는 동일한 명칭으로 호칭되는 모순이 발견된다. 이러한 모순은 인민주권과 다수결을 내세우는 것만을 기준으로 민주주의를 말하기 때문에 생긴 것이다. 인민주권과 다수결이 실질적으로 행해지는지를 분석하여 그에 입각하여 민주주의의 의미를 재정리하면 이러한 모순은 해결될 수 있다.

인민주권이 실질적인 의미를 가지려면 피치자들이 통치자를 쉽게 통제할 수 있어야 한다. 피치자들이 통치자를 쉽게 통제할 수 있으려면 피치자와 통치자 간에 범주적 동일성이 확보되어야 한다. 피치자와 통치자 간의 범주적 동일성이 확보된다는 것은 모든 국적자에게 참정권이 보장되는 가운데 피치자가 통치자로 될 수 있고 통치자가 피치자로 될 수 있는 조건이 조성된 것을 의미하는데, 그러한 조건이 조성되면 치자는 피치자에 의해 쉽게 통제될 수 있다.

다수결이 실질적 의미를 가지려면, 표현의 자유가 보장되고, 자기의 의견이 다수의견이 될 수 있도록 타인을 설득할 수 있는 기회가 제공되어야 한다. 표현의 자유 보장과 설득기회의 보장은 곧 상이한 의견들의 자유경쟁을 보장하는 것이다.

이렇게 볼 때, 민주주의는 피치자와 통치자 간의 범주적 동일성이 확립된 가운데, 통치를 위한 지배의견이 상이한 의견들의 자유경쟁을 거쳐 다수결로 결정되는 통치형태이다. 피치자와 통치자의 범주적 동일성이 실질적으로 확보되지 않고 상이한 의견의 자유경쟁이 보장되지 않는 인민통치는 설사 법률적으로 인민주권이 선언되어 있고 다수결에 의해 지배의견이 결정된다 하더라도 진정한 민주주의 통치가 아니다.

06 : 통치의 내용 따라 달라지는 민주주의

한편, 피치자와 통치자 간의 범주적 동일성과 상이한 의견들의 자유경쟁이 보장된 진정한 민주주의에서도 통치과정의 절차 및 통치의 내용의 차이에 따라 인민통치, 즉 민주주의의 실천 양상이 달라진다.

통치과정의 절차의 차이를 기준으로 해서 인민의 직접통치와 간접통치로 갈라진다. 인민의 직접통치는 모든 인민들이 법률과 정책을 직접 결정하고 그것을 집행할 인력을 직접 선정하는 통치방식을 말한다. 고대 아테네에서의 인민통치의 방식이 바로 이것이었다. 이러한 방식의 민주주의를 '직접' 민주주의라 한다. 인민의 간접통치는 법률과 정책을 결정하고 그것들을 집행할 인력의 선정을 인민이 직접 행하지 않고 인민이 선출한 대표를 통하여 행하는 통치방식을 말한다. 오늘날 민주주의를 실시하고 있는 국가의 대부분에서 행해지고 있는 인민통치의 방식이다. 이러한 방식의 민주주의를 '간접' 민주주의 혹은 '대의(의회)' 민주주의라 한다.

민주주의의 통치형태 속에 담겨진 내용의 차이를 기준으로 해서 자유민주주의, 사회민주주의, 협동체민주주의로 분류할 수 있다. 민주주의와 자유주의가 결합한 자유민주주의는 개인의 자유와 재산권 보호를 우선시하는 민주주의이다. 민주주의와 사회주의가 결합한 사회민주주의는 경제 · 사회적 평등 확대와 노동자 권익을 우선시하는 민주주의이고, 민주주의와 협동체주의가 결합한 협동체민주주의는 정의와 계급 간 화합을 우선시하는 민주주의이다.

공산주의자 및 사회민주주의자들은 자유민주주의를 '형식적 민주주의' 나 '절차적 민주주의' 라고 부른다. 그들은 사회 · 경제적 평등의 확대를 민주주의 통치의 중심 내용으로 간주하여, 자유민주주의는 민주주의의 중심 내용을 도외시하고 민주주의의 '형식' 과 '절차' 만을 따르는 껍데기 민주주의란 뜻으로 그러한 호칭을 사용한다. 자유민주주의가 개인의 자유와 사유재산의 보호를 우선시하는 '내용' 을 추구하기 때문에 자유민주주의를 두고 형식과 절차만의 민주주의라고 비판하는 것은 잘못이다. 또한 사회 · 경제적 평등의 확대가 과도해지면 민주주의가 파괴될 우려가 있다는 점을 생각하면, 자유민주주의를 형식적 민주주의나 절차적 민주주의라고 비하적으로 호칭하는 것이 오히려 민주주의와 양립할 수 없는 경향성을 내포하는 것이라고 말할 수 있다.

07 : 시장경제의 의미와 자유시장경제

시장경제란 사유재산권을 보장받은 경제활동 주체들이 이익 극대화를 목적으로 자유롭게 참여하여 경쟁하는 시장이 국가의 모든 경제활동 양상을 결정하는 경제를 뜻한다. 무엇을 어떻게 생산하고 어떻게 판매하며, 무엇을 누구로부터 어떻게 구입하여 어떻게 소비할 것이며, 이윤을 누구와 어떻게 배분할 것인가 등을 시장의 상황에 따라 경제활동 주체들이 자유롭게 결정하는 경제체제가 시장경제라는 것이다.

시장경제에서 공급자들은 불특정 다수의 소비자들을 상대로 상품과 용역을 자유의사에 따라 시장에 공급하고 공급조건을 놓고 자유롭게 경쟁하며, 소비자는 시장에서 다양한 상품과 용역들 가운데서 자기에게 적합한 상품과 용역을 자유의사에 따라 선택하여 소비한다. 시장은 공급자와 소비자를 연결해주며 모든 경제행위 주체들에게 경제활동을 어떻게 전개할 것인지를 가르쳐준다.

여기서 말하는 시장이란 상품이나 용역을 판매하려는 사람(공급자)과 구입하고자 하는 사람(수요자)을 묶어주는 제도, 법령, 관례 등을 모두 망라한 개념이다. 시장은 다양한 형태를 취하며, 상품이나 용역을 팔고자하는 사람과 사고자 하는 사람들이 직·간접적으로 접촉하는 수단과 공간을 포괄적으로 지칭하는 개념이다.

시장경제에서 중심적 역할을 하는 시장이 원활하게 작동하려면 다음과 같은 4가지 조건이 필요하다.

첫째, 사유재산권이 보장되어야 한다. 물질적 및 정신적 재화를 자유롭게 보유, 사용, 처분할 수 있는 권리가 보장되어야 한다는 뜻이다.

둘째, 자유로운 이익추구 활동이 보장되어야 한다. 경제활동을 함에 있어서 경제행위 주체들이 자기의 이익을 추구하는 행위가 구속받지 않아야 한다는 뜻이다.

셋째, 자유경쟁 분위기가 조성되어야 한다. 경제활동을 전개함에 있어서 공급자나 소비자가 자신의 이익을 극대화하기 위한 경쟁을 함에 있어서 제한을 받지 않는 여건이 조성되어야 한다는 뜻이다.

넷째, 선택의 자유가 보장되어야 한다. 공급자가 상품과 용역을 공급할 것인지 말 것인지와 어떤 조건으로 공급할 것인지를 자유롭게 선택하고, 소비자가 상품과 용역을 소비할 것인지 여부와 어떤 조건으로 소비할 것인지를 자유롭게 선택하는 것이 보장되어야 한다는 뜻이다.

이러한 4가지 조건이 완벽하게 갖추어진 상태에서의 시장경제를 자유시장경제(free market economy)라 한다. 다시 말해서 시장에 참여하는 모든 경제활동 주체들에게 아무런 행동규제가 가해지지 않아 일체의 경제활동이 경제행위 주체의 자유의사에 따라 이루어지는 시장경제가 자유시장경제이다.

자본주의(capitalism)는 자유시장경제체제에 대해 사회주의자들이 붙여준 비판적 명칭이다. 자본 곧 돈을 우선시하는 경제체제라는 의미를 가진 자본주의는 19세기 중반 유럽의 사회주의자들이 자유시장경제에 대한 사람들의 나쁜 감정을 유도하기 위해 자유시장경제체제에다 갖다 붙인 명칭이다. 사회주의자들은 자기들이 지향하는 경제체제는 인간적 · 사회적인 것을 우선시하는 것인데, 자기들이 반대하는 자유시장경제체제는 돈 · 자본을 우선시하는 나쁜 경제체제라는 점을 부각시키기 위해 자유시장경제체제에 자본주의라는 이름을 붙인 것이다.

자유시장경제에서 국가는 경제주체의 자유로운 경제활동을 보장하는 법률적 틀을 만들어주고 그에 필요한 공공시설을 제공하는 데 그친다. 국가는 경제과정에 아무런 개입을 하지 않는다. 오늘날 이러한 완전한 의미의 자유시장경제체제를 운영하는 국가는 없다. 역사적으로 보면, 산업혁명시대의 영국과 19세기 후반부터 20세기 초반의 미국경제가 이러한 시장경제유형에 가장 근접한 것이다.

오늘날 현실적으로 존재하는 자유시장경제에서는 모두 다 경제과정에 대한 국가의 개입을 어느 정도 수용하고 있다. 그럼에도 불구하고 국가의 경제과정 개입이 부차적이며 자유시장경제 원리의 근본이 확고하게 유지되고 있기 때문에 그들을 자유시장경제라고 부른다. 한국의 경제는 기본 원리상으로는 자유시장경제이지만 법제적 측면에서는 경제과정에 대한 국가의 개입이 상당히 큰 폭으로 인정되고 있으며, 현실적으로는 경제과정에 대한 국가의 개입이 법제의 한계를 초월하여 대폭적으로 이루어지고 있어 자유시장경제의 본모습을 확실하게 보여주고 있지 못한다.

08 : 사회적 시장경제와 사회주의적 시장경제

시장경제라 하면 기본적으로 자유시장경제, 즉 순수 자본주의적 시장경제를 말하지만, 오늘날에는 자유시장경제와 다른 시장경제형태도 존재한다.

자유시장경제와 다른 시장경제형태를 언급할 때 일차적으로 거론되는 것이 독일의 사회적 시장경제(social market economy)이다. 사회적 시장경제란 자유시장경제와 본질적 차이는 없지만 국가가 공정한 경제경쟁질서를 보호 유지하는 활동을 적극적으로 전개하며, 질서와 공정성 보호 차원에서 노、사관계에 개입하고 사회복지 영역에서 보다 많은 노력을 경주하는 점이 다르다. 바꾸어 말하자면, 사회적 시장경제는 기본적으로 경제과정에 대한 국가의 개입을 일정 범위로 제한하되 그 제한된 범위 내에서 국가의 역할수행을 적극적으로 인정하는 경제이다. 서독은 1948년 이후 사회적 시장경제를 운영해왔다. 서독에서 실시되어왔고 통일된 독일에서도 실시되고 있는 사회적 시장경제 정책의 주요 내용은 사유재산권 · 계약자유 · 안정된 통화 등의 보장, 자유롭고 공정한 경쟁을 방해하는 무질서한 경제행위 독점행위 및 노동자들의 무분별한 파업 등의 억제, 노동자들의 경영 참여와 사회복지 확대 등이다.

사회적 시장경제는 자본가와 노동자를 비롯한 모든 경제행위 주체들의 무질서한 경제행위를 억제하여 시장경제의 효율성을 극대화하는 데 초점을 둔 것이며, 시장경제에 사회주의적 요소를 도입하는 것과는 상관이 없다.

자유시장경제와 본질적으로 상이한 시장경제 유형으로는 협동체주의적 시장경제(corporatist market economy)와 사회주의적 시장경제(socialist market economy)를 들 수 있다.

협동체주의적 시장경제는 시장이 국민경제 양상을 결정하는 중심적 지위에 위치하되, 시장에 참여하는 공급자와 소비자들이 각 산업분야와 지역별로 조직된 협동체(corporate)를 중심으로 시장에 대한 대응방침을 사전 조정하는 시장경제형태이다. 예를 들면, 어떤 상품을 생산하는 생산자들이 시장에 대한 그 상품의 공급 상황을 예측하여 그 상품의 전체 생산량을 조정하고, 그렇게 결정된 전체 생산량에 맞추어 개별생산자들의 상품생산량을 조정함으로써 과잉생산과 과당경쟁으로 인한 손해와 자원 낭비를 방지하는 것이다.

협동체주의적 시장경제에서는 시장활동에 관한 조정만 이루어지는 것이 아니라 노사관계나 기업경영방침에 관해서까지도 조정이 이루어진다. 이 유형의 시장경제에서 국가는 경제과정에 직접 개입하지 않으며 협동체들의 자율적 조정작업이 원활하게 이루어지도록 지도하기만 한다. 현실적으로 이러한 협동체주의적 시장경제에 딱 들어맞는 국민경제를 운영하는 사례는 없지만 오스트리아와 네델란드의 시장경제가 이러한 유형에 근접한 것이라 할 수 있다. 지난날 살라자르정권 하에서의 포르투갈경제도 이러한 경제형태에 근접한 것이라 할 수 있다.

협동체주의적 시장경제는 재산소유제도와 시장의 기능에 대해서는 자본주의와 동일한 입장을 취하나, 시장에서의 경쟁 및 경제과정에 대한 국가의 역할에 대해서는 자본주의와 상이한 입장을 취하는 경제체제이다.

사회주의적 시장경제는 노동을 제외한 모든 생산요소와 자본재의 통제에서는 사회주의를 유지하면서 경제의 운영에 있어서만 경쟁적 시장경제의 요소를 부분적으로 도입한 경제이다. 시장 사회주의(market socialism)로도 호칭되는 사회주의적 시장경제에서는 직업선택의 자유와 고용의 자유를 보장하고 경제활동의 성과에 대한 분배는 시장에 맡겨진다.

그에 따라, 사회주의적 시장경제에서는 소비재와 노동력에 관한 시장은 존재하나 노동 이외의 생산요소와 자본재에 관한 시장은 존재하지 않게 된다. 사회주의적 시장경제에서 시장은 제한적이며 시장에서의 경쟁도 완전히 자유롭지 못하다. 협동체주의적 시장경제에서는 시장이 국민경제의 중심에 위치하고 국가는 조정 · 지도하는 역할을 수행하는 데 반해, 사회주의적 시장경제에서는 국가가 국민경제의 중심에 위치하고 시장은 국가의 경제적 역할을 보완하는 기능을 수행한다.

사회주의적 시장경제는 사회주의체제의 경제적 효율성을 제고하여 그 체제의 존속력을 증강하려는데 목적을 두고 사회주의 경제체제의 근간은 그대로 유지하면서 경제운영의 비핵심적 영역에 시장경제적 요소를 도입한 경제이며, 사회주의 경제체제와 자본주의 경제체제를 절충하는 것과는 거리가 있는 것이다. 티토(Tito) 지배하의 유고슬라비아와 오늘날의 중국에서 나타나고 있는 경제형태가 이에 해당된다.

우리나라에서 참여민주주의라는 용어는 1997년 대통령선거 무렵부터 갑자기 많이 사용되기 시작했다. 참여민주주의는 모든 통치과정에 광범한 국민들이 직접적이고도 적극적으로 개입하는 정치형태, 곧 국민에 의한 통치를 문자 그대로 실행하는 정치형태이다.

Chapter

07

참여민주주의

政治思想

01 : 신좌익이 유행시킨 참여민주주의

우리나라에서 참여민주주의(participatory democracy)라는 용어는 1997년 대통령선거 무렵부터 갑자기 많이 사용되기 시작했다. 우리 사회의 운동권 일각에서 이 용어의 '운동적' 유용성을 긍정적으로 평가하여 사용하던 것이 1997년 대통령선거에서 일부 후보진영이 그 용어를 사용함으로써, 그 용어가 대통령선거를 계기로 정치권으로 진출하게 되었고, 그에 따라 우리 사회에서 널리 사용되게 되었다. 노무현정권 시기에는 그 참여민주주의가 국정지표의 하나로 표방되기까지 했다.

참여민주주의라는 용어의 확산에는 이 나라 운동권의 책략이 개재되었을 것으로 추측된다. 운동권이 종전에 표방해오던 민중민주주의는 사회주의를 지향하는 것이라는 점이 대중에게 널리 알려진 탓으로, 운동권은 민중민주주의를 대체할 용어로 참여민주주의를 선택한 것으로 보인다. 운동권은 2010년대 이후에는 참여민주주의보다 진보적 민주주의를 빈번하게 사용했다. 어쨌든 우리 사회에서는 1997년 이후 참여민주주의라는 용어가 널리 사용되고 정치적으로 중요한 용어로 등장했음에도 불구하고, 그 용어의 유래와 의미는 그 용어의 사용을 주도해온 운동권 사람들만 알고 있고, 운동권 밖의 사람들은 알지 못한다. 대중은 물론이고 비운동권의 지식인들조차도 그저 '그러한 용어가 있나 보다' 라는 정도의 반응을 보이고 있다.

참여민주주의란 용어가 누구에 의해 처음 조어(造語)되었는지는 정확히 알려지지 않고 있다. 그러나 그 용어가 1960년대 초부터 미국의 대학가에서 의 유행되기 시작한 것만은 확실하다. 당시 참여민주주의란 용어를 미국의 대학가에서 널리 유행시킨 주역은 신좌익(New Left)운동의 기수들이다.

참여민주주의란 용어를 미국 대학가에 유행시키는 데 앞장선 것은 미국의 신좌익 운동의 주도 단체인 '민주사회를 위한 학생들(SDS: The Students for Democratic Society)' 이다. SDS는 1962년 포트휴런 집회에서 발표한 '포트휴런 성명' 에서 참여민주주의를 강조했으며, 그 후 그들은 참여민주주의를 캐치프레이즈로 내세울 뿐만 아니라 참여민주주의 방식에 따라 자기들의 의사를 결정하는 식으로 참여민주주의를 직접 실천하려는 운동을 전개했다. SDS의 이러한 행동으로 인해 참여민주주의라는 용어는 처음에는 미국의 대학생사회에서, 나중에는 미국 사회에서 중요한 정치용어로 부상했다.

미국 신좌익운동의 강령적 문헌이라 할 수 있는 포트휴런 성명의 초안자는 신좌익운동의 기수 가운데 한 사람인 톰 헤이든(Tom

Hayden)이다. 그는 그의 미시간대학에서의 스승인 아놀드 카우프먼(Arnold Kaufman)이 1960년에 발표한 논문 「참여민주주의와 인간의 본성」에서 참여민주주의라는 용어를 빌려와서 포트휴런 성명에 삽입했다.

카우프먼은 그 논문에서 정치에 대한 시민들의 적극적인 참여는 시민들의 사고하고 느끼고 행동하는 능력을 증대시켜주고, 자신들의 정치적 권리를 보다 적절하게 사용하는 능력을 길러주는 매우 중요한 것이라고 강조했을 뿐이며, 그 용어를 어떤 이데올로기적 맥락에서 사용하지는 않았다. 그에 비해 헤이든은 참여민주주의를 자기들이 전개하는 운동의 이데올로기에 입각해서 참여민주주의에 자기들 나름의 의미를 부여했다.

헤이든은 "우리는 우리나라의 부와 기술의 혜택을 소수에게만 돌아가게 하고, 그것들이 새로운 시장개척을 추구하느라 전 세계 인민의 열망을 외면하게 만드는 사유재산제도를 철폐해야 한다. 우리는 이러한 상황을 바꿔서 우리나라의 기술이 전 세계 인민들의 경제와 문화를 발전시키는데 사용될 수 있도록 만들어야 한다. 이러한 사회주의적 전환을 하기 위해서는 국가의 의사를 결정하는 권력이 그러한 의사결정으로 가장 강하게 영향을 받게 되는 인민들의 손으로 넘어가야 한다."라고 주장하면서 인민들이 국가의사의 결정 권력을 가지는 정치가 참여민주주의라고 말했다.

SDS의 포트휴런 성명이 발표된 이후 참여민주주의는 신좌익의 중요한 캐치프레이즈가 되었으며, 나아가서 당시 미국의 모든 과격 세력들을 결집시키는 구호로 발전했다.

02 : 신좌익의 참여민주주의는 사회주의 지향

미국의 신좌익운동의 주도자들이 참여민주주의라는 용어를 애용하고 널리 유행시킨 것은 다음과 같은 두 가지 이유 때문이었다.

첫째, 그 용어가 강한 대중적 호소력을 발휘하는 동시에 자기들이 궁극적으로 건설하려는 좋은 사회의 특징을 제시하는데 적합하다고 생각했기 때문이다. 당시 미국의 대학생과 청년들은 월남전 참전의무와 같은 자기들의 운명을 좌우하는 중대한 의사결정이 자기들과 상의되지 않은 채 기성 엘리트에 의해 결정되는 것을 방관해야만 하는 정치적 무력감, 소외의식을 강하게 느끼고 있었다. 베트남전에서 죽는 것은 젊은이들인데, 젊은이들의 베트남전 참전 여부를 결정하는 것은 베트남전에 참전 결정으로 자기의 생명에 위협을 전혀 느끼지 않는 '기성 정치인들' 이라는 점이 모순이라고 생각했다. 또한, 그들은 자기들을 구속하고 있는 모든 제도와 윤리규범과 법 집행들이 그에 의해 영향받게 될 대학생 청년들의 의견을 반영함이 없이 만들어져서 그들을 질식시키고 있으며, 그러한 당시의 미국 상황은 겉으로만 민주적일 뿐 실제에 있어서는 탄압적인 것이라고 생각하고 있었다. '참여' 와 '민주주의' 는 그러한 미국의 대학생과 청년들에게 강한 호소력을 발휘했다. 신좌익은 또한 참여민주주의라는 말은 자기들이 건설하고자 하는 사회의 성격을 잘 나타내주는 것이라고 생각하여 그 용어를 애용했다.

둘째, 전술적인 면에서 참여민주주의라는 용어가 많은 이점을 제공했기 때문이었다. 당시 미국 사회에는 노골적으로 사회주의를 주장하는 것에 대한 강한 적대적 분위기가 존재했다. 참여민주주의라는 용어는 그러한 미국 사회의 분위기에 정면으로 충돌하지 않으면서 사회주의적 메시지를 전달할 수 있는 좋은 수단이었다. 그들은 진정한 민주주의는 자본주의와는 양립 불가능하며 민중의 참여를 폭발시키면 미국의 기존 대의민주주의(representative democracy)가 파괴될 것이라는 생각에서 사회주의적 변화를 언급하지 않고 참여민주주의만 주장했다.

신좌익의 생각에는, 그들이 주장하는 참여민주주의가 실현되면 자본주의와 대의민주주의가 다 같이 붕괴될 것이며, 그리되면 자연히 사회주의사회가 실현되는 것이다. 미국의 신좌익이 참여민주주의라는 용어를 애용한 것은 1980년대 한국에서 사회주의혁명세력이 노골적으로 사회주의혁명을 주장하는 것에 대한 한국 사회의 적대적 분위기와의 충돌을 피하면서 사회주의적 메시지를 전달하고 사회주의로 가는 길을 확보하기 위해 민중민주주의혁명이라는 용어를 사용했던 것과 유사하다.

참여민주주의라는 용어는 이처럼 미국의 신좌익이 애용하고 널리 유행시킨 것이긴 하지만 그 용어나 그 속에 들어 있는 기본관념은 좌익의 전유물은 아니다. '참여'는 민주주의에 있어서 기본적인 것이며, 국민의 참여 없는 민주주의는 진정한 민주주의가 아니다. 민주주의를 보다 민주주의답게 만들기 위해 국민 또는 공동체 구성원의 참여를 확대시키자는 생각은 사상의 좌우를 떠나서 누구나 가질 수 있는 것이다. 따라서 좌익에 소속되지 않은 학자나 정치인들에 의해서도 참여민주주의는 얼마든지 주장될 수 있다. 좌익이 아닌 지식인과 정치인도 '권력을 국민에게', '국민의 생활에 영향을 미치는 결정은 국민이 하게 하라' 등의 주장을 하는 경우가 적지 않으며, 그러한 주장들은 모두 참여민주주의와 상통하는 것이다.

03 : 대의민주주의의 문제점

참여민주주의의 추구는 대의민주주의에 대한 비판적 성찰에서부터 비롯된다. 대의민주주의는 직접민주주의가 실천 불가능할 정도로 규모가 거대해진 국가에서 민주주의, 곧 국민에 의한 통치(government by the people)를 실천하기 위해 불가피하게 도입된 것이지만, 그 내면에는 국정문제에 대한 이해능력이 저급한 대중을 대신하여 국정문제에 대한 이해능력이 높은 국민대표들이 통치를 수행하도록 한다는 엘리트주의적 생각이 잠복해 있는 것이다. 대의민주주의는 국민에 의한 통치가 비능률적으로 되는 것을 피하려는 목적에서 고안된 것이지만, 그것의 실천은 국민대표들이 국민을 무시하는 경향이 강해지면서 점차 국민에 의한 통치를 형해화(形骸化)시키는 경향이 있다.

대의민주주의에서는 국민의 주권은 선출된 국민의 대표들에게 위임되고 국민의 대표들이 실질적으로 통치를 한다. 국가를 국민이 직접 통치하지 않고 국민의 대표들이 통치하게 되면 국가 및 지방자치단체의 의사결정권이 선출된 소수에게 집중되는 현상이 심화된다.

대의민주주의에서의 그러한 현상의 심화는 마침내 보통시민과 그들의 대표 및 임명직 공무원 사이에 정치적 분업을 초래한다. 국민을 통치하는 일은 국민의 대표와 임명직 공무원들이 수행하고, 국민은 대표와 공무원들이 수행한 통치를 정기적으로 평가하고 정당화해주는 일만 하게 된다.

대의민주주의에서 국민의 대표들은 선거를 통해 국민들에게 책임을 지지만 국민의 주권은 소극적이고 형식적인 의미를 지닐 뿐이다. 대의민주주의에서는 국민은 '투표함에 투표용지를 집어넣는 순간 주인의 지위에서 떨어져 나가 구경꾼으로 전락한다'는 표현이 현실화되는 것이다. 대의민주주의는 주권자인 국민의 지위를 주인의 지위가 아닌 감시인이나 구경꾼의 지위로 전락시킨 것이다. 특히 국민의 대표들이 국민을 위해 일한다는 의식이 약해지고 자기들 자신을 위한 정치활동에 주력하게 될 때 그러한 현상은 더욱 심해진다.

진정한 민주체제는 그 속에 사는 국민이 그들의 자신의 생활을 통제할 수 있는 체제이며, 그러한 기준에서 볼 때 오늘날 각국의 대의민주주의 실천상황은 민주주의의 본질을 충분히 구현하는 것이라고 말할 수 없다. 국민이 실질적 주권자로서 국가의 일을 좌우, 결정하는 것이 아니라 마치 운동선수들의 경기를 구경하면서 박수나 치는 구경꾼들처럼 자기의 대표들이 결정하는 것을 구경이나 하는 것은 진정한 의미에서 민주주의와는 거리가 먼 것이 아닐 수 없다. 그것을 민주주의의 범주 속에 억지로 포함시킨다면 아마 '빈약한 민주주의'라고 말해야 할 것이다.

04 : 참여민주주의의 기본구상

국민의 주권을 형식적인 것으로 만드는 이러한 상황은 제도적 땜질만으로는 치유 불가능하다. 국민이 진정으로 자신들의 공동체 생활을 통제할 수 있으려면 기존의 제도적 틀 속에서 국민의 정부에 대한 접근을 강화하는 것만으로는 불가능하고, 국민 참여의 질을 개선해야 비로소 가능해지기 때문이다. 국민에 의한 통치가 실질적 의미를 가지려면 그 제도적 틀을 어떻게 만들건 간에, 기존의 계서적 관계에 근거하고 그에 적합한 정치문화에 의해 지원되는 '권력정치'가 평등한 국민들이 자신들의 문제들을 해결하기 위해 상호 협력하는 '참여의 정치'로 완전히 변혁되어야 하며, 국민들이 긴밀하게 의사 교환을 하면서 상호작용하여 국민들의 생활에 영향을 미치게 될 국가 및 공동체의 의사결정을 수행하거나 적어도 그러한 의사결정과정에 실질적으로 참여해야 한다.

기존 대의민주주의에 대한 제도적 땜질이 아닌 보다 근본적인 구조의 변화를 통해 대의민주주의에서 소극적이고 형식적인 것으로 전락한 국민의 주권을 적극적이고 실질적인 것으로 복원하여 민주주의의 본래 뜻대로 국민에 의한 통치가 실질적으로 이루어지도록 하자는 것이 참여민주주의론의 기본 발상이다.

그래서 참여민주주의는 우선 중앙집권적 국가와 관료제를 소규모 자치적 단위로 대체하는 것을 추구한다. 국민을 구속하는 권위 있는 의사결정의 권한을 위로부터 아래로 또는 중앙으로부터 주변으로 분산시키자는 것이다. 다음으로 참여민주주의는 시민의 개념과 민주주의의 개념을 평등주의적 관점에서 새롭게 규정하고 확대할 것을 추구한다. 선출된 국민의 대표와 임명직 공무원들의 손으로 정치적 권한들이 집중되는 경향을 역전시켜서 시민의 역할을 확대하고, 국가와 공동체의 의사결정과정에 아마추어를 직접 개입시키자는 것이다.

이렇게 볼 때 참여민주주의는 중앙 또는 상부의 권위를 부정하고 의사결정에 영향을 받게 될 모든 사람들이 전문가와 아마추어를 막론하고 평등하게 참여하여 충분히 토론한 다음 의사결정을 하는 정치형태를 의미한다. 바꾸어 말하자면, 참여민주주의는 모든 통치과정에 광범한 국민들이 직접적이고도 적극적으로 개입하는 정치형태, 곧 국민에 의한 통치를 문자 그대로 실행하는 정치형태이다.

05 : 참여민주주의와 직접민주주의의 차이

모든 통치과정에 국민이 직접 참여하는 민주정치형태를 종전에는 직접민주주의(direct democracy)라고 말하여 왔다. 현대에 와서 참여민주주의를 주장하는 사람들은 그들이 추구하는 정치형태를 왜 직접민주주의라 부르지 않고 참여민주주의라고 부른 것인가?

모든 공동체 구성원들이 공동체의 모든 의사결정에 참여할 것을 주장하고 전문가와 아마추어의 구별을 무시한다는 점만을 놓고 보면, 참여민주주의는 직접민주주의와 동일한 것처럼 보인다. 그러나 참여민주주의의 주장을 면밀히 살펴보면, 참여민주주의와 직접민주주의 간에는 다음과 같은 차이가 발견된다.

첫째, 직접민주주의는 참여 형식의 직접성에 역점을 두는데 반해 참여민주주의는 참여의 직접성에 그치지 않고 참여의 질적 강화까지를 주장한다.

둘째, 직접민주주의는 다수결에 의한 의사결정을 존중하는데 반해 참여민주주의는 합의제 의사결정방식을 선호한다. 참여민주주의는 공동체 구성원들의 관계가 인간적 · 동지적 연대관계일 것을 상정하기 때문에 합의제를 선호한다. 그러한 점에서 참여민주주의는 낭만적 요소가 강하다 할 수 있다.

셋째, 직접민주주의는 권위와 질서를 존중하는 데 반해 참여민주주의는 권위와 질서를 최소한으로 축소할 것을 추구한다. 보다 과격한 참여민주주의자들은 사람들이 자유롭고 완전히 인간적으로 되려면 기존의 사회와 통치조직은 파괴되어야 하고 그러한 파괴를 통하여 혼돈(chaos)이 창조되어야 하며, 그러한 혼돈으로부터 자유인들(free people)이 등장할 수 있게 될 것이고, 자유인들은 무슨 일에든지 각자가 자기의 독자적 결정에 의해 참여하고 자기의 의사에 따라 어떤 활동으로부터든지 자유롭게 이탈할 수 있어야 하며 타인이나 어떤 집단의 결정과 행동에 의해서도 구속당하지 않아야 한다고 주장한다.

참여민주주의는 외형은 직접민주주의와 같으나 내면적 사상을 보면 무정부주의에 더 가까운 것이다.

물론 참여민주주의와 직접민주주의간의 이러한 차이는 참여민주주의를 주장하는 사람들의 성향에 따라 달라진다. 과격한 성향의 사람들이 주장하는 참여민주주의에서는 그러한 차이가 분명하게 드러나지만, 상대적으로 온건한 성향의 사람들이 주장하는 참여민주주의에서는 그러한 차이가 희미해진다.

06 : 두 종류의 참여민주주의운동

이제까지 기술한 바와 같은 참여민주주의 정신에 입각하여 시민의 정치참여를 확대하려는 운동을 넓은 의미의 참여민주주의운동이라 할 수 있다. 이러한 참여민주주의운동은 그것을 주장하는 사람들이 시민들의 역할 확대의 목적을 어디에 두느냐에 따라 그 성격이 달라진다.

시민들의 역할 확대를 대의민주주의에서 정치적으로 소외된 시민들의 의사를 좀 더 강하게 반영시켜서 민주주의를 질적으로 강화하는 데 목적을 둘 경우, 그 참여민주주의는 자유민주주의와 양립한다. 그러나 시민들의 역할 확대의 목적을 대의민주주의 기반을 파괴하는 데에 둘 경우, 그 참여민주주의는 자유민주주의와 양립 불가능하다.

정치적으로 소외된 시민들의 참여를 활성화시켜 대의민주주의를 질적으로 강화하려는 목적에서 전개되는 참여민주주의운동은 국민 전체를 상대로 한 계몽운동과 참여 확대 활동에 초점을 둔다. 그들은 자본주의와 자유민주주의의 기본원리에 배치되는 주장과 활동을 하지 않는다.

반면에, 대의민주주의의 기반을 파괴하려는 목적에서 전개되는 참여민주주의운동은 기성질서에 불만을 가진 사람들(노동자, 빈농, 도시빈민, 운동권 대학생과 청년, 기타 반체제인사들)을 조직하여 자본주의와 자유민주주의의 기본원리를 무시하고, 자본주의와 자유민주주의 틀 속에서는 실현될 수 없는 것들을 주장하고 관철하려 한다. 예를 들면, 미국의 신좌익은 빈민, 소수인종, 대학생 등을 조직하여 그들로 하여금 기존질서 속에서 보다 훌륭하고 효과적인 시민이 되도록 하는 것이 아니라, 그들을 기존질서를 변혁하는데 동원하기 위해서 참여민주주의를 주장했다. 그들은 참여민주주의를 이용하면 기득권세력의 지위와 현상유지적 노력들을 약화시킬 수 있을 뿐만 아니라 대의민주주의 그 자체를 파괴할 수 있다고 보았다. 신좌익운동의 이론가 중의 한 사람인 스토튼 린드(Staughton Lynd)은 '참여민주주의는 과격화를 의미할 수 있다' 고 말했다.

한국에서도 다양한 형태로 참여민주주의운동이 전개되어 왔다. 우리 사회에서 전개되고 있는 다양한 참여민주주의운동들이 각각 어떤 성격의 것인가를 판단하려면 이상의 기준을 적용하면 쉽게 결론을 얻을 수 있을 것이다.

07 : 신좌익의 참여민주주의운동 실패

이미 말한 바와 같이 1960년대 미국에서 전개된 신좌익의 참여민주주의운동은 혁명을 위한 것이었다. 그들은 미국 사회의 변혁을 위해 참여민주주의를 주장했고, 참여민주주의운동을 지도하는 신좌익의 일부 지도자들은 중국의 문화혁명 과정에서 전개되던 홍위병들의 의사결정 방식을 참여민주주의의 모델로 생각했었다.

미국의 신좌익은 참여민주주의를 주장했을 뿐만 아니라 실천하는 운동도 전개했다. 신좌익운동의 주도기관인 SDS는 자기들 내부의 의사결정을 참여민주주의 방식으로 실행했고, 여러 대학들에서 그것을 실천하기 위한 투쟁을 전개했다. 신좌익의 참여민주주의 압력에 따라 한때 미국의 여러 대학들에서는 대학운영 및 교육과정에 관한 의사결정에 교수와 학생이 평등하게 참여하고, 어떤 사안에 대한 전문가의 권위를 인정하지 않고 전문가와 아마추어가 공동 결정하는 일들이 행해졌으며, 아직도 상당수의 학교에서 그러한 관행이 약간씩 유지되고 있다. 미국의 여러 대학들에서 커리큘럼 작성, 교수채용, 총장선출 등에 학생들이 참여하게 된 것은 신좌익의 참여민주주의운동의 결과라 할 수 있다. 또한 신좌익은 대학 외부에서도 참여민주주의운동을 전개했다. 참여민주주의운동에 참여한 학생들은 흑인 학생들만이 아니라 상류층 출신의 백인 학생들도 빈민 거주지역에 뛰어들어 빈민가의 주민들이 정치인과 경찰 및 사회복지활동가들의 배려대상에서 벗어나 자기들 스스로 자주적인 공동체를 조직하도록 선동했다.

SDS 내부에서의 참여민주주의 실험은 실패했다. 단지 실패한 것이 아니라 자신들의 해체를 초래하는 부작용을 초래했다. 처음 SDS의 참여 인원이 적었을 때는 참여민주주의 방식에 따른 의사결정이 큰 무리를 나타내지 않았고, 구성원들의 결속력을 강화하는 데 도움이 되었다. 그러나 조직이 전국적 규모의 매우 방대한 조직으로 확대되고 참여 인원이 크게 증가하면서, 참여민주주의 방식으로는 효율적인 의사결정을 하기가 곤란해졌다. SDS가 길게 가지 못하고 70년대 초 갑자기 몰락(따라서 신좌익운동도 몰락)하게 된 원인의 하나는 그들이 참여민주주의 방식으로 효율적인 의사결정을 하지 못한 데서 찾을 수 있다.

신좌익의 참여민주주의운동은 본질적으로 유토피아적이고 낭만적이며 전술적인 문제들에 대한 진지한 고려를 하지 않았기 때문에 급속히 산화해버렸다. 신좌익의 참여민주주의운동은 70년대로 넘어오면서 시들해졌으며, 80년대부터는 대학생들을 상대로 비현실적인 주장을 하는 이상주의적 지식인들이나 일부 시민운동단체들이 간헐적으로 참여민주주의를 주장하고 있을 뿐이다.

08 : 참여민주주의운동의 영향

그러나 신좌익의 참여민주주의운동은 미국 정치에 상당한 영향을 미쳤다. 마치 지난날의 민중주의와 진보운동이 짧은 수명에도 불구하고 미국정치에 상당히 강한 족적을 남긴 것과 비슷하다. 신좌익의 참여민주주의운동은 두 가지 정치적 파생물을 남겼다. 하나는 이론적 파생물이고, 다른 하나는 현실정치와 관련된 파생물이다.

이론적 차원에서는 참여민주주의는 민주주의에 대한 기존의 학문적 견해들을 재검토하고 민주주의를 지난날의 엘리트주의적 관점에서 벗어나 민중주의적 관점에서 이해하게 하는 것을 유행하게 만들었다. 민주주의는 영국이나 미국에 존재하는 정치체제를 의미하는 것이고 영미의 정치체제의 모든 기본적인 요소들을 곧 민주주의의 기본적인 요소들인 것처럼 간주하던 기존의 이론적 태도가 비판되었다. 보통사람들을 신뢰하고 그들의 잠재력을 긍정적으로 평가하는 이론적 경향이 매우 유행하게 되었으며, 빈자들이 정치행사에 참여하지 않는 것은 공공의식의 부족이나 정치적 무관심 때문이 아니라 그들이 정치에 참여해봤자 그로 인해 자기들에게 도움이 초래되지 않는다는 것을 알기 때문이라고 해석하는 이론적 경향이 강한 호소력을 갖게 만들었다.

현실정치에서는 참여민주주의운동의 영향을 받아 '풀뿌리 민주주의(grassroots democracy)' 론이 유행하며 일반인들의 각종 공동체 운영에의 참여가 확대되었으며, 주민발안제나 주민투표제와 같은 직접민주주의적 제도들의 도입 및 실천을 촉구하는 운동의 리바이벌이 이루어졌다. 또한, 대중들 사이에서 특수이익(주로 기업과 부패한 정치인들의 이익)과 민중(정직한 시민)의 이익을 대립적으로 생각하는 경향이 확산되었다.

신좌익의 참여민주주의운동의 미국에서의 영향은 시간이 가면서 전 세계적 영향으로 확산되었다. 한국에서의 참여민주주의란 용어 사용의 확산과 각종 형태의 참여민주주의운동도 그 일환이라 할 수 있다.

반공은 한마디로 말하자면 공산주의에 반대하는 것을 뜻한다. 공산주의의 이론을 비판하고 각종 형태의 공산주의실천운동을 반대하는 것이 반공이다. 반공은 공산주의에 대한 인간의 태도이자 행동이며, 반공의 구체적 내용은 매우 광범하고 반공 행동의 방식은 매우 다양하다.

政治思想

Chapter 08

반공과 매카시즘

01 : 혐오스런 용어가 된 반공

과거 우리 사회에서는 반공(反共: anti communism)은 절대선(絶對善)이었다. 도둑들도 '간첩혐의자' 나 '용공분자' 를 발견하게 되면 도둑질을 멈추고 그들을 당국에 신고할 정도였다. 1980년대 중반까지도 반공이 이 나라의 국시(國是)라는 점을 대부분의 국민들이 인정하고 있었다.

1987년부터 상황이 급변하여 반공은 우리 사회에서 혐오스러운 용어가 되었다. 혁명운동권의 인사들이나 언론매체들만 반공이란 용어를 혐오하는 것이 아니라 정부마저도 반공이라는 용어를 기피했다. 노태우 정부는 종전에 '반공' 연맹이라 부르던 정부 지원 단체의 명칭을 '자유' 총연맹으로 바꾸었고, 김대중 정부는 초 · 중 · 고등학교에서 실시해오던 반공교육을 폐지하고 통일교육으로 대체했다.

오늘날 한국 사회에서는 '반공 = 나쁜 것' , '반공 = 추악한 것' 이라는 관념이 일반화되었고, '반공' 을 주장하는 사람은 '시대에 뒤떨어진 사람' 또는 '맛이 간 사람' 으로 취급당한다. 영화나 방송드라마 등 대중 연예물에서는 '반공'은 조롱거리가 되었다. 이처럼 우리 사회에서 '반공'이 혐오스러운 용어로 기피되면서 그에 반비례하여 '매카시즘'(McCarthyism)이라는 용어가 매우 널리 사용되고 있다. 학계, 언론계, 정계 등에서 누구든지 사상문제를 거론하면 당장 매카시즘이라는 반격이 가해진다. 매카시즘이라는 용어의 사용이 하도 널리 유행한 나머지 사상과 관련이 없는 토론에서도 자기를 비판하는 상대방의 주장을 매카시즘으로 반박하기도 하고, '역(逆)매카시즘'이라는 용어까지 등장하게 되었다.

반공이라는 용어를 혐오하고 매카시즘이란 용어를 많이 사용하는 풍조는 레드 컴플렉스(red complex: 공산주의 혐오의식)라는 용어의 유행도 동반했다. 레드 컴플렉스는 반공을 이상심리로 비하하기 위해 만들어진 용어이다. 레드 컴플렉스란 용어를 많이 사용하는 사람들은 반공과 매카시즘을 레드 컴플렉스의 발로라고 비판하면서, 우리 사회의 진보와 평화적 남북통일을 위해서는 레드 컴플렉스가 극복되어야 한다고 주장한다.

우리 사회에서 '반공'을 무조건 매카시즘이나 레드 컴플렉스와 동일시하는 용어 사용 관행은 이론적으로 타당한가? 그리고 반공을 혐오하는 것은 우리나라의 장래 운명에 비추어볼 때 바람직한 일일까? 이러한 물음에 대한 올바른 해답을 얻으려면 반공과 매카시즘의 의미와 역사부터 정확히 알아봐야 한다.

02 : 반공의 의미와 역사

반공은 한마디로 말하자면 공산주의에 반대하는 것을 뜻한다. 공산주의의 이론을 비판하고 각종 형태의 공산주의 실천운동을 반대하는 것이 반공이다. 반공은 공산주의에 대한 인간의 태도이자 행동이며, 반공의 구체적 내용은 매우 광범하고 반공 행동의 방식은 매우 다양하다.

오늘날 우리 사회에서는 반공을 냉전의 산물이라고 말하는 사람들이 매우 많다. 그러나 반공은 냉전의 산물이 아니다. 반공운동은 미 · 소간의 냉전이 시작되기 훨씬 이전부터 등장했다.

공산주의에 반대하는 것은 1848년 마르크스(Marx)와 엥겔스(Engels)가 『공산당선언』을 발표하면서부터 나타났다. 그 선언에 천명된 사적유물론, 계급투쟁론, 사유재산폐지론, 폭력혁명론이 자본가들과 교회 및 지식인들의 반발을 샀기 때문이다. 그러나 그때의 공산주의에 대한 반대는 공산주의에 대한 비판에 멈추었고, 반공운동으로 확대되지는 않았다.

유럽에서 반공운동이 본격화된 것은 1917년 러시아에서 공산주의

혁명이 성공하면서부터이다. 유럽의 자본주의국가들과 미국은 러시아에서 혁명 후에 전개된 내란에서 공산정권에 반대하는 러시아의 백군(白軍)을 지원하는 군사개입으로 반공캠페인을 시작했다. 그러한 군사개입은 실패했고 사회주의화에 성공한 소비에트 러시아는 세계 공산주의 혁명운동의 사령부가 되었다.

러시아에서의 사회주의혁명 성공에 고무된 유럽 각국의 공산주의자들과 혁명적 노동운동세력은 급격히 세력을 확대하면서 노동자들을 앞세워 불법파업과 폭동 등 혁명 공세를 강화했다. 유럽 각국의 정권과 비사회주의 정당들은 러시아에서의 사회주의혁명이 유럽으로 확산되지 않을까 우려하게 되었고, 그러한 혁명의 확산을 저지하기 위한 노력을 전개했다. 유럽의 정부들은 러시아 공산정권을 승인하지 않고 경제적으로 봉쇄하면서 대내적으로는 공산주의자들의 불법행동을 엄격히 단속했다. 각국의 비사회주의 정치세력들은 공산주의가 그릇되고 위험한 사상이라는 것을 선전하면서 노동자와 일반 대중이 공산주의자들의 선전선동에 넘어가지 않도록 노력했다. 이와 같이 유럽에서 공산주의반대운동이 확산되던 1920년대부터 '반공' 이라는 용어가 많이 사용되었다.

파시즘은 유럽에서 전개된 그러한 반공캠페인의 극단적 형태이다. 파시스트 정당과 정부는 공산당의 파업과 폭동을 폭력으로 제압하고 비민주적인 방법으로 공산당을 탄압했다. 1930년대 파시스트 국가들은 반공동맹을 체결하고 2차 세계대전을 일으켰다. 이러한 파시스트들의 극단적 행동은 민주적 반공세력의 동조를 얻지 못했다. 민주적 반공세력은 공산당보다 파시스트와 대결했고, 미국과 영국은 공산국가 소련과 연합하여 파시스트국가들에 대항했다. 그에 따라 서구 민주주의국가들에서는 반공운동이 소강상태에 처했다.

2차 세계대전 종전 후 소련에서 자행되는 공산당 독재의 실상이 세계에 많이 알려지고 공산주의자들의 세계혁명 선전이 강화되면서 미국과 소련 간의 냉전이 격화되자, 세계의 비공산지역 전체에서 반공운동이 고조되었다. 반공운동은 1949년 중국이 공산화되면서 더욱 강력하게 전개되었다. 1920년대 유럽의 제1차 반공캠페인 때 공산주의에 대해 비적대적 태도를 취했던 사회민주주의세력도 1950년대부터는 반공운동에 나섰다.

반공운동은 특히 미국과 서독 등에서 강력하게 전개되었으며, 공산주의의 위협에 노출되어 있으면서 미국의 지원을 받는 제3세계의 비공산국가들에서도 반공운동이 강력하게 전개되었다. 우리나라에서도 1948년의 대한민국 건국이 우익진영의 반공운동 성공의 결과로 이루어지게 되었으며, 6 · 25전쟁 후 반공은 국민적 합의사항이 되었다.

03 : 매카시선풍(旋風)과 그에 대한 반발

이처럼 세계 각국에서 반공운동이 강해지면서 반공운동의 부작용이 발생했으며, 그런 부작용의 하나가 매카시즘이다. 매카시즘은 1950년대 초반 미국 정계에서 반공운동에 앞장섰던 조셉 매카시(Joseph Raymond McCarthy) 연방 상원의원의 활동에서 비롯된다. 위스콘신주 출신의 공화당 상원의원이며 독실한 가톨릭 신자였던 매카시는 공산주의와 소련에 대한 비판의식이 매우 강한 젊은 정치인이었다. 매카시는 미국 정부에 공산주의자와 그 동조자 및 소련의 간첩들이 많이 침투해 있다고 폭로하면서 연방과 주정부 및 공공기관에서 그들을 축출하기 위한 캠페인이 전개되어야 한다고 선동했다. 매카시의 그러한 활동은 1950년 2월부터 시작되었다.

매카시는 1950년 2월 웨스트버지니아주 휠링(Wheeling)시에서 행한 연설에서 4년 전 당시의 미국무장관 번즈(James F. Byrnes)가 미하원의 사바드(Adolph Sabath)의원에 보낸 서한에 따르면, 미국무성에서 일하고 있는 사람들 가운데 284명이 공산당 활동 및 기타 이유로 인해 공무원으로 일하기에 부적합한 사람들이라는 점이 적발되었다고 밝혔었는데, 그중 단지 79명만 해임되었으므로 나머지는 아직도 국무성에서 일하고 있는 셈이라고 말했다. 매카시의 이 말을 휠링시의 지방지 인텔리젠서(Intelligencer)의 기자가 표현을 보다 극적으로 윤색해서 "내가 시간이 없어서 국무성에 있는 공산당원 및 스파이망의 구성원들의 이름을 일일이 거명하지 못하겠지만, 국무장관에게 공산당원으로 통보되었음에도 불구하고 국무성에서 아직도 일하고 있는 205명의 명단을 지금 내 손에 가지고 있다"라고 말한 것으로 보도했다.

이 연설이 촉매제가 되어 미국의회는 정부에 침투한 공산당원 및 간첩을 색출하기 위한 활동을 전개하게 되었다. 미국의회의 그러한 활동은 1952년 선거에서 반공적인 공화당후보 아이젠하워(Dwight D. Eisenhower)가 대통령에 당선되고 공화당이 상원의 다수의석을 확보하면서 더욱 활발하게 전개되었다. 매카시 자신도 그해 선거에서 상원의원으로 재선되어 상원 정부활동위원회의 조사소위원회 위원장으로 선출되었으며, 그에 따라 과거보다 더욱 위력적으로 공직에서 공산당원 및 소련간첩을 축출하는 활동을 선도했다. 매카시의 선도에 의해 당시 미국에서 전개되었던 반공 열풍을 매카시선풍이라고 부른다. 이 매카시선풍으로 인해 미국의 연방정부와 주정부 및 주립 교육기관들에서 일하던 공산주의자나 그 동조자 및 간첩활동 혐의자들이 매우 많이 해고되었다. 그중에는 억울하게 당한 사람들도 상당수 있었다.

매카시위원회의 활동이 활발해지고 확대되면서 매카시의 과오도 많이 노출되었다. 매카시는 미국 공무원 및 공공기관 직원들 가운데 공산주의자 및 소련간첩이 매우 많이 있다고 과장하면서 그런 혐의가 있는 다수의 사람들을 위원회에 소환하여 혐의를 조작하고 증거를 침소봉대하는 수법으로 죄를 덮어씌우려 했다는 비판을 받았다. 그는 또 결백한 사람들을 불충분한 증거로 모독했고, 비밀에 부쳐야 할 혐의자들의 혐의내용을 공개함으로써 명예를 손상하고 인권을 침해했으며, 자기를 비판하는 사람들을 모두 공산주의자로 몰아붙였다는 비판을 받았다.

매카시위원회의 활동이 확대되면서 그에 따른 피해자가 확대되고 또 매카시의 과오가 노출되면서 매카시위원회의 활동을 비판 저지하려는 활동도 강화되었다. 매카시위원회의 활동에는 우선 공산주의자 및 기타 좌익분자들이 저항하고 나섰다. 그들과 더불어 언론계와 학계의 지식인들이 매카시의 반공활동을 비판 저지하려고 나섰다. 당시 미국언론계에 영향력 있는 지위에 있는 인사들의 대부분은 자유주의자들로서 공산주의보다는 파시즘을 더 두려워하는 경향이 강했다. 대학가의 학자들도 사상의 자유를 주장하며 매카시위원회의 활동에 반대했다.

미국 언론계와 대학가에서 일하는 많은 수의 지식인들은 1930년대와 40년대에 공산당의 외곽단체들에 참여했었다. 그들 중 다수는 그러한 단체들이 공산당에 의해 주도되고 있는 사실을 알지 못하고 참여했고, 일부는 그런 사실을 알면서도 참여했다. 그들은 관심의 유사성 때문에 그러한 단체들에 참여했고, 평화를 위한 투쟁, 기회균등의 추구, 인종차별 철폐, 미 · 소 문화교류, 파시스트 국가들에서 피난 온 사람들에 대한 지원 등과 같은 활동에 참여했다. 공산주의자들이 그러한 활동과 연관되어 있다는 사실을 아는 사람들도 '고상한 목적의 활동을 하는데, 공산주의자들과 함께 활동한들 무슨 문제가 있으랴?' 라는 순진한 생각을 가지고 공산주의자들과 더불어 그러한 단체활동에 참여한 것이다.

매카시위원회의 조사결과, 그러한 단체들의 활동에 소련의 공작이 작용하고 있었다는 사실이 노출된 뒤 자유주의 지식인들은 고통스러운 선택을 해야 했다. 하나의 선택은 자기들의 과오를 솔직히 시인하는 것이고, 다른 하나는 과오를 들춰내고 비판하는 것을 저지하는 반(反)매카시 투쟁을 전개하는 것이다.

소수의 지식인들은 과오를 시인했다. 그러나 그들도 반공 히스테리를 일으켜서는 안 된다는 입장을 취했다. 다수의 지식인들은 반매카시 투쟁의 길을 선택했다. 다수의 자유주의 지식인들이 반매카시 투쟁의 길을 선택한 것은 지식인들에게 있어서 과오를 시인한다는 것이 밥맛 떨어지는 일이었기 때문이다. 뿐만 아니라 지식인들은 자신들의 과오가 아닌 것처럼 정당화할 수 있는 능력과 수단을 가지고 있어서 그런 선택을 하기가 용이했다. 그들은 매카시위원회의 활동을 비판하고 저지하는데 공산주의자들과 함께 행동했다. 그들은 사상의 자유와 인권을 내세워 매카시위원회의 활동을 비판했다. 매카시위원회와 그에 동조하여 반공캠페인에 참여하는 사람들을 '마녀사냥꾼', '공산주의자 날조자', '선동가' 등으로 매도하고 조롱했다.

매카시즘이라는 용어는 이처럼 반매카시 투쟁을 전개하던 사람들에 의해 만들어졌다. 이 용어를 미국 언론매체에 처음 등장시킨 것은 미국의 시사만화가 블록(Herbert Block)이다. 그는 1950년 워싱턴 포스트에 게재된 그의 시사만평에서 매카시즘이라는 용어를 처음으로 사용했다. 이 용어는 처음에는 매카시의 반공캠페인을 비아냥거리는 맥락에서 사용되었다. 매카시의 활동이 확대되면서 그 용어는 '반공에 집착한 나머지 무고한 사람들을 사소한 꼬투리를 잡아서 공산주의자 및 소련간첩으로 몰아붙이고, 자기에게 반대하는 사람을 공산주의자로 몰아붙이는 행동방식'을 의미하게 되었다.

04 : 매카시선풍의 배경과 매카시의 고전

매카시선풍과 매카시즘을 보다 정확히 이해하려면 미국에서 매카시선풍이 발생하게 된 배경과 그 결말을 알아야 한다.

매카시선풍은 1930년대와 40년대에 미국 사회에서 공산주의세력이 크게 확대되고 정부기관에 공산주의자들이 대거 진출한 것을 배경으로 발생했다.

1930년대 미국 등 서구를 휩쓴 경제공황과 유럽의 파시즘 선풍은 미국의 공산당을 급성장하게 만들었다. 탐욕스러운 자본가들과 부패한 정치엘리트들에 분노한 정의감이 강한 청년 · 지식인 · 노동자들과 유럽에서 전개되고 있는 파시즘 선풍이 미국에서도 일어나지 않을까 걱정하는 자유주의 지식인들 가운데 상당수가 공산당이나 그 외곽단체에 가담했다. 미국에서 대공황이 지속되고 그리고 2차 세계대전에서 미국과 소련이 파시스트국가들을 상대로 동맹을 체결하면서, 공산주의에 동조하는 미국시민들의 숫자가 급격히 늘어났다. 세계평화협의회, 국제평화연구소, 세계노조연맹, 세계민주청년

연맹, 국제학생연합 등과 같은 공산당 외곽단체들이 많이 생겨나고 활발하게 회원수를 늘려나갔다.

미국 공산당원들은 자기들의 궁극적인 목적이 사회주의혁명이라는 사실을 뒤로 감추고 파시즘 반대만을 집중적으로 선전함으로써 민주세력들과 연합할 수 있었다. 그것은 물론 소련의 지시에 따른 전술이었다. 일반 지식인들과 대중은 공산당의 이러한 전술을 알지 못하고 그들의 반파쇼운동이나 평화운동에 참여했다. 그런 외곽단체에 참여한 사람들이 많아지자 자연히 공산당원의 숫자도 늘어났다. 1930년대 초 약 7,500명에 불과하던 미국 공산당원의 수는 1930년대 말에는 약 55,000명으로 급증했다. 어네스트 헤밍웨이(Ernest Hemingway)나 에드먼드 윌슨(Edmund Wilson) 같은 작가들도 공산주의 동조자로 활동했다.

공산당을 중심으로 한 좌익세력이 급성장하자, 친사회주의적 자유주의자들이 많이 참여하고 있는 민주당은 정권장악을 위해 좌익세력의 힘을 빌렸다. 1930년대 초반부터 1952년까지 민주당이 장기집권하는 동안, 특히 루즈벨트(Franklin Roosevelt)가 대통령으로 재임하는 기간 중에 많은 수의 공산당원을 비롯한 좌익분자들이 미국의 연방정부 및 주정부와 공공기관에 임용되었다.

공산당의 급성장과 공산주의자 및 그 동조자들의 정부기관 진출은 미국의 애국-우익세력의 우려를 불러일으켰다. 그들은 1930년대 후반부터 의회를 중심으로 그에 대한 대책을 강구했다. 그들의 노력의 결과, 1938년 연방하원에서 반미활동조사위원회가 구성되었고, 1939년에는 공산주의자와 나치주의자 등의 공무원임용을 금지하는 공무원정치활동금지법이 제정되었으며, 1940년에는 해외연관단체등록법과 특정전복활동금지법이 제정되었다.

그럼에도 불구하고, 공산당원 및 좌익분자들을 정부기관에서 축출하려는 노력은 별 진전을 보지 못했다. 1941년 FBI가 하원 반미활동조사위원회에 보고한 바에 따르면, 공산당과의 관계를 숨기고 미국 정부기관에서 일하고 있는 인원수는 1,100명이상이나 되었다. 그러나 루즈벨트의 민주당정권은 좌익분자들을 정부에서 축출하는 일에 별 관심이 없었다. 예를 들면, 1942년 3월 FBI가 연방보안국의 중요 직책에 있는 윌커슨(Doxey Wilkerson)이라는 교수가 공산주의자일 가능성이 있다고 연방보안국장에게 통보했지만, 보안국은 그러한 FBI의 통보를 묵살하고 윌커슨에 대해 아무런 조치도 취하지 않았다. 윌커슨은 약 1년 후 공산당 간부로서의 활동을 강화하기 위해 보안국을 스스로 떠날 때까지 보안국의 중요 직책에서 계속 일했다. 그런가 하면 민주당 정부의 예산국장이던 애플비(Paul Appleby)는 한 걸음 더 나아가서 "정부에 고용된 사람은 민주당이나 공화당의 당원이 될 수 있는 것과 마찬가지로 공산당의 당원이 될 권리도 가지고 있다"라고 공언했다.

소련의 협조를 얻어 미국의 희생을 줄이면서 2차 세계대전을 조속히 종결지으려는 희망에 따라 소련과 협력을 강화하려는 미국 민주당정권의 입장과 공산주의자들에게 관용적으로 된 미국 정계의 분위기에 편승하여 독소전쟁이 발발한 1941년 6월 이후 미국 정부의 전쟁수행 관련 기관에는 많은 공산주의자들과 그 동조자들이 더욱 많이 진출하게 되었다.

2차 세계대전 종전 후 미 · 소 냉전이 개시된 후에도 미국정부는 정부기관 내에 있는 공산주의자와 그 동조자 및 소련간첩 협의자들을 색출하려는 노력을 적극적으로 전개하지 않았다. 민주당이 정권을 장악하고 있었기 때문이다.

민주당 정부가 이러한 태도를 취하고 있는 것과 병행하여, 대중도 공산당의 위협에 별 관심이 없었다. 대중은 소련이 '철의 장막' 안에서 파시스트보다 더 가혹한 독재와 탄압을 자행하고 세계를 공산화하려는 음모를 추진하고 있다는 처칠(Winston Churchill) 영국 수상과 같은 정치가들의 선각자적 경고를 들으면서도 소련에서 멀리 떨어져 있는 미국에게 '공산세력의 위협이 뭐 그리 대단하겠는가?' 라는 안이한 생각을 가졌다.

정부에서 공산주의자와 소련간첩들을 적극적으로 색출, 추방하려면 대중으로 하여금 공산주의자와 소련간첩의 위험이 심각하다는 사실을 깨닫게 하여 그 대중이 민주당 정부에 압력을 가하거나 정권을 교체하거나 해야 할 것이다. 그리하려면 우선 많은 수의 공산당원과 소련 간첩이 정부의 공무원이나 공공기관의 직원으로 침투해 있다는 사실을 대중에게 알려야 했다.

그러나 그러한 사실을 대중에게 알리는 노력은 대중과 반공세력 사이에 놓여 있는 언론이라는 장벽에 부딪혀 성공을 거둘 수 없었다. 당시 언론 분야의 영향력 있는 인사들의 대부분은 자유주의자였고 공산주의보다 파시즘을 더 두려워하는 경향이어서 그런 반공적 기사를 비중있게 다루려 하지 않았기 때문이다.

이러한 언론의 비협조와 집권세력의 외면 속에서 매카시의 반공 활동이 전개된 것이다. 따라서 그의 활동에는 자연히 과장과 무리한 수법이 동원되었던 것이며, 공화당과 민주당간의 파워게임의 영향까지 받았다. 매카시의 반공활동은 그의 과장된 폭로전술로 언론의 관심을 끌면서 활기를 띠기 시작했고, 1952년 선거에서 공화당이 상원의 다수의석을 확보함에 따라 더욱 활발해지고 위력이 강해졌다. 그러나 1954년 선거에서 민주당이 상원의 다수의석을 차지하면서 그의 활동은 종말을 고하게 되었다. 민주당 의원들은 언론과 지식인 사회의 매카시에 대한 집중포화를 배경으로 매카시의 상원 정부활동위원회 조사소위원장 직을 박탈하고 징계했다. 그 후 매카시는 상원의원직은 유지했으나 정계와 언론계로부터 외면당했으며, 1957년 병사했다.

05 : 매카시 매도와 반(反)반공 캠페인

1960년 케네디(John F. Kennedy)가 대통령에 당선되어 다시 민주당이 정권을 장악하게 되면서, 미국 정계와 언론계에서는 매카시의 활동을 비판하는 풍조가 크게 확산되었고, 매카시즘이란 용어도 널리 유행했다. 매카시 비판 활동의 확산을 촉발한 민주당정권의 복귀의 주역인 케네디가 상원의원 시절에 매카시와 같은 가톨릭 신자로서 가까운 친구였다는 사실은 다분히 역설적이다.

매카시는 이미 사망한 후였지만 매카시위원회의 활동에 저항하던 공산주의자 및 좌경 자유주의자들은 앞으로 미국에서 매카시와 같은 정치인이 다시는 등장할 수 없도록 하기 위해 매카시즘을 비판하는 캠페인을 장기간 전개했으며, 그런 캠페인 속에 매카시즘이라는 용어의 사용이 널리 유행하게 된 것이다. 미국에서 유행한 매카시즘이라는 용어는 미국의 언론매체들에 의해 전 세계로 급속히 확산되었으며, 서구의 공산주의자들과 좌경적 자유주의자들이 이 용어를 애용했다. 때로는 분노의 표적으로 때로는 조롱의 대상으로 매카시즘이라는 용어를 즐겨 사용했다.

매카시즘이라는 용어의 사용이 널리 유행하면서 그 의미도 확대 왜곡되었다. 매카시즘을 비판하는 사람들은 당초 반공에 열중한 나머지 혐의사실이 명확하지 않은 사람까지 공산당원이나 소련간첩으로 몰아붙이는 것을 의미했던 매카시즘을 반공 그 자체를 의미하는 것으로 확대 왜곡했다. 매카시즘이라는 용어가 악의적으로 조어된 것이지만, 그 용어를 인정한다 해도 순수한 반공과 매카시즘은 엄연히 다른 것이다. 그럼에도 불구하고 매카시즘을 비판하는 사람들은 누가 반공을 말하기만 하면 그것을 매카시즘으로 몰아붙였다. 나아가서는 정계나 지식인사회에서 사상문제를 제기하는 것 자체를 매카시즘으로 몰아붙였다.

이처럼 매카시즘이라는 용어의 사용이 널리 유행하고 그 의미가 확대 왜곡되는 현상은 자연스럽게 반반공(反反共: anti-anticommunism) 운동으로 연결되었다. 매카시즘은 나쁜 것이고, 매카시즘은 곧 반공이기 때문에 반공은 비판 거부돼야 한다는 것이다.

미국의 이러한 반(反)반공 캠페인은 매카시선풍으로 심리적 고통을 가장 심하게 겪었던 대학가를 중심으로 시작되었다. 반반공 캠페인은 1960년대 중반 미국 대학가를 휩쓴 뉴레프트 선풍에 편승하여 대학가의 보편적 현상이 되었으며, 미국 대학가에서는 연구실에 마르크스(Marx), 모택동(毛澤東), 체게바라(Ernesto Che Guevara), 트로츠키(Leon Trotsky) 등 공산주의자들의 초상화를 붙여놓은 교수들이 홍수를 이루게 되었다. 대학가에서의 반반공은 언론계와 연예계로 확산되었으며, 언론매체들과 영화, TV드라마 등은 과거의 반공활동이 얼마나 잘못된 것이었으며, 반공활동을 주도했던 사람들이 도덕적으로 타락한 웃기는 사람들이었음을 선전했다.

그에 병행하여 1950년대 초반 매카시위원회의 활동에 협조했던 사람들을 사회 각 분야에서 매장하는 작업들이 전개되었다. 예를 들면, 영화 《에덴의 동쪽》의 감독으로 유명한 엘리아 카잔(Elia Kazan) 같은 영화감독은 매카시위원회에 협조하여 공산주의자 혐의가 있는 할리우드의 연예인들 명단을 제공했다는 이유로 영화계에서 완전히 매장되다시피 했다.

1960년대 후반부터 1970년대 중반까지 전개된 미국사회의 반반공 캠페인은 1950년대 전반에 전개되었던 매카시선풍에 못지않게 히스테리컬하게 전개되었다. 당시의 반반공 캠페인은 매카시선풍보다 훨씬 광범하고 철저하게 전개된 일종의 문화혁명이었다. 이러한 반반공 캠페인은 과도한 반공, 잘못된 수단을 동원한 반공의 폐해를 비판하는 데 목적을 둔 것이 아니라 반공 그 자체를 완전히 침묵시키려는데 목적을 둔 것이었다.

1993년 소련이 와해된 후 소련의 대외공작에 관한 비밀문서들이 일부 공개되었다. 공개된 소련의 비밀문서들의 미국 관련 부분들은 1950년대 매카시 상원의원이 폭로 · 고발했던 미국 관공서와 지식인사회에서 활동한 소련간첩과 공산주의자들의 명단이 대부분 사실이었음을 확인해주었다. 그러나 이러한 사실은 미국 언론의 각광을 받지 못했다. 대부분의 미국 언론매체들은 매카시즘 비판에 적극적으로 가세했었기 때문에 자기들의 오류를 확대 선전하는 일에 정력을 낭비하고 싶지 않았던 것이다. 또한 소련의 와해로 공산주의의 위협이 사라졌다고 판단한 미국과 서구 사회는 그동안 매카시의 반공활동을 매도했던 일이나 반반공 캠페인을 전개했던 일들이 오류였음을 반성할 필요를 느끼지 않았다.

우리나라에서도 1980년대 중반부터 대학가와 언론계에서 반반공 캠페인이 거세게 전개되었다. 미국과 서구에서는 반반공 히스테리가 잠잠해진 시점에 한국에서는 반반공 캠페인이 시작된 것이다. 우리나라에서의 반반공 캠페인은 노무현정권 시기에 거의 반반공 히스테리의 수준에 근접했다. 그 시기에 반공을 레드 컴플렉스로 비하하고 레드 컴플렉스의 극복을 주장하는 사람들이 많이 등장했다. 북한에 공산정권이 존재하면서 안보위협을 가하고 있고, 공산주의로 인한 피해를 세계에서 가장 많이 가장 오랫동안 겪고 있는 우리나라에서, 소련과 동구의 공산체제의 붕괴로 공산주의의 오류가 분명히 드러났고 1950년대 미국에서 전개된 반공활동의 정당성이 확인된 현시점에서도 반반공 캠페인이 계속되고 있다는 것은 매우 이해하기 힘든 일이다. 이러한 이상현상의 저변에는 일반인들이 알 수 없는 세력들의 공작이 작용하고 있을 것으로 추측된다.

06 : 반공은 도덕적이고 필요한 것

언젠가 대학교수들과의 대화에서 저자는 '반공'을 좋지 않다고 말하는 사람과 다음과 같은 말을 주고받은 적이 있다.

저자: 당신은 공산주의를 좋은 사상이라고 생각하는가?

상대방: 좋은 사상은 아니라고 생각한다.

저자: 그러면 당신은 공산주의를 나쁜 사상이라고 생각하는가?

상대방: 그렇다.

저자: 좋지 않은 사상, 나쁜 사상에 대해 인간은 어떤 입장을 취해야 하는가?

상대방: 반대해야 한다.

저자: 당신이 공산주의는 좋지 않은 사상이라고 말하고, 또 좋지 않은 사상에 대해서는 반대해야 한다고 말하면서, 반공 즉 공산주의에 반대하는 것은 좋지 않다고 말하는 것은 자가당착이 아닌가?

상대방: …….

어떤 사상에 대해 인간이 취할 수 있는 입장은 3가지밖에 없다. 지지(옹호)하거나 반대(비판)하거나 중립을 지키거나 중에서 어느 하나를 택할 수밖에 없다. 공산주의가 좋은 사상이라고 생각하면 지지·옹호하고, 나쁜 사상이라고 생각하면 반대·비판하고, 좋은 사상인지 나쁜 사상인지 모르겠으면 중립을 지켜야 한다. 이치가 이러함에도 불구하고 오늘날 우리 사회에서는 공산주의는 나쁜 사상이라고 말하면서도 반공을 나쁘다고 비판하는 사람들이 매우 많다. 그만큼 우리 사회에는 사상문제에 관한 정신분열증 환자들이 많다는 이야기다. 공산주의를 나쁜 사상이라고 말하면서도 그 나쁜 사상인 공산주의를 반대하는 반공을 나쁘다고 말하는 것은 정신분열증 환자가 아니고서는 할 수 없는 말이기 때문이다. 대체로 그런 사람들일수록 매카시즘이라는 용어의 의미를 턱없이 확대 왜곡하여 사용함으로써 좌익들의 반반공 캠페인을 돕는 경향이 있다.

공산주의자가 반공을 비판·매도하고 걸핏하면 매카시즘을 들먹이는 것은 마땅하다. 그러나 공산주의자가 아닌 사람은 반공을 도덕적으로 매도하지 말아야 한다. 반공을 이용해서 비민주적인 일이나 부도덕한 일을 하는 것은 비판되어야 하지만 반공 그 자체를 매카시즘과 동일시하면서 비판해서는 안 된다. 공산주의가 그릇된 사상이고 우리나라에 대한 공산주의의 위협이 현실적인 이상 공산주의에 반대하는 것 즉 반공은 부도덕한 것도 시대착오적인 것도 아니다. 오히려 우리나라의 여건에서는 반공은 도덕적이고 상황에 적합한 것이며, 국가의 장래를 위해 필요한 것이다.

그럼에도 불구하고, 우리 사회의 비공산주의자 가운데 일부 인사들은 국민통합이나 남북한의 평화통일을 거론하며 반공의 부당성을 주장하는 사람들이 있다. 국민통합의 목적이 무엇인가를 생각하고, 반공을 공격적 반공과 방어적 반공으로 구분할 수 있다는 점을 생각하면 그들의 주장이 타당하지 않음을 쉽게 알 수 있다.

국민통합의 목적은 대한민국을 잘 지키고 발전시키기 위해서이다. 국민통합의 목적이 달성되려면 국민통합은 반드시 반공적으로 이루어져야 한다. 다시 말해서 공산주의에 동조하는 사람들은 배제하고 반공에 동조하는 국민들만의 통합을 이룩해야 한다는 것이다. 대한민국의 와해를 추구하고 북한 공산정권의 통일정책에 협조하는 공산주의세력을 포함시킨 국민통합은 대한민국의 와해를 허용하는 짓이며, 남북한의 공산화 통일로 달려가는 짓이다. 그러한 국민통합은 국민통합의 목적에 반하는 것이다.

우리 국민이 공격적 반공을 한다면 그것은 남북한 간의 평화통일을 방해하게 된다. 그러나 우리 국민이 방어적 반공을 한다면 그것은 남북한 간의 평화와 통일을 크게 방해하지 않는다. 방어적 반공은 북한정권이나 남한 내의 종북세력이 남한을 공산화하려는 것에 대해서만 방어하고, 북한의 공산체제 와해를 추구하지 않는 반공이기 때문이다. 방어적 반공이 남북한의 평화와 통일을 방해한다는 주장은 그 평화와 통일이 남한의 자유민주체제를 양보하는 조건에서 이루어지는 것, 즉 남한의 공산화에 의한 평화와 통일일 경우에만 타당하다.

냉전의 의미와 본질에 대한 우리 국민과 엘리트들의 부정확한 이해는 상당한 국가적 부작용을 낳고 있다. 그 부작용의 대표적 사례는 남북관계의 현황에 대한 국민의 이해가 잘못되고, 따라서 남북관계에 대한 국민의 대응이 잘못되고 있다는 점이다.

Chapter

09

냉전과 냉전논리

01 : 신물 나는 '냉전'

한국인들에게 '냉전' 이라는 단어만큼 신물 나는 단어는 없을 것이다. '냉전' 은 우리 민족의 운명과 관련하여 대단히 재수 없는 용어이다. 미 · 소간의 냉전이 없었더라면 우리 민족이 분단과 동족상잔의 전쟁을 겪지 않았을 것이고, 민족의 역량을 부질없이 소모하는 남북대결의 지속도 없었을 것이기 때문이다. '냉전' 은 우리 국민이 귀에 못이 박힐 정도로 지겹게 많이 들어온 용어이다. 동 · 서간의 국제적 냉전의 향방이 우리 민족의 운명과 직결되어 있고 우리 국민의 삶에 직접적인 영향을 주어왔기 때문에, 우리나라의 언론매체들과 정치인들과 지식인들은 냉전이라는 용어를 거의 매일 같이 사용하지 않을 수 없었다. 이처럼 '냉전' 이라는 단어는 우리 민족에게 재수 없는 단어라는 점과 너무도 많이 들어왔다는 점에서, 우리 국민에게는 신물 나는 단어가 된 것이다.

그러나 이상하게도 이 나라의 일반 시민은 물론이고 지식인들마저도 이러한 냉전이라는 단어에 대한 의미와 냉전의 본질에 대해 정확히 알고 있지 못하다. 자기의 운명과 생활에 중대한 영향을 미치는 용어와 그 용어로 표현되는 사태의 본질에 대한 부정확한 이해는 우리나라의 민속인 것처럼 느껴진다.

냉전의 의미와 본질에 대한 우리 국민과 엘리트들의 부정확한 이해는 상당한 국가적 부작용을 낳고 있다. 그 부작용의 대표적 사례는 남북관계의 현황에 대한 국민의 이해가 잘못되고, 따라서 남북관계에 대한 국민의 대응이 잘못되고 있다는 점이다. 냉전으로 인해 분단의 비극에 갇힌 우리 국민이 남북관계의 현황을 잘 이해하고 남북관계에 올바르게 대처하려면 우선 '냉전' 이라는 용어의 의미와 냉전의 본질부터 정확히 이해해야 할 것이다.

한편 최근에 와서는 '냉전논리' 라는 용어가 어떤 진영의 인사들에 의해 자주 사용되어 대중을 괴롭히고 있다. '냉전' 이라는 용어의 의미도 정확하게 이해하고 있지 못한 터에 '냉전논리' 까지 가세했기 때문이다. 냉전논리라는 용어가 만들어진 동기와 그 용어의 의미를 정확히 아는 것도 남북관계에 올바로 대응하는 데 필요한 일이다.

02 : 냉전이라는 용어의 기원과 의미

서구 역사상 '차가운 전쟁' 즉 '냉전' 이라는 용어가 처음 사용된 것은 14세기였다. 당시 스페인에서는 기독교도와 이슬람교도 간에 장기간에 걸친 갈등과 대결이 전개되고 있었는데, 스페인 사람들은 그것을 '차가운 전쟁' 즉 '냉전' 이라는 용어로 묘사했다. 현대에 와서 영어로 '냉전(cold war)' 이라는 용어를 만든 사람은 미국의 언론인 허버트 베이야드 스워프(Herbert Bayard Swope)이다. 퓰리처상을 세 번이나 수상한 경력을 가진 상당히 저명한 언론인인 스워프는 1946년 6월경 이웃에 사는 연로한 정치인 버나드 바루치(Bernard Baruch) 연방상원의원에게 연설문을 써주면서 당시의 미 · 소 긴장관계를 묘사하기 위해 '차가운 전쟁' 즉 '냉전' 이라는 용어를 사용했다. 바루치는 그래도 2차 세계대전 기간 중 동맹관계에 있었던 미국과 소련의 관계를 묘사하면서 '전쟁(war)' 이라는 단어가 들어 있는 용어를 사용한다는 것은 지나치다고 생각하여 당시의 연설에서는 그 용어를 사용하지 않았다.

1946년 6월 이후 각종 국제문제를 둘러싼 미 · 소간의 입장대립은 날로 확대되었다. 그러자 바루치는 '냉전' 이라는 용어를 사용하기로 작정했다. 국제정치학자들에 의해 미 · 소냉전 개시의 신호탄으로 간주되는 트루먼 미국 대통령의 트루먼 독트린이 선언된 다음 달인 1947년 4월에 행한 한 연설에서 바루치는 냉전이라는 용어를 사용했다. 그 연설에서 바루치는 미 · 소간의 대립-긴장관계가 더욱 심화되고 있음을 지적하면서 "우리는 속지 맙시다. 오늘날 우리는 냉전 중에 있습니다."라고 말하였다. 이것이 현대 세계에서 냉전이라는 용어를 공식 석상에서 사용한 최초의 일이다.

바루치의 연설이 있은 다음 '뉴욕 데일리뉴스' 지가 바루치의 연설과 관련된 사설을 쓰면서 '냉전' 이라는 용어를 사용했다. 이렇게 하여 미국의 정치용어의 하나로 등장한 냉전이라는 용어는 당시 미국의 영향력 있는 칼럼니스트였던 월터 리프만(Walter Lippmann)에 의해 그의 칼럼에서 자주 동원되었고, 그로 인해 '냉전' 이라는 용어는 미국에서 널리 유행되기에 이르렀다. 우리나라에서는 리프만이 '냉전' 이란 용어를 만든 것으로 알려져 왔으나 리프만은 그 용어를 유행시킨 사람이지 그 용어를 만든 사람은 아니다.

냉전이라는 용어가 미국 매스컴에서 처음 등장하던 시기에, 그 용어는 미 · 소관계가 동맹적 협력관계가 아니라 갈등-대립의 관계임을 강조하기 위해서 사용되었다. 2차 세계대전 기간 중 협력관계에 있었던 미 · 소가 더이상 협력관계에 있지 않고 실은 대립관계에 있다는 것을 강조하기 위해 냉전이라는 용어가 사용된 것이다. 그렇게 볼 때, 당시 냉전이라는 용어가 의미하는 바는 지난날의 협력관계가 깨지고 대립관계로 전환된 상태였다. 다시 말해서, 당시의 '냉전'은 '열전(hot war)'의 대칭개념이 아니라 협력의 대칭개념으로 사용되었던 것이다.

그 후 미국과 소련간의 대결관계가 확대되고 심각해지면서 '냉전'의 의미도 확대되었다. 미 · 소간의 긴장–대결관계가 한국과 인도차이나에서 전쟁을 초래하고, 나아가서는 미 · 소 양국 간의 직접적인 무력대결의 위기로까지 확대되고 심각해지면서 '냉전'은 '열전'의 대칭개념으로 변질되었다. 다시 말해서, 냉전은 전쟁도 평화도 아닌 상태에서 전개되는 군사, 정치, 이데올로기 등 여러 분야의 대결을 포함하는 포괄적 대결상태을 뜻하게 된 것이다.

냉전이란 용어는 처음에는 '철의 장막(iron curtain)'이라는 용어와 더불어 반소적(反蘇的) 뉘앙스를 내포하여 사용되었다. 따라서 그 용어는 미국의 언론계와 정계에서 주로 사용되었고, 점차 서방 언론인들과 정치인들에 의해 사용되었지만, 소련과 공산주의자들은 그 용어의 사용을 가급적 기피했다. 그러던 것이 1955년 7월 제네바에서 개최된 미 · 영 · 불 · 소 4대국 정상회담에 참석한 소련수상 니콜라이 불가닌(Nicolai Bulganin)이 "소련은 당면 국제문제들의 해결과 냉전의 종식을 바란다."라고 말하여 소련도 냉전이라는 용어의 사용을 기피하지 않는다는 사실을 국제사회에 알렸다. 이로써 '냉전'은 동서 양 진영에서 보편적으로 사용하는 용어가 되었다.

03 : 제1차 냉전

국제정치학자들은 통상 미국과 소련 간의 냉전은 1947년부터 시작되었다고 말한다. 그러나 냉전의 보다 근본적인 원인이 미국과 소련의 적대적 체제에서 비롯된 것이었다는 점을 고려한다면, 미 · 소 냉전은 1917년 볼셰비키혁명으로 러시아에서 사회주의체제가 수립된 데서 발단했다고 말할 수 있다. 1917년 볼셰비키혁명으로 러시아에서 사회주의체제가 수립되자, 미국은 혁명에 의해 집권한 공산당정부를 승인하지 않고, 그 대신에 러시아의 공산당정권을 타도하기 위한 자본주의국가들의 군사적 노력에 동참했다. 장기간 단절되었던 미국과 소련간의 외교관계는 프랭클린 루즈벨트(Franklin Roosevelt)가 미국 대통령이 된 직후인 1933년에서야 회복되었다.

2차 세계대전에서 독일과 일본이라는 공동의 적을 상대로 전쟁을 벌이게 되면서 미국과 소련은 상당히 긴밀한 협력관계를 갖게 되었다. 1940년대 전반에는 양국간의 정상회담이 빈번히 개최되었고, 2차 세계대전 기간 중 미국은 소련에 대해 경제지원을 많이 제공했다. 그러나 2차 세계대전 종전으로 공동의 적이 사라지게 되면서, 미국과 소련은 양국의 적대적 체제와 세계관으로 인해 다시 대결관계에 처하게 되었다.

1947년부터 본격화된 미 · 소간의 냉전은 1950년대 초반 한국전쟁을 계기로 한 층 더 격화되었다. 3차 세계대전으로 확대될 것만 같던 미 · 소냉전은 스탈린(Stalin) 사망 후 소련의 새 권력자가 된 흐루시초프(Khrushchev)가 1956년 스탈린노선을 비판하고 서방세계와의 평화공존을 선언하면서 다소 약화되기 시작했다. 흐루시초프가 선언한 평화공존은 사회주의국가와 자본주의국가의 항구적 평화공존을 의미하는 것이 아니라, 사회주의국가들의 힘과 자본주의국가 내부의 사회주의혁명역량이 자본주의국가의 힘을 압도할 수 있는 수준으로 강화될 때까지의 잠정적인 평화공존을 의미하는 것이었다. 그럼에도 불구하고 그러한 평화공존선언 후 미 · 소간 정상회담도 몇 차례 개최되었고, 소련지도자의 미국방문도 이루어졌다. 그러나 1960년대 초반 베를린장벽사건과 쿠바미사일 위기로 냉전은 다시 고조되었으며, 베트남전쟁은 냉전을 또다시 절정으로 이끌어갔다.

1969년 미국 대통령에 당선된 닉슨이 취임 직후부터 전개한 데탕트(긴장완화)정책으로, 냉전은 다시 약화되기 시작했다. 데탕트정책은 장기간에 걸친 세계경찰 역할 수행으로 국력이 크게 소진된 미국이 소련과 중국을 분리시켜서 개별적으로 긴장을 완화하려는 정책이었다. 닉슨의 이 정책은 성공을 거두어 1970년대 초반 미 · 소전략

무기제한협정 체결, 베트남휴전협정 체결, 미 · 중외교관계 수립 등의 결실을 거두며, 냉전을 크게 약화시켰다. 그러한 냉전 약화 기운은 1975년 헬싱키에서 개최된 전유럽안보정상회의의 개최로 더욱 강화되었다. 헬싱키회담에서 미국과 소련을 비롯한 동서진영의 유럽국가들은 전쟁포기와 인권개선 등에 합의했으며, 그로써 냉전은 거의 종식되는 듯했다.

04 : 제2차 냉전

그러나 거의 종식될 것처럼 보이던 냉전은 소련이 1970년대 중반 한편으로는 미국 및 서방국가들과 정상회담을 비롯한 각종 회담을 전개하고 협정도 체결하는 등 화해적 행동을 취하면서도, 다른 한편으로는 제3세계의 사회주의혁명세력에 대한 지원을 강화함으로써 다시 고조되었다. 소련은 북베트남을 지원하여 1975년 베트남 공산화 통일을 달성하게 만들었고, 앙골라의 공산주의세력을 지원하여 1976년 앙골라의 지배권을 공산주의세력이 장악하게 만들었다. 또한 1979년에는 미국에 인접한 중미지역의 니카라과에 친소정권이 수립되도록 지원했고, 서아시아의 전략요충 지역인 아프가니스탄을 무력으로 점령하여 친소 괴뢰정권을 수립했다. 제3세계에서의 소련의 혁명공세 강화에 당면한 미국은 1970년대 말부터 소련의 그러한 공세에 강력하게 대응했으며, 그에 따라 냉전은 다시 강화되었다.

미국은 1970년대 말부터 군비증강에 박차를 가하여 미 · 소간의 군비경쟁 격화를 유도하고, 소련을 완전 포위하기 위해 유럽에 중거리 미사일 배치했다. 소련의 미사일을 무력화시키기 위해 요격미사일을 개발하여 실전배치하고 레이저무기의 개발을 추진했다. 미국은 또 제3세계 반공정권에 대한 지원을 강화하고, 공산화된 캄보디아, 아프가니스탄, 앙골라, 니카라과 등의 반공게릴라에 대한 지원을 강화했다.

이처럼 다시 격화되던 냉전은 1985년 소련의 새 권력자로 등장한 고르바초프가 소련의 경제난 극복을 위해 개혁과 개방정책을 추진하고, 그것을 지원하기 위해 대외정책도 긴장완화의 방향으로 선회함으로써 다시 약화되었다. 소련은 당시 사회주의체제의 비효율성과 미국과의 치열한 군비경쟁 등으로 인해 경제난에 봉착하게 되었으며, 생활난에 지친 소련과 동구의 시민들은 사회주의체제에 대한 이반현상을 나타냈다. 그러한 경제난으로 인해 고르바초프는 개혁 · 개방정책과 긴장완화정책을 취할 뿐만 아니라 서방국가나 제3세계의 공산혁명세력에 대한 지원을 중단했다. 소련의 이와 같은 노선변경으로 인해 미국과 소련은 광범한 군비축소협정을 체결하게 되었고, 소련과 동구 국가들에서는 자유화가 확대되었다.

소련의 노선변경에 따른 미 · 소냉전 또는 동서냉전의 약화는 1980년대 말 헝가리의 민주화에서부터 시작된 동구와 소련의 공산체제 붕괴와 그로 인한 냉전의 해소로 이어졌다. 소련과 동구에서 서방의 자본주의체제에 적대적인 사회주의체제가 와해됨으로써 냉전의 원인이 사라지게 된 것이다. 유럽에서의 냉전은 1993년 소련의 공산정권 와해 및 소비에트연방 해체로 사상의 차이에서 비롯된 냉전은 해소되었다.

유럽지역에서는 냉전이 해소되었지만, 냉전 해소가 전 지구적으로 이루어진 것은 아니었다. 유럽지역의 냉전 해소와 상관없이 냉전이 지속되고 있는 대표적인 사례가 한반도이다. 유럽지역의 냉전 해소 이후 한반도에서도 냉전 해소를 위한 시도들이 전개되었으나, 북한이 냉전 해소를 위한 남한의 노력을 역이용하여 핵무장 등 군사력을 강화함으로써 냉전은 약화되지 않고 있다.

05 : 냉전의 5가지 속성

위에서 일별해본 긴 냉전의 역사는 냉전이 다음과 같은 속성을 가지고 있음을 알려준다.

첫째, 냉전은 적대적 성격의 정치 · 경제체제를 가진 국가 간에는 거의 필연적으로 등장하게 된다. 물론 상이한 체제라 하더라도 집권세력이 다른 체제에 대한 적대성을 포기하면 냉전이 진행되지 않을 수도 있다. 그러나 일단 상극적 성질의 체제를 가지고 있는 국가 간에는 체제의 상극성이 대폭 완화되지 않는 한 항구적인 진정한 평화공존이 불가능하기 때문에 그들 간의 관계가 냉전적 긴장관계를 가질 가능성이 매우 높다. 적대적 체제를 가진 국가, 특히 상호 간의 적대성을 분명히 인식하고 있는 국가 간에는 냉전은 완화와 격화를 반복할 뿐, 완전히 종식되기는 어렵다.

둘째, 냉전은 국가 간의 대화와 교류가 이루어지면서 전개되는 대결이다. 미국과 소련 간에는 오랜 기간에 걸쳐 외교관계를 가져왔고, 양국의 지도자들 간에는 많은 횟수의 정상회담이 개최되었다. 또한, 미국과 소련 간에는 각종 형태의 회담과 인적 교류가 이루어지고, 경제적 거래도 확대되었다. 그러면서도 장기간에 걸쳐서 냉전이 지속되었다. 적대적 체제를 가진 국가 간에 이루어지는 수교와 회담과 교류는 냉전의 종식을 의미하기보다는 오히려 냉전의 시작(열전의 냉전으로의 전환)을 의미하는 것이라 할 수 있다.

셋째, 냉전은 열전에 비해 장기간 지속된다. 냉전이란 무력전쟁으로 확대되지도 않으면서 평화로 반전되기도 매우 어려운 성질의 대결이다. 무력전쟁은 단기간에 군사력대결에 의한 승패로서 종료된다. 그러나 냉전은 쌍방이 기본적으로 무력대결은 회피하려는 생각을 가지고 있기 때문에 무력대결로 확대되지 않으며, 따라서 단기간에 승패를 결정낼 수 없다. 또한, 냉전은 평화로 반전되기에는 너무나 많은 문제들을 해결해야 하기 때문에 쉽게 평화로 반전될 수도 없다. 그러한 까닭으로 해서 일단 국가들이 냉전적 대결관계에 들어가게 되면, 전쟁도 아니고 평화도 아닌 냉전이 매우 오랜 기간 지속될 수밖에 없다.

넷째, 냉전은 일단 해소과정에 들어서더라도 일직선으로 곧장 해소되는 것이 아니라 긴장의 고조와 약화를 반복하면서 나선형의 궤적을 그리며 해소된다. 냉전관계에 있는 쌍방은 상호 간에 강한 불신감을 가지고 있기 때문에 냉전 해소과정은 사소한 장애에 부딪쳐도 긴장 고조로 반전된다. 미 · 소간의 냉전은 1956년 후르시쵸프의 '평화공존 선언' 에서부터 해소의 과정에 들어섰다고 말할 수 있다. 소련이 세계의 모든 자본주의체제를 전복하기 위한 세계 사회주의

혁명을 잠정적으로라도 포기하고 자본주의국가들과 평화적으로 공존하기로 노선을 변경한 것은 적어도 표면적으로는 사회주의 종주국의 집권세력이 자본주의체제와 사회주의체제의 적대성을 부분적으로 부정한 것이다. 그때부터 미 · 소 냉전은 해소되기 시작했다고 할 수 있다. 그러나 미 · 소 냉전은 해소되기 시작한 1956년부터 35년 동안이나 지속된 끝에 1990년에 가서야 해소되었다.

다섯째, 냉전의 해소는 쌍방 간의 평화공존선언이나 냉전종식 약속만으로 이루어지는 것이 아니라 쌍방 간에 평화를 향한 실질적 노력들이 축적된 끝에 이루어진다. 냉전이 해소되려면 △쌍방 간에 외교관계의 정상화를 비롯한 폭넓은 접촉과 교류가 이루어져야 하며, △군비축소 합의가 이루어져야 하며, △상대방 내부의 반체제세력에 대한 지원을 상호 중단해야 하며, △상호 간에 이데올로기 공세를 포기해야 하며, △쌍방의 국내 자유화와 대외개방이 일정 수준 이상 진전되어야 한다. 이러한 실질적인 조치들의 축적이 없는 한, 말과 문서로 아무리 많이 냉전 종식과 평화협력을 약속하더라도 냉전은 결코 해소될 수 없다.

06 : 냉전논리의 오용

김대중 · 노무현정권 시기부터 우리 사회에서는 '냉전논리' 라는 용어가 많이 사용되어왔다. 북한이 우리 군함을 격침하고 우리 영토에 포격을 가하고 핵무기를 개발-실전배치하며, 냉전을 넘어 열전의 위기가 고조되고 있는 오늘날에도 그러한 용어를 사용하고 있는 사람들이 많다. 이 용어는 북한과의 접촉이 잦거나, 통일에 관한 북한의 주장들에 동조적인 입장에 있거나, 북한에 대한 무조건적 경제지원을 많이 제공하자고 주장하는 인사들에 의해 자주 사용되었다.

그들은 북한이 아직도 대한민국에 대한 적대성을 포기하지 않고 있기 때문에 북한에 대해 신중하게 대처해야 한다고 주장하거나, 국가보안법을 유지하자고 주장하거나, 북한에 대한 경제지원은 북한이 우리에게 상응한 우호적 조치를 취하는 것을 확인해가면서 제공하자고 주장하거나, 북한의 핵무장 저지를 위해 단호한 대응을 해야 한다고 주장하거나, 동해나 서해상의 남북간 경계선을 침범하거나 우리의 영해를 침범한 북한 선박들에 대해 단호한 대처를 취해야 한다고 주장하는 인사들을 비판할 때, '냉전논리' 라는 용어를 동원한다. 그들은 한반도는 이미 탈냉전단계에 들어섰는데 시대착오적인 '냉전논리' 에 입각하여 그러한 주장들을 한다고 비판했다.

그들이 말하는 냉전논리란 무엇을 의미하며, 그들은 무슨 생각에서 그 용어를 자주 사용해왔는가?

그들이 말하는 냉전논리란 냉전적 관점에서 마련된 이론전개의 틀을 의미한다. 다시 말해서 남북한 관계의 현 상황을 냉전적 긴장관계로 파악하는 입장에서 마련된 이론전개의 틀이 냉전논리라는 것이다. 냉전논리라는 용어를 자주 사용하는 사람들이 그러한 용어를 자주 사용하는 심리적 배경에는 남북한 관계가 탈냉전의 단계에 있다는 인식을 널리 확산시키고, 북한에 대해 경계적 자세를 유지하자고 주장하는 사람들에 대한 대중적 혐오와 불신을 유도하려는 의도가 작용하고 있다.

'냉전논리' 라는 용어를 동원하여 자기들의 의견에 반대하는 사람들을 비판한 사람들은 대체로 2000년에 있었던 6 · 15남북정상회담 이후 한반도가 탈냉전의 단계에 접어들었다고 주장한다. 남북한의 정상들이 포옹하고 남북화해를 약속했기 때문에 남북한은 냉전적 대결에서 벗어나 탈냉전단계에 접어들었다는 것이다.

그들의 상황인식은 매우 잘못된 것이다. 미 · 소 양국은 1930년대부터 외교관계를 유지하고, 1950년대부터 1970년대까지 여러 차례의 정상회담을 개최했으며, 광범한 인적 · 물적 교류를 전개하면서도 치열한 냉전을 계속했다. 체제의 적대성을 약화시키는 조치도 취해지지 않았고, 상호 간에 연락사무소도 설치되지 않았으며, 인적 · 물적 교류의 규모가 극히 빈약한 남북한 간에 정상회담 한두 번 하고 나서 이제 남북한이 냉전단계에서 탈냉전단계로 접어들었다고 말하는 것은 서로 미워하는 관계에 있는 남녀가 미팅 한번 하고 나서 결혼했다고 주장하는 것과 같이 웃기는 일이다.

냉전에는 열전에서 냉전으로 전환되는 과도적 단계, 본격적인 냉전 단계, 냉전에서 평화로 전환되는 과도단계 등 3개의 단계가 있다. 탈냉전 단계란 냉전 제3단계의 마지막 국면 내지 평화단계를 뜻하는바, 오늘날의 남북한 관계는 아직도 그에 크게 못 미치고 있다. 남북한 관계는 본격적인 냉전단계의 마지막 국면 내지 냉전에서 평화로 전환되는 단계의 시작 국면에 사이에서 오락가락하고 있다고 말할 수 있다. '냉전논리' 라는 용어를 자주 사용하는 사람들은 이러한 객관적 현실을 외면하는 사람들이다.

어떤 사람들을 냉전논리에 입각하여 언행하는 사람들이라고 규정해놓으면, 그렇게 규정된 사람들은 대중으로부터 혐오의 대상이 되기 쉽다. 우리 국민 가운데는 통일을 희망하며 북한과의 냉전에 염증을 느끼고 있는 사람들이 많기 때문이다. 초기에 반소-반공적 의미를 내포하는 용어로서 만들어졌던 냉전이라는 용어가 오늘날 남한에서는 반공적 입장에 있는 인사들을 비판하는 데 많이 동원되는 용어로 둔갑한 것은 참 아이러니컬하다.

저자의 생각으로는 남북관계와 관련하여 냉전논리에 입각한 사고와 주장을 하는 것은 결코 잘못된 것이 아니라고 본다. 남북한 간의 냉전이 혐오스러운 것이라 하더라도 그것이 현실인 이상 대한민국 국민이 안전하려면 냉전논리에 입각하여 사고하고 행동하는 것이 타당하다. 냉전상태에 있는 남북관계를 탈냉전상태에 있는 것으로 착각하여 탈냉전논리에 입각하여 북한정권을 상대한다는 것은 희망을 현실로 착각하면서 행동했을 때 초래되는 것과 같은 엄청난 피해를 초래할 것이다.

남북한 관계는 이중적이기 때문에 북한에 대한 사고와 행동도 이중적으로 하는 것이 타당하다. 남북관계가 냉전관계에서 벗어나지 못했기 때문에, 대한민국의 안전과 대한민국 국민의 자유와 번영에 관해서 사고하고 행동할 때는 냉전논리에 입각해야 하고, 남북한 간의 화해와 통일문제에 관해서 사고하고 행동할 때는 탈냉전 논리에 입각해야 하는 것이다. 다시 말하자면, 북한에 대해 화해와 통일에 관한 제의를 하고 그러한 제의에 북한이 진지하게 응할 때는 탈냉전 논리에 입각하여 북한을 상대하고, 북한이 진정한 화해에 뜻을 두지 않고 우리의 경제지원이나 얻어내려 한다거나 대한민국의 안전과 번영에 피해를 줄 언동을 할 때는 냉전논리에 입각하여 북한을 상대해야 한다는 것이다. 만일, 북한이 우리에게 군사공격을 가할 때는 냉전논리가 아닌 열전논리로 대응해야 할 것임은 두말할 필요도 없다.

사회주의와 공산주의의 구분은 공산주의자들에게만 의미가 있을 뿐, 공산주의에 반대하는 자유주의-자본주의자들에게는 별 의미가 없다. 사회주의혁명이 성공한 후 수립된 체제가 사회주의건 공산주의건 간에 그 체제는 반자본주의-반자유주의적이라는 점에서는 완전히 동일하기 때문이다.

政治思想

Chapter

10

사회주의와 공산주의

01 : 혼란스러운 사회주의 관련 용어들

사회주의와 공산주의란 용어가 우리 민족에게 소개된 것은 1917년 11월 러시아에서 볼셰비키혁명이 성공한 이후부터이다. 대한제국 말기부터 서양의 정치사상들이 국내에 소개되기 시작했지만, 사상들의 소개는 각국의 통치제도에 대한 해설의 일부로서 이루어진 탓으로, 볼셰비키혁명 전에는 사회주의 사상이 소개되지 않았다. 볼셰비키혁명 전에는 서양에 사회주의 통치제도가 존재하지 않았기 때문이다.

1917년 러시아에서 볼셰비키혁명이 성공하자, 사회주의와 공산주의라는 용어와 그 용어가 전달하는 사상은 러시아 영토인 시베리아 지역에 거주하던 한국인들에게 알려지기 시작했으며, 시베리아 지역에서 활동하던 우리 민족의 독립 운동가들은 그 사상을 중국에서 활동하던 우리 민족의 독립운동가들에게 소개했다. 일본과 미국에 유학 중이던 한국인 유학생들도 볼셰비키혁명을 계기로 사회주의에 관심을 갖게 되었다.

사회주의 사상이 소개되던 초기, 우리 민족의 독립운동가들이나 선각적 지식인들은 사상의 차이를 초월하여 볼셰비키혁명과 사회주의에 대해 호의적인 반응을 보였다. 그것이 식민지 피압박 민족의 해방을 주장했기 때문이다. 1918년부터 시베리아와 상해에서 한국인들이 조직한 사회당 및 공산당이 등장했으며, 그 당들에는 사회주의 사상에 대해 잘 알지 못하는 운동가들도 참여했다. 당시 우리 민족의 선각적 지식인이었던 이광수와 박은식도 사회주의자가 아니면서도 볼셰비키혁명과 사회주의에 대해 긍정적인 태도를 보였다.

이광수는 1919년 동경에서 발표한 유학생 독립선언문에서 볼셰비키혁명을 '정의와 자유를 기초로 한 새로운 국가건설' 작업으로 묘사했다. 박은식은 1920년에 출판된 그의 저서 『독립운동지혈사(獨立運動之血史)』에서 "러시아공산당은 전제정치를 전복하고 인민에게 자유와 평등을 실시하며, 각 민족에 대하여 자유와 자결을 선포하였다. … 이것이 세계개조의 가장 선두적인 출발로 되었다."라고 썼다.

볼셰비키혁명 후 소련 공산당은 우리 민족의 반일운동에 강력한 영향력을 행사했다. 3 · 1운동의 발발도 볼셰비키혁명의 영향을 어느 정도 받았다. 그 결과, 일제시기 우리 민족 사이에서는 공산주의가 꽤 넓게 확산되었다. 일제시기의 공산주의자들은 소련공산당의 영향 하에 있었기 때문에 공산주의라는 용어를 주로 사용했고, 사회주의를 공산주의의 종속적 동의어로 사용했다. 이러한 경향은 해방직후에도 지속되었다. 해방 정국에서 활동하던 공산주의자들 역시 소련공산당의 지배를 받고 있었기 때문이다. 또한 해방정국에서 공산당의 당세가 매우 강했기 때문에 사회주의를 공산주의의 종속적 동의어로 간주하는 용어 사용이 거의 일반화되었다.

물론 조소앙이나 안재홍 등이 이끄는 중간파는 사회주의를 공산주의와 구별하여 사용했고, 미군정도 사회주의와 공산주의를 구별해서 사용했다. 그러나 사회주의와 공산주의의 의미를 구별하는 용어 사용은 중간파의 언론매체 장악력이 약하고 미군정은 한글로 직접 말하는 것이 아닌 탓으로 해서 별 위력을 발휘하지 못했다.

사회주의를 공산주의의 종속적 동의어로 간주하는 용어사용법은 대한민국 건국 후에도 지속되었다. 특히 6 · 25전쟁 발발 이후 우리나라에서 전개된 강력한 반공 캠페인으로 인해 사회주의와 공산주의를 구분하려는 지식인이나 정치인들의 노력은 소극적으로 되었다. 반공 열기가 고조되어 사회주의와 공산주의를 초록동색의 관계로 간주하는 분위기 속에서 공산주의와 사회주의를 구분하여 사회주의를 옹호하다가 피해를 입을 가능성이 농후했기 때문이다. 이러한 경향은 6 · 25전쟁 기간 중이나 휴전 후에 북한공산군에 납치되었던 김규식, 조소앙, 안재홍 등 공산주의와 구별되는 사회주의를 표방하던 중간파 지도자들이 대한민국을 비난하고 북한을 옹호하는 방송연설을 함으로써 더욱 굳어졌다. 비록 그들이 북한군의 강압에 못 이겨 그러한 방송을 했다 하더라도 공산주의와 다른 사회주의를 표방한 그들이 공산주의에 동조하는 방송연설을 했으니 공산주의와 사회주의를 초록동색의 관계로 간주하는 우리 사회의 인식이 강화될 수밖에 없었다.

4월혁명으로 부패한 자유당 독재정권이 붕괴된 직후 자유분위기가 고조된 가운데 등장한 사회주의정당들은 사회주의와 공산주의를 구분했다. 그러나 5 · 16쿠데타로 반공캠페인이 다시 강화되면서 사회주의세력이 위축되었고, 그에 따라 사회주의와 공산주의를 구분하는 주장도 약화되었다. 그 이후 지식인 사회에서는 사회주의와 공산주의를 구분하는 사람들이 많아졌으나 사회적으로는 양자의 구분을 추구하는 세력이 별로 없었다. 그러한 분위기는 전두환정권 때까지 계속되었다.

전두환정권 말기인 1980년대 중반 우리 사회에서 사회주의혁명을 궁극적 목적으로 추구하는 투쟁이 격렬하게 전개되면서 사회주의와 공산주의를 구분하는 경향은 한층 더 약화되었다. 당시 혁명운동을 전개하던 운동권은 자기들의 당면 혁명을 '민족해방 민중민주주의 혁명'으로 규정하고, 궁극적으로 달성할 혁명을 사회주의혁명으로 설정했다. 그들은 자기들의 혁명운동에 대한 대중의 반감을 약화시키기 위해 공산주의란 용어의 사용을 자제하고 사회주의란 용어를 주로 사용했다. 이론적으로 보면 그들이 말하는 사회주의는 공산주의에 해당하는 것이었으나, 그들은 자기들의 투쟁과 관련하여 공산주의라는 용어를 사용하지 않았다. 특별히 자기들의 사상을 여타의 사회주의 사상과 달리 말하고 싶을 때는 공산주의 대신 '혁명적 사회주의'라는 용어를 사용했다. 혁명적 사회주의는 공산주의와 완전히 동일한 것임에도 불구하고 그들은 자기들의 사상적 정체에 대한 대중의 착각을 유도하기 위해 그렇게 했다.

그로 인해 오늘날에도 우리 사회에서는 사회주의와 공산주의를 구분하지 않고 말하는 사람들이 상당히 많다. 심지어는 사상문제를 다루는 정부기관에서 일하는 사람들조차도 둘 사이의 차이를 명확히 이해하지 못하는 경우도 있다. 1990년대 중반, 저자는 사상문제를 다루는 국가기관의 직원들과 자리를 함께 한 적이 있었다. 그 자리에서 사회주의와 공산주의가 같은 것이라고 주장하는 사람과 양자는 본질적으로 다르다고 주장하는 사람, 민주사회주의와 사회민주주의가 같은 것이라고 말하는 사람과 양자가 크게 다르다고 말하는 사람들이 논쟁을 벌이면서 내게 그에 대한 의견을 물었다. 저자는 그 문제는 식사하면서 간명하게 대답하기가 곤란한 상당히 복잡한 문제라고만 대답했다.

우리나라에서는 공산주의를 적대시해왔다. 정부와 교육기관들은 공산주의를 비판하고 그에 반대할 것만을 교육 · 홍보했으며, 공산주의와 사회주의에 대한 정확한 지식을 공급하지 않았다. 어차피 반대할 사상이므로 그에 대한 정확한 지식은 그다지 중요하지 않다는 생각에서였을 것이다. 그 결과, 국민들은 공산주의와 사회주의에 대한 정확한 지식을 쌓을 기회가 거의 없었다.

1980년대 중반 이후 우리 사회에 사회주의계통의 서적들이 홍수처럼 많이 쏟아져 나왔으나, 그러한 독서물들은 주로 사회주의 지향적인 운동권이나 그 주변 사람들만 읽었다. 따라서 일반 국민들은 오늘날에도 사회주의와 공산주의에 대해 여전히 잘 알지 못하고 있으며, 사회주의와 관련된 용어들 앞에서 혼란을 느끼고 있다.

02 : 사회주의 등장

사회주의적 사고의 사상적 기원은 매우 오래되었다. 동서양을 막론하고 고대에서부터 인간들 간의 갈등과 투쟁으로 사회가 혼란과 고통을 겪는 시기에는 부와 재산의 사유를 없애고 공동체의 재화를 모든 구성원들에게 보다 평등하게 분배하면 인간들 간의 갈등이 쉽게 해결될 수 있다는 의견을 제시하는 사상들이 등장했다. 그러한 사상들을 '원시 사회주의'(primitive socialism)라 부른다. 오늘날 인류의 삶에 강한 영향을 미치고 있는 사회주의는 그러한 원시 사회주의가 아니라 산업혁명의 충격으로 인한 사회적 재앙들을 해결하기 위해 19세기 초부터 유럽에서 등장한 사회주의이다.

유럽에서의 산업혁명은 농민과 공인(工人: 수공업기술자)들을 토지와 공방(工房)으로부터 새로 형성된 공장지대로 이동시켰다. 공장지대로 몰려온 사람들은 열악한 주거환경과 노동조건 속에서 살게 되었고, 고용주들에 의해 무자비하게 착취당했다. 노동자들은 극도의 저임금을 받았고 그들의 거주 지역에서는 질병과 범죄가 창궐했다. 19세기 자본가들의 영향을 강하게 받고 있던 유럽의 정부들은 그러한 노동자들의 피착취와 빈곤과 질병을 노동자들 자신의 개인적인 사항으로 치부하고 그에 대해 무관심했다. 오히려 자신들의 불우한 상태를 해결하려는 노동자들의 정치적 노력을 탄압했다.

정부의 무관심 또는 탄압에도 불구하고, 산업이 발전할수록 빈곤과 질병에 시달리는 노동자들의 수는 급증하게 되고 그러한 불우한 노동자들의 증가는 노동자들 자신 혹은 노동자들의 비인간적 처지에 관심을 가지는 지식인들로 하여금 노동자들의 불우한 상태를 개선하기 위한 사회적 행동을 더욱 강렬하게 전개하도록 했다. 그러한 노동자들과 지식인들은 노동자들의 불행의 근원이 인간의 무제한적이고 경쟁적인 물욕추구와 사유재산의 절대 보호에 있다고 판단하여 그러한 근원을 제거하는 이론적 및 사회적 노력을 전개했으며, 그러한 노력을 전개하는 사람들을 사회주의자라고 부르게 되었다.

당시의 사회주의자란 '개인의 자유와 재산보다는 사회 전체의 안녕과 번영을 중요시하는 사람들'이라는 정도의 의미를 가졌던 것으로 보인다. 그러한 점에서 볼 때 초기 사회주의는 개인의 자유와 재산보다 사회 전체의 안녕과 번영을 우선적으로 생각하는 사상이며, 일차적으로 개인주의에 반대되는 사상으로 등장했던 것이라 할 수 있다. 개인주의는 자유주의와 자본주의의 근간을 이루는 요소이기 때문에, 사회주의의 개인주의에 대한 반대는 필연적으로 자유주의와 자본주의에 대한 반대로 확대되었다.

문헌상으로 '사회주의'라는 용어가 역사상 맨 처음 등장한 것은

1827년 영국에서이다. 영국의 초기 사회주의 운동가 로버트 오언(Robert Owen)은 1800년부터 구성원들이 재산을 공유하고 모두 협동하여 번영을 달성하는 협동마을(cooperative village) 건설운동을 전개했다. 오언은 당시 노동자들의 피착취와 불우한 상태가 재산사유와 경쟁원리에 입각한 경제체제 때문이라고 판단하여 재산공유와 협동원리에 입각한 경제체제를 가진 공동체를 건설하면 그러한 노동자들의 비인간적 생활을 종식할 수 있다고 주장하며 그러한 운동을 전개했다. 오언과 그의 추종자들은 자신들의 사상을 전파하기 위해 『협동조합잡지(Cooperative Magazine)』라는 기관지를 발행했다. 1827년 이 잡지에 게재된 「협동」이라는 제목의 글에서 '사회주의자들(socialists)' 이란 용어가 최초로 등장한 것으로 알려진다.

프랑스에서는 1830년대 초부터 사회주의라는 용어가 사용되기 시작했다. 프랑스의 사회이론가 클로드 생시몽(Claude-Henri Saint-Simon)이나 샤를 푸리에(Charles Fourier)의 주장을 따르는 사람들이 그 용어를 주로 사용했다. 생시몽은 인간 사회에서는 부분이 전체에 종속되어야 하는데, 당시의 사회는 개인의 자유와 재산을 절대시하기 때문에 많은 사람들을 불우하게 만든다고 주장했다. 그러면서도 그는 사회는 평등의 원칙에 입각하여 조직될 것이 아니라 개인의 실력에 따라 실력위주의 위계에 따라 조직되어야 한다고 주장했다. 푸리에는 기업주와 노동자들이 협동하는 체제를 구축하면 당시의 각종 재난이 해소될 수 있다고 주장했다.

사회주의라는 용어는 처음엔 오언, 생시몽, 푸리에 등에 의해 제시된 이론이나 실천운동의 맥락에서 사용되었다. 그들은 생산수단을 소유한 사람(자본가)들과 소유하지 못한 사람(노동자)들 간의 계급적 대립을 생각하지 않았으며, 고용주와 피고용자들이 서로 배려하고 협력하여 일하는 이상적 공동체, 즉 이상향(utopia)을 건설하게 되면 자본주의가 노출된 문제점들이 고쳐질 수 있다고 생각했다. 따라서 그들은 당시 유럽 사회를 지배하던 자본주의 질서가 다른 질서로 바뀌져야 한다고 생각했지만 그러한 변혁을 폭력을 동원해서 추진할 생각은 하지 않았다.

그들의 사회주의를 공상적 사회주의(utopian socialism)라고 한다. 한자문화권의 공산주의자들은 utopian socialism을 공상적 사회주의로 번역해왔는데, 이러한 번역은 공산주의가 '과학적' 사회주의임을 부각시키고 그에 반대되는 utopian socialism을 '공상적' 인 것으로 무시하려는 악의가 개재된 번역이다. utopian socialism은 이상향 건설을 통해 자본주의사회를 사회주의사회로 대체하려는 사회주의이기 때문에 '이상향 사회주의' 로 번역하는 것이 보다 타당하다. 그러나 우리나라에서는 그것을 통상 공상적 사회주의로 번역하고 있기 때문에 이 글에서는 번잡을 피하기 위해 공상적 사회주의라는 용어를 수용한다.

비슷한 시기에 사회주의라는 동일한 명칭 하에서 활동한 지식인과 노동운동가들 가운데는 오언이나 생시몽의 추종자들과는 다른 사고 경향을 가진 사람들도 있었다. 특히 프랑스에 그러한 사람들이 많았으며, 그 대표적인 인물이 루이 블랑키(Loiuis-Auguste Blanqui)이다. 블랑키와 그의 추종자들은 자본가와 노동자 간의 협력은 이루어질 수 없으며 사회가 평등의 원리에 입각하여 개조되어야 노동자의 불행이 사라진다고 주장했다. 그들은 18세기 말 파리에서 활약했던 평등주의 혁명가 프랑스와 바뵈프(Francois Babeuf)의 사상을 계승한 사람들이다.

프랑스혁명의 과격파 지도자 막시밀리앙 로베스피에르(Maxmillien de Robespierre)의 추종자였던 바뵈프는 평등인협회라는 비밀결사를 만들어 활동했다. 바뵈프와 그의 동지들은 토지사유 부정, 불로소득의 부정, 부의 불평등 거부, 노동의 의무, 재화의 공유, 평등 공화국의 건설 등을 촉구하는 내용의 「평등인 선언(Manifesto of Equals)」을 작성하기도 했다(그 선언은 공식적으로 발표되지 않았고, 바뵈프가 체포된 후 검찰 측 기소자료로만 제시되었다).

바뵈프는 1796년 5월 쿠데타를 기도하다가 거사 직전 체포되었다. 그는 법정 진술을 통해 진실한 사회에서는 빈부의 차이가 없어야 하며, 혁명의 목적은 모든 불평등을 타파하고 만인의 복지를 확립하는데 있는 것인데, 프랑스혁명은 자유를 위한 혁명에 그쳤으므로 평등을 위한 혁명이 일어나야 한다고 주장했다. 브랑키 등은 이러한 바뵈프의 사상을 실천하기 위한 활동을 사회주의의 간판 아래 전개했던 것이다.

1840년대까지도 사회주의는 정연한 경제 · 정치이론과 행동강령을 가진 사상이 아니라, 다양한 때로는 상충하는 관념들이 뒤섞인 잡탕과 같은 것이었다. 사회주의는 어떤 사람들에게는 복지를 추구하는 국가자본주의를 의미하기도 하고, 어떤 사람들에게는 생산자들의 협동체나 협동적 공동체 혹은 평등주의 국가를 의미하기도 했으며, 어떤 이들에게는 평화적 진보, 인간애, 해방 등을 의미했고, 어떤 이들에게는 혁명적 파괴와 유혈적 탄압을 의미하기도 했다.

당시 유럽에 등장한 다양한 사회주의적 주장들은 구체적인 내용에 있어서 상이한 점이 있었지만, 자본주의 질서가 잘못된 것이며 자본주의 질서 속에서 발생한 인간들의 불행을 해결하기 위해서는 자본주의 질서가 질적으로 변화되거나 자본주의 질서를 대체할 새로운 질서가 강구되어야 한다고 주장하는 점에 있어서는 공통되었다.

03 : 공산주의 등장

공산주의(communism)라는 용어는 1830년대 말 프랑스의 비밀 혁명단체들이 사용하기 시작했다. 공산주의는 사회주의자들 가운데서 보다 혁명적인 경향의 사람들이 선호하는 용어였다. 공산주의라는 용어가 널리 알려지게 된 것은 칼 마르크스(Karl Marx)와 프리드리히 엥겔스(Friedrich Engels)가 「공산당 선언(Communist Manifesto)」을 발표하면서부터이다. Communist Manifesto를 '공산당 선언'으로 번역하는 것은 당시 공산당이라는 당명을 가진 정당이 존재하지 않았다는 점을 고려하면 타당한 번역이라고 말할 수 없다. '공산주의 선언'이나 '공산주의자 선언'이라고 번역하는 것이 보다 타당할 것이다. 그러나 우리 사회에서 '공산당 선언'으로 번역되어 왔기 때문에 이 글에서는 번잡을 피하기 위해 그러한 번역을 수용했다.

'공산당 선언'은 당시 유럽의 혁명적 사회주의자들의 소규모 국제적 비밀 조직인 '공산주의자 동맹'의 강령으로 작성되었다. 19세기 전반기 유럽의 다양한 사회주의의 조류들 가운데서 바뵈프의 전통을 계승한 조류를 따르는 마르크스와 엥겔스는 당시의 사회주의의 주류와 자신들의 입장을 구분하기 위해 사회주의가 아닌 다른 정치 용어를 필요로 했다. 그래서 그들은 자기들을 사회주의자가 아닌 공산주의자로 자칭했고, 1848년에 발표(1847년에 작성)한 자기네 그룹의 노선을 천명한 선언문을 '사회주의자' 의 선언이 아닌 '공산주의자' 의 선언으로 명명한 것이다.

공산당 선언이 발표된 지 40여 년이 지난 뒤인 1890년 공산당 선언의 독일어 판 서문에서 엥겔스는 자기와 마르크스가 공산당 선언을 작성하던 시기를 회고하면서 '선언' 의 명칭을 '공산당 선언' 이라고 하게 된 데 대해 다음과 같이 설명했다.

" '선언' 이 처음 나왔을 때 우리는 그것을 사회주의 선언으로 부를 수는 없었다. 1847년에 사회주의자로 간주된 사람들은 두 가지 종류가 있었다. 한편으로는 여러 가지 공상적 체계의 신봉자, 특히 영국의 오언주의자들과 프랑스의 푸리에주의자들이 있었는데, 당시에는 이미 양자 모두 일개 분파들로 축소되어 점차 사라져가고 있었다. 다른 한편으로는 자본과 이윤에는 전혀 손상을 가하지 않고 자신들의 만병통치약과 온갖 잡동사니로 사회적 병폐를 제거하고자 하는 잡다한 유형의 사회적 돌팔이의 사들이 있었다. 양자 모두 노동운동의 바깥에 있으면서 오히려 '교육받은' 계급들에게서 지지를 구하고자 하는 사람들이었다. 그러나 사회의 근본적 개변을 요구하는 노동계급의 일파는 단순한 정치적 혁명만으로는 불충분하다고 믿었으며 이들은 자신들을 공산주의자라고 자칭했다. … 1847년에는 사회주의란 곧 부르주아운동을 뜻했으며 공산주의는 노동계급운동을 뜻했다. 사회주의는 적어도 대륙에서는 상당히 존중되었으나 공산주의는 정반대였다. 우리는 이미 그 당시에도 '노동자의 해방은 노동계급 자신의 행동이어야 한다' 는 견해를 가지고 있었으므로 두 가지 이름 가운데 무엇을 택해야 할지에 대해서 망설일 이유가 없었다."

이처럼 마르크스와 엥겔스는 공산주의와 사회주의를 다르게 생각했고, 공산당 선언에서도 당시 유럽의 여러 사회주의 조류들 가운데 공산주의를 제외한 여타 사회주의 조류들을 비판했다. 그들은 당시 공산주의와 구별되는 여타 사회주의들을 반동적 사회주의(reactionary socialism), 보수적 사회주의 또는 부르주아 사회주의(conservative socialism or bourgeois socialism), 비판적-공상적 사회주의(critical-utopian socialism) 등 3가지로 분류하여 비판했다.

그들에 따르면, '반동적 사회주의' 는 봉건체제로의 복귀에 근본 목적을 두고 있으면서 부르주아지가 지배하는 자본주의체제를 비판하고 자본주의하에서의 노동자들의 비참한 상황을 고발하는 사회주의로서, 귀족 · 기독교성직자 · 쁘띠 부르주아지 및 독일 관념철학자들이 추진하는 사회주의 노선이 그에 속한다. '보수적 사회주의' 는 부르주아사회의 지속을 위해 노동자계급의 경제적 빈곤을 해결하기 위한 경제적 대책만을 추구하는 사회주의로서, 자본가계급에 속하는 경제학자, 박애주의자, 인도주의자 등이 추진하는 사회주의 노선이 그에 속하며, 그 대표적인 사례가 피에르 프루동(Pierre-Joseph Proudhon)이 주장하는 사회주의 노선이다. '비판적-공상적 사회주의'는 노동자계급의 이익을 위해 노력하지만, 노동자계급과 자본가계급 간의 계급적 적대성을 파악하지 못한 채 계급 간의 협력을 주장하며, 노동자계급의 이익을 위한 정치적 활동을 전개하되 혁명적 활동은 거부하고 평화적 수단에만 의존하는 사회주의로서, 오언, 생시몽, 푸리에 등이 추구하는 사회주의 노선이 그에 속한다.

마르크스와 엥겔스는 위에서 거론한 사회주의 조류들은 모두 노동자계급의 해방을 가져올 수 없는 것들이라고 비판했다.

그렇다면 마르크스와 엥겔스는 무엇을 기준으로 공산주의와 사회주의를 구분했을까? 그들은 「공산당 선언」에서 사회주의와 공산주의의 차이를 명료하게 제시하지는 않았다. 그러나 「선언」의 전체 내용에 비추어 보면, 그들은 노동자계급과 자본가계급 간의 적대성을 파악하고 사유재산의 폐지를 단호하게 추구하며 그를 위해서는 비평화적인 정치투쟁도 불사한다는 입장을 공산주의로 규정하고, 자본주의를 비판하고 노동자계급의 이익을 위해 노력하면서도 사유재산의 폐지를 단호하게 추구하지 않고 노동자계급의 이익을 위한 투쟁을 전개하면서도 노동자계급과 자본가계급의 협조를 추구하면서 비정치적이며 평화적 수단에만 의존하려는 여러 입장들을 사회주의로 규정한 것으로 보인다.

마르크스와 엥겔스는 이처럼 공산주의와 사회주의를 구분하면서도 「선언」의 어떤 부분에서는 사회주의와 공산주의를 동의어처럼 사용하기도 했다. 생시몽, 푸리에, 오언 등의 노선을 비판하면서 그들의 노선을 '비판적-공상적 사회주의와 공산주의'(critical-utopian socialism and communism)라고 표현했다. 마르크스와 엥겔스의 이처럼 혼란스러운 용어 사용이 그들의 추종자들로 하여금 사회주의라는 용어에 대해 비판적인 마르크스의 입장과는 달리 사회주의와 공산주의를 동의어처럼 사용하게 만든 것으로 보인다.

사회주의에 대해 부정적인 생각을 가지고 있는 마르크스는 「선언」 이후의 저작들에서도 사회주의라는 용어는 항상 비판적 맥락에서 사용했다. 그럼에도 불구하고 대부분의 마르크스주의자들과 여타 노동계급운동의 대변자들은 사회주의와 공산주의라는 두 용어를 동의어 혹은 호환적인 용어로 사용했으며, 공산주의라는 용어보다는 사회주의라는 용어를 훨씬 많이 사용했다. 사정이 그렇게 되자, 마르크스 자신도 말년에 가서는 사회주의라는 용어를 긍정적으로 수용하면서 공산주의와 사회주의의 차이를 발전단계의 차이로 정리했다. 마르크스는 노동자계급이 자본가계급을 타도하는 혁명 직후에 등장하는 체제가 사회주의이고, 그 사회주의가 한 단계 더 발전 · 성숙한 것이 공산주의라고 정리했다.

마르크스에 따르면, 사회주의사회와 공산주의사회는 본질적으로 동일한 사회유형에 속하면서도 다음과 같은 3가지 차이를 나타낸다. 첫째, 사회주의사회는 부르주아사회의 사상적 · 도덕적 잔재가 완전히 사라지지 않은 사회로서 사람들의 사상개조와 혁명화 · 노동계급화가 필요한 사회인데 반해 공산주의사회는 모든 구성원들이 공산주의혁명가로 개조되고 부르주아사회의 모든 사상적 · 도덕적 잔재들이 청소되고 공산주의사상이 충만한 사회이다. 둘째, 사회주의사회는 생산력의 발전이 충분히 고도화되지 못하여 사람들이 능력에 따라 일하고 일한 만큼 분배받는 사회인데 반해, 공산주의사회는 생산력의 발전이 충분히 고도화되어 사람들이 능력에 따라 일하고 필요에 따라 분배받는 사회이다. 셋째, 사회주의사회는 노동의 본질적 차이를 완전히 해소하지 못한 사회인데 반해, 공산주의사회는 산업운영의 과학화와 구성원들의 지식 및 기술의 향상으로 인해 모든 노동의 차이가 해소되어 사람들이 누구나 자기가 좋아하는 노동을 하는 사회이다.

그러나 이러한 사회주의와 공산주의의 구분은 공산주의자들에게만 의미가 있을 뿐, 공산주의에 반대하는 자유주의-자본주의자들에게는 별 의미가 없다. 사회주의혁명이 성공한 후 수립된 체제가 사회주의건 공산주의건 간에 그 체제는 반자본주의-반자유주의적이라는 점에서는 완전히 동일하기 때문이다.

04 : 사회민주주의와 민주사회주의

사회민주주의(social democracy)와 민주사회주의(democratic socialism)라는 용어는 이미 1840년대에 프랑스에서 사용되었다. 이러한 사실은 1847년 프랑스에 망명 중이던 마르크스와 엥겔스가 작성한 「공산당 선언」에 그러한 용어들이 등장하고 있는 데서 확인된다. 마르크스는 「선언」에서 공산주의자들이 프랑스에서는 사회민주주의자들과 동맹을 맺었고, 스위스에서는 급진주의자들을 지지했으며, 스위스 급진주의자들의 일부는 민주사회주의자들이다라고 말했다. 이는 마르크스와 엥겔스가 「선언」을 작성하던 시기(1847년)부터 공산주의자-사회주의자와 구별되는 노선을 가진 사회민주주의 및 민주사회주의라는 용어들이 사용되고 있었음을 말해주는 것이다.

그러나 그 당시 사회민주주의나 민주사회주의가 오늘날 그것들이 갖는 의미와 동일한 의미를 가졌었는지는 불확실하다.

'사회민주주의' 라는 용어는 1848년 무렵부터 독일에서 널리 사용되기 시작했다. 19세기 중반 유럽대륙 특히 독일을 비롯한 중부와 동부의 유럽에서는 민주주의라는 용어의 대중적 호소력이 사회주의라는 용어의 대중적 호소력보다 강했던 것 같다. 그 지역에서는 민주주의의 발전이 상대적으로 저조했기 때문이었을 것이다. 그래서 유럽대륙의 사회주의자들은 자기들의 노선이 보다 강한 대중적 호소력을 갖도록 하기 위해 사회주의와 민주주의를 합친 사회민주주의란 명칭을 채택했던 것 같다. 당시 독일을 비롯한 중부 유럽 및 동부 유럽에서는 사회주의와 사회민주주의가 동일한 의미로 사용되었다. 반면에 사회주의운동의 선진국인 영국과 프랑스에서는 20세기 중반까지 사회민주주의라는 용어는 별로 사용되지 않았다.

'사회주의' 라는 용어에 대해 부정적인 생각을 가지고 있었던 마르크스는 사회민주주의에 대해서는 한층 더 비판적이었다. 마르크스는 사회민주주의를 프롤레타리아트의 사회적 요구에서 혁명적 요체가 빠지고 쁘띠 부르주아지의 민주적 요구에서 사회적 요소가 강조된 것뿐이라고 비판했다. 그는 또 사회민주주의의 본질적 특성은 노동자계급과 자본가계급 간의 적대성을 완화시키고 그것을 화해로 이끌려는데 있다고 지적했다. 마르크스에게 있어서 사회민주주의는 쁘띠 부르주아지의 운동노선일 뿐 결코 노동자계급의 혁명노선이 아니었다. 엥겔스도 훗날 사회민주주의는 공산주의를 추구하는 정당에는 부적합 명칭이라고 말했다.

마르크스 같은 이론가들은 용어 사용에 있어서 이론적 엄밀성을 추구하지만 실천운동가들은 그러한 이론적 엄밀성을 가볍게 생각했던 것 같다. 마르크스가 그 용어에 대해 강한 거부감을 표명했음에도 불구하고 마르크스를 추종한다는 대부분의 실천운동가들은 사회민주주의라는 용어를 애용했으며, 마르크스도 그것을 저지하지 못했다. 당시 독일을 비롯한 중 · 동부 유럽의 사회민주주의자를 자처하는 노동운동세력은 자기들이 마르크스의 노선에 충실한 것으로 생각했고 마르크스도 그러한 사회민주주의자를 자칭하는 노동운동세력이 자기를 사상적 지도자로 받드는 것을 거부하지 않았다.

독일의 마르크스주의 추종세력은 1860년대 중반에 독일사회민주주의당(SDP)을 결성했다. 이 정당은 당시 세계 최대의 노동계급정당이었다. 그 이후 중부 및 동부 유럽의 노동계급 정당들은 거의 모두 '사회민주주의' 당이라는 당명을 채택했다. 레닌을 비롯한 러시아 공산주의자들이 참여한 정당의 명칭도 사회민주주의당이었다.

사회민주주의가 마르크스주의와 완전히 다른 노선을 의미하게 된 것은 마르크스가 사망한 후 10년 정도 지난 뒤인 1890년대 후반 독일의 사회민주주의자 에두아르드 베른슈타인(Eduard Bernstein)이 마르크스 이론의 핵심내용을 비판하고 사회주의운동의 새로운 노선을 제시하면서부터였다.

독일사회민주당의 간부이자 한 때 엥겔스의 비서이기도 했던 베른슈타인은 19세기 말의 유럽의 경제 · 정치상황이 마르크스의 예언과 맞지 않게 전개되고 있음을 깨달았다. 마르크스는 인류의 역사는 계급투쟁의 역사이며, 생산수단을 어떤 계급이 소유하느냐에 따라 원시공산사회 → 노예사회 → 봉건사회 → 자본주의사회로 필연적으로 진보해왔고, 19세기 유럽의 자본주의는 경제위기가 심화되는 가운데 자본가계급과 노동자계급 간의 계급투쟁에서 노동자계급이 승리함으로써 사회주의사회로 '진보' 할 것이라고 주장했다. 그러나 마르크스가 「선언」을 발표한 1848년 이후 유럽의 자본주의 경제는 전반적으로 번영을 지속했고, 자본가들의 계몽으로 인해 노동자들의 노동조건과 실질임금 및 생활수준이 점진적으로 향상되었다. 또한 많은 유럽국가들에서는 보통선거권이 도입되어 노동자들도 선거권을 가지게 되었다. 뿐만 아니라 노동조합에 대한 억압도 해소되고 노동조합의 영향력도 강해졌다. 19세기 말에 이르러 유럽의 국가들은 대부분 복지국가적 지향성을 나타내기 시작했다. 이러한 유럽의 상황은 마르크스의 예언이 빗나갔음을 말해주었다.

마르크스의 예언이 빗나갔다고 판단한 베른슈타인은 사회민주당 기관지에 노동계급이 계급투쟁에서 승리하여 자본주의가 필연적으로 해체될 것이라는 마르크스의 예언이 빗나갔음을 지적하고 사회주의운동의 새로운 방향을 제시하는 글들을 기고했다. 그 글들에서 베른슈타인은 부르주아 민주주의를 폐지하고 진정한 사회주의체제로 전환시키는데 있어서 폭력혁명은 더 이상 필요불가결한 것이 아니며, 선거나 의회와 같은 기존제도들을 이용하여 사회주의적 개혁을 선동하고 생산관계와 소유양식을 점진적으로 수정함으로써 궁극적으로 사회주의의 이상이 합법적이고 평화적인 수단으로 달성할 수 있다고 주장했다. 베른슈타인은 당 기관지에 발표했던 글들을 모아 1899년에 『진화적 사회주의(Evolutionary Socialism)』라는 제목의 책으로 출판했다. 마르크스의 혁명노선을 계승한 자들은 그 책에 내포된 베른슈타인의 주장(베른슈타인의 주장에 대한 구체적인 설명은 이 책의 11장에 서술되어 있다)에 대해 수정주의(revisionism)라고 비판했다.

독일 사민당은 당시의 당 노선투쟁에서는 베른슈타인의 노선을 수정주의로 비판하고 마르크스주의적 혁명노선을 고수했다. 그러나 20세기에 들어와서 독일사민당의 노선은 점차 베른슈타인의 개량주의적 노선으로 기울어졌고, 이로 인해 사회민주주의는 공산주의와 결별하게 되었다. 그때부터 혁명을 거부하고 개량주의적 노선을 취하는 사회주의자들이 사회민주주의자로 호칭되고, 개량주의를 거부하고 혁명노선을 고수하는 사회주의자들이 공산주의자로 호칭되었다.

사회민주주의와 공산주의의 결별은 1917년 러시아에서의 볼셰비키혁명 이후 확연해졌다. 러시아혁명의 지도자 레닌은 사회민주주의라는 명칭은 과학적으로 볼 때 잘못된 것이며, 사회주의를 배반한 자들만이 사회민주주의라는 용어에 집착한다고 비난했다. 그러한 레닌의 주장에 따라 러시아의 혁명적 사회주의자들은 1917년 혁명이 성공한 다음 해에 자기들의 정당 이름을 종전의 사회민주당에서 공산당으로 바꾸었다. 독일에서도 혁명적 사회주의자들이 1918년 사민당에서 떨어져 나와 독일공산당을 결성했다. 전 세계적 차원에서의 사회민주주의와 공산주의의 결별은 1919년부터 분명해졌다. 그해 소련공산당은 전 세계 사회주의혁명운동세력의 국제적 조직으로 사회주의자들의 제3인터내셔널, 즉 코민테른(COMINTERN: Communists International)을 조직했으며, 사회민주주의세력은 이 조직에 불참하거나 참여한 후 탈퇴했다. 이후 사회민주주의는 사회주의 전통을 올바로 계승하지 않았을 뿐만 아니라 본질적으로 반동적이고 반혁명적인 노선이라고 공산주의자들에 의해 매도되었다.

공산주의와 결별한 사회민주주의는 시간이 갈수록 더욱 우경화되어 2차 세계대전 종전 후에는 사회주의로의 전환을 포기하고 자본주의의 틀 속에서 의회민주주의와 혼합경제를 받아들이는 정치개혁노선이 되었다. 이러한 의미의 사회민주주의 노선을 가장 분명하게 천명한 이론가는 영국의 앤서니 크로스랜드(Anthony Crosland)이다. 그는 1956년에 출간한 『사회주의의 미래(The Future of Socialism)』에서 경제를 장악하려는 사회주의의 이념은 더 이상 필요하지 않으며, 정부의 국유화정책과 케인즈주의적 경제정책의 결합은 사회주의정부가 자본주의로 하여금 인민을 위해 봉사할 수 있도록 경제를 통제하는데 충분한 수단을 제공한다고 주장했다. 그에 의하면, 공동소유보다 평등이 사회주의의 기본적 가치이며 평등은 모든 사회구성원에 대한 좋은 교육, 완전고용의 실현, 빈곤과 질병의 추방 등을 통해 달성될 수 있으며, 자유기업제도가 생산한 부를 가지고 사회서비스를 개선하고 평등을 확대하는데 이용할 수 있기 때문에 자본주의는 더 이상 맹목적인 파괴의 대상이 되어서는 안 된다는 것이다.

이렇게 해서 사회민주주의는 대체로 사회주의와 자유주의의 중간 노선 보다 정확하게 말하면 사회주의와 자유주의 좌파의 중간에 위치하는 노선이 되었다.

사회민주주의와 공산주의라는 두 용어는 이처럼 완전히 적대적 결별을 한 후에도 사회주의라는 용어를 중간에 두고 '이상한 동거'를 지속해왔다. 사회민주주의자도 자신을 사회주의자로 불렀고, 공산주의자도 자신을 사회주의자로 부르는 것을 거부하지 않은 것이다.

'민주사회주의'라는 용어는 앞서 지적한 바와 같이 프랑스에서는 1840년대부터 사용되었으나 19세기에는 그다지 널리 사용되지 않았다. 1888년 영국의 소설가이자 개량주의적 사회주의자인 조지 버나드 쇼(George Bernard Shaw)는 사회민주주의적 개량주의의 의미로 민주사회주의라는 용어를 사용했다. 1890년대에는 베른슈타인도 이 용어를 사용했고, 1차 세계대전 후에는 루돌프 힐퍼딩(Rudolf Hilferding)이 이 용어를 많이 사용했다. 그들은 당시 민주사회주의를 사회민주주의와 큰 의미 차이가 없는 용어로 사용했다. 그러나 사회민주주의와 민주사회주의를 호환적 동의어로 사용하는 것은 다른 사람들에 의해 널리 받아들여지지 않았다.

민주사회주의라는 용어가 널리 사용된 것은 2차 세계대전 이후의 일이다. 민주사회주의라는 용어의 사용은 2차 세계대전 이후 두 갈래에서 전개되었다.

하나의 갈래는 의회민주적 방법에 의해 사회주의를 실현하려는 노선으로 사용되었다. 2차 세계대전 후 서구 사회주의자들 사이에서는 소련의 스탈린주의, 즉 독재적 사회주의에 대한 비판이 고조되었다. 그에 따라 일부 사회주의자들은 볼셰비키들이 실천하고 있는 것과 같은 독재적 사회주의에 대해 비판적인 동시에, 개량주의에 머무르지 않고 계급투쟁을 통해 자본주의사회를 사회주의사회로 전환시킬 것을 추구하는 노선을 천명하기 위해 '민주사회주의' 라는 용어를 사용했다. 다시 말해서 공산주의와 사회민주주의의 중간에 위치한 노선으로 민주사회주의를 표방한 것이다.

이 때의 민주사회주의는 의회민주주의를 존중한다는 점에서는 사회민주주의와 공통점이 있고, 궁극적으로 사회주의사회로의 전환을 추구한다는 점에서는 공산주의와 공통점이 있다. 1970-80년대 유럽에서 유행한 유로콤뮤니즘(Eurocommunism)의 노선도 민주사회주의라고 할 수 있다. 소련과 동구에서 독재적 사회주의체제가 붕괴된 후 그 지역에서 과거 공산당에 참여했던 사회주의자들은 대체로 민주사회주의 노선으로 전향했다.

이러한 민주사회주의는 대체로 안토니오 그람시(Antonio Gramsci)의 혁명전술이론을 많이 원용하고 있으며, 다원주의를 인정한다. 서유럽에서 지난날 공산당에 참여하지 않았던 민주사회주의자들 가운데 독일의 민주사회주의자들은 사회민주당과 다른 별도의 정당, 즉 녹색당을 결성했고 여타 국가의 민주사회주의자들은 정당의 결성보다는 여성운동이나 환경운동 등과 같은 사회운동에 주력하고 있다.

다른 하나의 갈래는 사회민주주의 진영에서도 공산주의에 대한 반대 경향이 더욱 강한 세력, 즉 반공적 사회민주주의세력이 자신들의 노선의 명칭으로 민주사회주의를 선호한 것이다. 그들은 공산주의 독재에 반대한다는 자기들의 입장을 강조하기 위해 '민주'를 앞에 내세운 명칭인 민주사회주의라는 용어를 선호했다. 그들의 민주사회주의는 마르크스의 역사해석 및 경제이론과 혁명노선을 보다 분명하게 포기하고, 사상적 다양성과 시장경제를 적극적으로 수용하며, 노동계급의 이익은 옹호하되 계급투쟁에는 소극적 자세를 취하는 노선이다.

05 : 어쩔 수 없는 용어혼란

이론상으로 볼 때, 사회주의는 자본주의체제를 사회주의체제로 전환시킬 것인지 여부를 놓고 두 개의 노선으로 갈라진다.

첫째는 자본주의사회에서의 노동자들의 고통은 자본주의체제 자체 때문이 아니라 착취적 자본가들 때문이며, 노동자들의 적(敵)은 자본주의가 아니라 착취적 자본가들이므로 자본주의체제 속에서도 자본가들의 노동자 착취를 금지하고 소득재분배를 과감하게 전개하면 노동자들의 삶의 조건을 개선할 수 있다고 믿는 노선이다. 이 노선을 통상 사회민주주의로 호칭한다.

둘째는 자본주의 체제하에서의 노동자들의 불행이 개개 고용주의 탐욕이나 지배 엘리트의 음모 때문에 초래된 것이 아니라 자본주의 체제의 본질 때문이므로 노동자들의 불행을 해소하기 위해서는 자본주의체제를 사회주의체제로 전환해야 한다고 믿는 노선이다. 이 노선은 그 체제 전환을 추진하는 수단을 놓고 다시 두 개의 노선으로 갈라진다. 하나는 의회민주주의와 법질서를 존중하면서 민주적이고 평화적인 수단만을 사용해서 점진적으로 전환해야 한다는 노선이다. 다른 하나는 자본계급을 상대로 한 노동계급의 계급투쟁을 확대하여 의회민주주의나 기존의 법질서를 무시하고 비민주적이고 폭력적인 수단도 사용해서 혁명적으로 전환해야 한다는 노선이다. 전자가 민주사회주의이고, 후자가 혁명적 사회주의(revolutionary socialism), 곧 공산주의 또는 마르크스-레닌주의이다. 반공 성향이 강한 국가에서 활동하는 공산주의자들은 자기들에 대한 대중의 반감을 약화시키기 위해 자기들을 지칭하는 용어로 공산주의자 보다는 혁명적 사회주의자를 선호한다.

이제까지 세계 각지에서 사회주의운동을 전개해온 세력들은 이러한 이론적 정리를 그대로 받아들이지 않았다. 실천가들은 이론적 엄밀성 보다 대중의 보다 많은 지지를 확보하려는 전술적 필요에 입각하여 용어를 사용하기 때문이다. 그래서 내용이 같은 것을 다른 용어로 지칭하거나 내용이 다른 것을 같은 용어로 지칭하는 일이 생기고 따라서 용어의 의미를 해석하는 데 혼란이 생기게 되었다.

이론적으로 보면, 사회주의는 위에서 설명한 3가지 노선을 모두 포괄하는 명칭이며, 공산주의는 사회주의의 3개 유형 가운데 하나일 뿐이다. 따라서 사회주의와 공산주의는 내용 면에서 공통점을 가지고 있으면서도 분명한 상이점을 가지고 있는 상이한 노선이다. 그러나 공산주의자들은 사회주의와 공산주의를 본질적으로는 동일하면서 발전 정도의 차이가 있을 뿐인 것으로 해설한다.

사회민주주의는 19세기 후반부터 20세기 초까지는 민주사회주의와 공산주의를 모두 포괄하는 용어이다가, 오늘날에 와서는 공산주의 및 민주사회주의와 다른 의미를 가진 용어가 되었다. 일부 사회주의자들은 사회주의의 범주에서 사회민주주의를 제외하기도 한다. 사회주의사회로의 전환을 포기한 사회민주주의는 더 이상 사회주의가 아니라는 것이 그들의 생각이다.

그런가 하면, 1950년대 이후 서구의 사회민주세력 가운데 반공 성향이 보다 강한 일부 사회민주주의자들이 자신들의 노선을 지칭함에 있어서 사회민주주의라는 용어보다 민주사회주의라는 용어를 선호함으로써, 민주사회주의는 민주적인 수단으로 자본주의체제를 사회주의체제로 전환할 것을 추구하는 노선을 의미할 때도 있고, 사회주의체제로의 전환을 아예 포기한 가운데 노동자들의 삶의 조건 개선과 사회적 평등을 추진하는 노선을 의미할 때도 있게 되었다. 이러한 용어 혼란으로 인해 오늘날 사회민주주의는 공산주의자들이 적과 대중을 상대로 자기들의 정체를 속이기 위한 '보호색적 용어'로 동원되기도 하고, 동시에 좌익진영 내부의 파벌투쟁에서 공산주의자들이 혁명성이 약한 반대파를 매도하기 위한 '비방적 용어'로 동원되기도 한다.

이러한 혼란에도 불구하고 자본주의체제 변혁을 추구하지 않는 사회주의 노선을 사회민주주의로, 자본주의체제 변혁을 의회민주주의 방법을 추진하려는 사회주의 노선을 민주사회주의로, 자본주의체제 변혁을 불법 폭력 행사도 불사하는 과격한 방법으로 추진하는 사회주의 노선을 혁명적 사회주의(공산주의)로 각각 호칭하는 것이 상대적으로 높은 타당성을 갖는다는 것이 저자의 생각이다.

Chapter

11

수정주의와
수정주의적 역사기술

01 : 두 개의 수정주의

수정주의(revisionism)라는 용어가 우리나라 언론매체에 소개된 것은 1950년대 말부터이다. 중 · 소 사상분쟁(ideological conflict)에서 중국 공산정권 지도자들이 소련 공산정권의 정책을 '수정주의'라고 비판한다는 외신 보도를 통해 수정주의라는 용어가 소개된 것이다. 물론 그전에도 이 나라의 사회주의자들은 그 용어를 잘 알고 있었지만, 수정주의란 용어를 사용할 입장에 있는 공산주의자들이 지하에 숨어있거나 변신을 하고 있었기 때문에 그 용어를 대중 앞에서 사용하지 않았다.

중 · 소 사상분쟁에 관한 외신 보도 속에 등장하는 수정주의라는 용어는 1970년대 미 · 중 화해가 본격화되면서 점차 꼬리를 감추었다. 그러다가 1980년대 초반부터 한국 언론매체에는 수정주의라는 용어가 다시 자주 등장했다. 이번에는 사회주의세력 내부의 사상투쟁 용어가 아닌 역사서술 관점을 지칭하는 용어로 등장했다. 1980년대 초반 우리나라 언론매체에 수정주의라는 용어가 등장하게 된 계기는 미국의 한국사 연구자 브루스 커밍스(Bruce Cumings) 저서들의 소개이다.

해방전후사 및 6 · 25전쟁을 다룬 커밍스의 저서들은 해방 당시 한반도에서는 민중의 뜻에 따라 사회주의혁명이 성공할 상황이었는데 북한에서만 그것이 성공하고 남한에서는 미국 때문에 그것이 실패했으며, 그로 인해 남、북한이 분단되었고, 남한에서 민중의 뜻에 따른 사회주의혁명을 저지한 것이 6 · 25전쟁의 원인이 되었으며, 그러한 점에서 6 · 25전쟁은 민족해방전쟁이라는 등의 내용을 담고 있다. 그러한 내용이 담긴 커밍스의 저서들을 국내에 소개하는 일부 학자들은 커밍스의 그러한 한국현대사 서술 관점을 수정주의라고 소개했다. 그 후 국내에서 커밍스의 저서가 많이 보급되고 그에 추종하는 사람들이 많아지면서 수정주의라는 용어도 널리 사용되었다. 간혹 '수정주의 사관' 이란 용어로도 사용되었다.

그때부터 한국현대사와 관련된 수정주의와 사회주의세력 내부의 사상투쟁 용어로서의 수정주의가 구별 없이 사용되어 사람들을 혼란스럽게 만들었다. 양자는 사상 경향 면에서는 정반대의 지향성을 가지고 있음에도 불구하고 동일한 명칭으로 사용되고 있으니 보통 사람들의 경우 인식의 혼란이 불가피할 수밖에 없다.

수정주의라는 용어로 인한 일반인들의 인식혼란을 바로잡기 위해서는 수정주의라는 용어가 세계 사상계에서 처음 등장하게 된 과정부터 명확하게 파악할 필요가 있다.

02 : 베른슈타인과 수정주의

수정주의라는 용어는 19세기 말 독일 사회주의자들의 사상투쟁에서 맨 처음 사용되었다. 사회주의자들 가운데 이 용어를 맨 처음 사용한 사람은 독일의 사회주의자 칼 카우츠키(Karl Kautsky)이다. 19세기 말과 20세기 초 독일사회민주당의 정통파 마르크스주의 이론가로 활약한 카우츠키는 사회민주당의 비정통파 이론가인 에두아르드 베른슈타인(Eduard Bernstein)과 이론투쟁을 전개하면서 베른슈타인의 비혁명적 사회주의 노선을 마르크스주의의 핵심적 부분에서 이탈한 수정주의라고 비판했다. 이후 공산주의자들은 같은 사회주의진영 내에서 자기들에 반대되는 주장을 하는 파를 비판하는 데 수정주의라는 용어를 애용했다.

세계 사회주의운동에서 수정주의 논쟁을 유발한 핵심인물인 베른슈타인은 철도기사의 아들로 태어나 은행의 사무원으로 일했던 노동자로서 20대 초반부터 독일사회민주당에 가입, 사회민주당 베를린지부의 저명한 당원이 되었다. 그는 독일에서 사회주의자들에 대한 탄압이 강화되던 1870년대 후반 영국으로 망명했다. 그는 1901

년까지 영국에서 망명생활을 하면서 독일의 사회주의혁명운동을 지원했으며, 한때는 엥겔스의 비서로서 『사회민주주의자』라는 잡지의 편집 활동에 참여하기도 했다.

베른슈타인은 1883년 런던에서 비폭력적이고 점진주의적인 사회주의운동을 전개하는 영국의 사회주의 지식인들에 의해 창립된 패비언협회(Fabian Society)의 사람들과 자주 교류하면서 그들의 영향을 받아 종전의 폭력혁명 노선으로부터 이탈하기 시작했다. 그는 또 영국의 노동운동이 혁명적 방법이 아닌 의회민주주의적인 방법을 통해 노동자들의 권익을 향상시키고 있는 사실과 고국 독일에서 1890년대의 경제번영으로 인해 노동자들의 소득과 생활 수준이 향상되고 있는 사실로부터 패비언협회의 노선이 정당하다는 것을 확인했다.

그래서 베른슈타인은 망명지 영국에서 얻은 경험과 교훈, 그리고 고국 독일에서 전개되고 있는 상황을 토대로 하여 1896년부터 독일 노동운동이 새로운 방향을 모색할 것을 촉구하는 논설들을 독일사회민주당의 기관지격인 『신시대』에 기고했다. 그리고 1899년에 그 논설들을 묶어서 『사회주의의 전제와 사회민주당의 임무』(영어로는 『진화적 사회주의』라는 도서명으로 번역 출판됨)라는 책을 발행했다.

베른슈타인은 자신의 논설과 책에서 유럽의 자본주의국가들에서 자본주의의 필연적 위기는 나타나지 않았고, 독점자본은 생산의 위기에 대응하는 탄력성을 나타내면서 제국주의적 팽창을 잉여가치의 안전판으로 이용하고 있으며, 노동계급의 빈곤은 확대되지 않고 오히려 소득이 증대되었으며, 중산층이 몰락하기는커녕 오히려 확대되었으며, 농민도 사라지지 않았다고 분석하면서, 이러한 유럽의 상황에 비추어볼 때 사회주의 정당은 의회민주주의의 틀 속에서 자신을 대중정당화하고 여타 진보적 세력과 선거협력을 통해 사회주의를 실현하는 방법을 모색해야 한다고 주장했다. 이러한 베른슈타인의 주장은 마르크스의 이론의 핵심인 잉여가치론, 사적유물론, 계급투쟁론, 폭력혁명론 등을 모두 부정해버리는 것과 다름없었다.

베른슈타인은 논설과 도서를 통해 그러한 주장을 하는데 그치지 않고, 1898년 10월 슈투트가르트에서 개최된 독일사회민주당 전당대회에 편지를 보내어 자신이 제의한 독일사회민주당의 새로운 운동노선을 의제로 다루어 줄 것을 요청했다. 당시 그는 독일정부로부터 귀국 허락을 받지 못하여 영국에서 그러한 편지를 당에 보낸 것이다.

슈투트가르트에서 개최된 사회민주당 전당대회에서는 베른슈타인이 제기한 문제를 놓고 3일간에 걸쳐 치열한 토론이 전개되었다. 이 토론과정에서 사회민주당의 정통파 마르크스주의 이론가인 카우츠키는 베른슈타인의 주장을 수정주의로 규정하고 비판했다. 카우츠키는 베른슈타인의 주장이 폭력혁명에 의한 자본주의체제의 변혁을 추구하는 마르크스이론의 핵심을 근본적으로 수정한 것이라는 이유로 베른슈타인의 주장을 수정주의로 규정한 것이다.

슈투트가르트대회에서 베른슈타인의 주장은 다수의 지지를 얻지 못하고 패배했다. 그다음에 개최된 두 차례에 걸친 독일사회민주당의 전당대회에서도 베른슈타인의 주장은 패배했다. 그러나 베른슈타인의 주장은 당시에는 독일 사회민주당의 공식적 당노선으로 채택되지 못했지만 독일의 경제번영이 지속되고 사회복지정책이 확대되면서 독일사회민주당의 노선은 점차 베른슈타인이 주장한 노선으로 기울어져 갔으며, 마침내는 베른슈타인의 노선을 수정주의라고 비판했던 카우츠키마저 베른슈타인의 노선에 합류하고 말았다. 오늘날 유럽 비공산국가들에서의 사회민주주의의 기본노선은 베른슈타인의 주장에서 비롯된 것이다.

독일사회민주당의 내부 사상투쟁에서 사용되었던 수정주의라는 용어는 그 후 사회주의자들 사이에서 반대파를 비판하는 부정적 용어로서 줄곧 사용되었다. 특히 마르크스-레닌의 이론을 교조적으로 신봉하는 공산주의자들이 반대파를 매도하기 위해 주로 사용해왔다. 그들이 말하는 수정주의란 자본주의체제를 사회주의체제로 전환하기 위한 혁명을 포기하는 사회주의운동 노선이다. 공산주의자들은 이 용어를 주로 사회민주주의 및 민주사회주의를 비판적으로 지칭하는 데 사용해왔지만, 경우에 따라서는 같은 공산주의자라도 혁명 지향성이 약한 반대파를 비판하는 데도 사용해왔다. 공산주의자들이 수정주의로 규정했을 때, 그것은 단지 반대파의 노선에 대한 비판적 명명에 그치는 것이 아니다. 공산주의자들에게 있어서 수정주의는 종교에 있어서 이단에 해당하는 의미를 가진다. 공산주의자들에 의해 수정주의자로 낙인찍힌 자들은 반드시 숙청된다.

03 : 개량주의와 우경기회주의

공산주의자들이 수정주의와 동의어처럼 사용하는 두 개의 부정적인 용어가 있다. 개량주의(reformism)와 우경기회주의(right-leaning opportunism)이다.

개량주의란 사회주의운동 내에서 계급투쟁의 필요성과 사회주의혁명의 필연성을 부정하고 계급 간의 타협을 주장하며 혁명이 아닌 개혁에 의해 자본주의사회를 복지사회로 전환할 수 있다고 주장하는 정치적 경향을 뜻한다. 노동운동에서도 개량주의란 용어가 많이 사용되며 그때의 개량주의는 노동자계급과 자본가계급의 관계를 비적대 관계로 보고 자본가들과 타협하여 노동자들의 당면문제를 해결하려는 반마르크스주의적 노선을 뜻한다. 개량주의는 마르크스주의의 계급투쟁이론을 부인하고 계급협조를 인정한다는 점에서 수정주의와 본질적으로 동일하다.

요컨대, 공산주의자들이나 혁명적 노동운동세력은 사회주의혁명을 포기한 사회민주주의나 민주사회주의 및 비혁명적 노동운동 노선을 부정적으로 지칭하는데 개량주의라는 용어를 동원한다. 그러나 개량주의는 비공산주의자들의 입장에서 보면 비판될 노선이 아니다. 의회주의적 활동, 협동조합 보급, 이윤분배의 참가 등과 같은 것으로써도 사회주의자들이 정권을 잡을 수 있으며 계급협조를 통해서 자본주의사회의 병폐를 고칠 수 있다고 주장하거나, 노동계급이 자본가계급을 타도하고 프롤레타리아독재를 수립하기 위한 혁명투쟁을 무모한 행동으로 규정하면서 노동계급의 투쟁은 근로자의 빈곤과 조악한 노동환경 등의 개선이나 사회복지 강화 등에 주안점을 두어야 한다고 주장하는 것은 자유민주주의와 양립할 수 있는 것이기 때문이다. 이렇게 볼 때, 어떤 사람이 개량주의라는 용어를 부정적인 맥락에서 사용하면 그는 십중팔구 공산주의자이기 쉽다.

우경기회주의는 공산주의자들이 자기들의 노선에 반대되는 현실타협적 노선을 지칭하는데 사용하는 비하적 용어이다. 공산주의자들에 따르면, 우경기회주의는 노동계급혁명운동 내의 부르주아사상의 표현으로서 '정세의 변화', '창조적 발전' 등의 구실 밑에 노동계급의 혁명사상을 수정하고 그 혁명적 진수를 거세하며 계급투쟁을 거부하고 제국주의와의 투쟁을 포기하며 인민들의 해방투쟁을 방해하는 행동노선이다. 그들은 우경기회주의는 부르주아지에 매수된 노동계급상층부, 혁명운동세력 내의 타락분자 · 비겁분자 · 변절자 등의 노선이라고 비판하며, 수정주의와 개량주의가 모두 그러한 우경기회주의의 산물이라고 주장한다.

기회주의란 자신의 의견이나 신조를 표명하지 않고 남의 눈치를 살피다가 강자의 의견에 동조하고 정세의 변화에 따라 유리한 쪽으로 따라붙는 무원칙하고 지조 없는 태도나 행동양식을 뜻한다. 기회주의는 어느 사상진영에서나 타도되어야 할 풍조이다. 그러나 공산주의자들이 비판하는 우경기회주의는 자유민주주의자들의 입장에서 보면 비난할 것이 아니다. 따라서 어떤 운동권인사가 우경기회주의란 용어를 사용하면 그는 골수 공산주의자로 분류해도 크게 틀리지 않을 것이다.

공산주의자들은 기회주의를 우경기회주의와 좌경기회주의로 분류하며, 두 가지 기회주의 모두 자본가계급의 비위에 맞게 마르크스-레닌주의의 혁명적 진수를 왜곡하는 것으로서 혁명에 막대한 해독을 끼친다고 주장한다. 공산주의자들이 말하는 좌경기회주의는 좌경모험주의 및 교조주의와 같은 의미의 용어이다. 공산주의자들의 이들 3개 용어 중 좌경모험주의를 가장 자주 사용한다. 공산주의자들이 말하는 좌경모험주의란 변화된 현실을 고려하지 않고 기성이론의 개별적 명제들을 교조주의적으로 강조하면서 사람들을 실패할 수 밖에 없는 비현실적인 극단적 행동으로 이끌어가는 작풍이다.

04 : 수정주의적 역사기술

역사기술과 관련된 수정주의라는 용어는 미국 역사학계, 특히 미국외교사학계에서 만들어진 용어이다. 미국외교사학계의 수정주의학파는 미국대학가에서 뉴레프트운동이 태동하던 시점인 1960년대 초반부터 하나의 학문적 경향으로 형성되기 시작했다.

1959년에 간행된 윌리엄 윌리엄스(William A. Williams)의 저서 『미국외교의 비극』(The Tragedy of American Diplomacy)과 1960년에 간행된 데나 플레밍(Denna F. Fleming)의 저서 『냉전의 기원과 역사』(The Origin and History of Cold War)가 수정주의 경향의 선구적 도서들이다. 윌리엄스의 책은 냉전을 미국의 정치-경제적 확장정책, 즉 제국주의의 결과로 나타난 것으로 설명했고, 프레밍의 책은 냉전을 2차 세계대전 기간 중 루즈벨트(F. Roosevelt) 미국대통령에 의해 형성된 미·소 협조정책으로부터 미국이 이탈함으로써 빚어진 것으로 설명했다. 냉전에 대한 이러한 설명은 소련의 팽창정책과 세계혁명전략이 냉전의 원인이라는 미국학계에서 보편화된 기존학설을 전면적으로 수정한 것이다. 그처럼 기존학설을 수정했다는 이유에서 그러한 역사서술을 수정주의 역사서술이라고 명명하게 되었다.

그러한 역사서술을 막연히 수정주의로 명명한 것은 당시 그러한 '수정'의 사상적 배경을 확실히 모르기 때문이었다. 후에 드러난 바와 같이 그러한 역사서술의 '수정'이 마르크스주의적 사상배경을 가졌다는 사실이 당시에 알려졌었더라면 수정주의로 지칭되지 않고 마르크스주의 혹은 네오-마르크스주의 역사서술로 규정되었을 것이다. 그러나 역사서술자가 자기의 사상적 입장을 밝히지 않고 객관적인 입장을 취한 것처럼 위장하면 역사서술 자체만으로는 서술자의 사상적 입장을 확인할 수 없기 때문에, 당시에는 기존의 역사서술에 '수정'을 가한 사실에만 초점을 맞추어 수정주의라고 명명했던 것으로 보인다.

한편, 마르크스주의적 관점 혹은 친소적 관점에서 역사기술을 수정한 당사자들도 자기들의 입장이 수정주의로 명명된 데 대해 큰 불만이 없었다. 마르크스주의 및 친소경향에 대한 반대정서가 강하던 당시의 미국사회에서 자기들의 입장이 마르크스주의적이거나 친소적으로 규정되면 자기들의 주장의 호소력이 약화될 것이기 때문에 수정주의란 용어를 수용한 것이다. 이는 마치 뉴레프트운동 주동자들이 미국사회의 반사회주의적 정서를 자극하지 않고 사회주의적 메시지를 전파하기 위해 자신들의 캐치프레이즈로 사회주의 대신에 '참여민주주의'란 용어를 사용한 것과 비슷한 전술적 조치이다.

이러한 전후 맥락을 무시하고 한국에서도 그러한 미국에서의 관행에 따라 한국현대사에 대한 미국학자들의 마르크스주의적 및 친북한적 경향의 기술을 수정주의로 호칭했다. 그러한 호칭은 마르크스주의적 및 친북한적 한국현대사 기술이 수정주의라는 애매모호한 용어의 외피 아래서 이 나라 독서계에 널리 퍼지도록 방조하는 효과를 나타냈다.

어쨌든 냉전의 기원에 관한 기존학설에 대한 미국 수정주의 학자들의 '수정'은 약간의 시간이 경과하자, 미국 대학가에서 일기 시작한 뉴레프트 선풍을 타고 대학가에서 크게 확산되었다. 미국의 외교사 기술에 대한 마르크스주의적 및 친소적 수정은 뉴레프트운동과 사상적 색깔이 동일했기 때문이다. 미국 외교사학계에서의 수정주의의 영향력 확대는 대학가에서의 뉴레프트운동과 동반관계에 있었다고 할 수 있으며, 실제로 수정주의학파의 중심세력인 위스콘신대학교 역사학과교수 윌리엄스와 그의 제자들은 뉴레프트운동에 동조했다.

미국 외교사에 대한 수정주의는 주로 냉전의 기원 및 역사에 대한 기존의 학설을 수정하는 것에 초점을 두고 있기 때문에 '냉전 수정주의'(cold war revisionism)이라고도 호칭된다. 또한 수정주의 역사서술이 주로 위스콘신대학교 역사학과교수인 윌리엄스와 그의 제자들을 중심으로 이루어졌다는 점에서 수정주의자들을 '위스콘신학파'(Wisconsin School)라고도 부른다. 위스콘신대학교는 역사학과 이외의 학과에서도 좌익 및 좌경 교수들이 많이 있는 학교로 유명하다.

역사서술에 있어서 '수정'은 언제나 일어날 수 있는 일이다. 새로운 증거가 나타나거나, 과거에 무시되었던 증거들의 중요성이 새로 부각되거나, 혹은 기존 증거들의 의미에 대한 새로운 해석이 이루어질 때, 기존의 역사서술은 당연히 수정되어야 하기 때문이다. 그러나 미국 외교사학계에서 등장한 수정주의는 이러한 일반적인 의미의 수정과는 다른 이데올로기적으로 편향된 수정주의이다. 그들의 미국 외교사 연구 특히 냉전사 연구는 마르크스주의적 및 친소적 편향을 일관되게 나타내고 있다. 그들은 미국의 대외정책을 제국주의적인 것으로 규정하고 미·소냉전의 1차적 책임은 미국에 있다고 주장한다. 따라서 그들은 미국과 그 동맹국들에 대해 비판적이고 소련과 그 동맹국들에 대해 호의적인 경향을 나타내게 된다.

1970년대 초부터 수정주의 역사학자들의 논저들은 사료를 편향적으로 선택하거나 사료의 내용을 고의적으로 왜곡 인용하여 학문적 사기를 범했다는 강한 비판을 받기 시작했으며, 그 무렵부터 대대적으로 비밀 해제되어 일반에 공개된 외교문서를 비롯한 미국의 정부문서들은 수정주의 학자들의 주장이 사실과 다르다는 것을 입증해 주었다. 수정주의는 비밀의 상자 속에 갇혀있던 문서들이 공개되면 될수록 그 빛이 약화되었다.

그러나 때마침 미국학계에서 일어난 마르크스주의의 부흥이 수정주의를 침몰로부터 보호했다. 1975년 베트남전에서의 미국의 패배를 고비로 미국 대학생사회에서는 뉴레프트운동이 쇠락의 길로 접어들었지만 미국 학계에서는 대학교수로 진출한 지난날의 뉴레프트 학생들에 의해 1970년대 중반부터 마르크시즘의 부흥이 이루어졌다. 미국 학계에서의 마르크시즘 부흥이 초록동색의 관계에 있는 수정주의 역사서술을 방어해준 것이다. 미국 대학사회에 교수로서 입지를 확보한 뉴레프트세대 학자들의 지원으로 명맥을 유지하는 정도에 그친 수정주의 역사서술은 미국정부의 문서들이 보다 많이 공개되면 될수록, 그리고 공산체제가 붕괴된 후 러시아에서 구소련의 문서가 많이 공개되면 될수록 허구성이 더욱 강하게 노출되었다.

05 : 수정주의와 한국

미국외교사학계의 수정주의가 냉전수정주의로 지칭될 정도로 냉전의 기원과 역사에 대한 기술에 초점을 맞추고 있기 때문에 자연히 그것은 한국의 현대사기술에 많은 영향을 미쳤다. 왜냐하면, 한국은 냉전의 상징적 지역의 하나이며, 한반도에서 일어난 6 · 25전쟁은 냉전사의 중대한 이정표의 하나이기 때문이다. 수정주의학자들의 역사기술은 6 · 25전쟁에 대한 기존의 학설을 뒤집어엎는데, 많은 지면을 할애했다. 그 결과, 전적으로 6 · 25전쟁을 다루거나 6 · 25전쟁에 대해 많은 지면을 할애한 스톤(Isidore F. Stone), 플레밍, 콘데(David W. Conde), 콜코 부부(Joyce and Gabriel Kolko) 등의 수정주의 저서들이 많이 쏟아져 나왔다. 이들의 저서들은 뉴레프트세대에 속하는 학자들인 커밍스, 시몬즈(Robert Simmons), 메릴(John Merrill), 영국의 할리데이(Fred Halliday), 호주의 맥코맥(Gavan McCormack) 등의 6 · 25전쟁에 관한 저서들에서 강한 공명현상을 일으켰다.

그중에서 커밍스의 저서는 한국에서 극히 강한 영향을 미쳤다.

1981년에 발행된 커밍스의 책 『한국전쟁의 기원』(The Origin of the Korean War)은 서울의 주요 대학들에서 한국의 해방전후사 및 6·25전쟁에 관한 강좌의 핵심적 교재로 채택되었고, 한국현대사를 연구하거나 강의를 듣는 학생들 사이에서 바이블처럼 여겨졌다. 저자가 추측건대 커밍스의 책의 복사판이나 번역본이 국내에서 팔린 양은 그의 책이 미국에서 판매된 양의 몇 배에 달할 것으로 보인다.

미국학계에서는 1980년대 중반 이후 마르크스주의 부흥도 기세가 꺾이고 따라서 수정주의 역사서술도 호소력을 상실하게 되었다. 그러나 이상하게도 한국에서는 바로 그 무렵부터 커밍스의 책에 대한 흡수 열풍에서 나타난 바와 같이 수정주의 역사서술이 대대적인 유행을 하게 되었다. 미국에서 시들어지기 시작한 역사서술 경향으로서의 수정주의가 한국에서는 흥행이 잘된 까닭은 1980년대 한국의 대학사회에서 1960년대 미국의 대학가를 휩쓴 뉴레프트선풍과 유사한 민족해방 민중민주주의혁명의 선풍이 전개되고 있었기 때문이었다.

한국의 대학가에서는 1980년대 초부터 미국을 제국주의자로 비판하고 대한민국의 정당성을 부정하는 민중민주주의혁명운동이 성장하기 시작했다. 미국의 대한정책을 비판하고 대한민국 건국이 민중의 뜻에 반하여 이루어진 것으로 기술한 커밍스의 책은 마치 그러한 민중민주주의혁명을 지원할 목적이라도 가진 듯이 때맞추어 1981년에 발행되었고, 한국대학에서는 일부 교수들에 의해 1980년대 초반부터 크게 찬양되며 소개되었다. 학생들은 교수들이 추천한 커밍스의 책을 통해 대한민국이 잘못 세워진 국가라는 확신을 가지게 되었고, 따라서 반미-반대한민국적 민중민주주의혁명운동에 쉽게 동조하게 되었다. 한국 대학가의 민중민주주의혁명 선풍은 미국의 뉴레프트계 학자 커밍스의 책을 유행적으로 읽게 만들었고, 동시에 커밍스의 한국현대사에 관한 수정주의적 서술은 한국대학가의 반미-반대한민국적 민중민주주의혁명운동에 많은 기여를 했다.

커밍스의 책은 한국의 민중민주주의혁명세력에게 역사서술을 사상투쟁 내지 혁명의 수단으로 이용하는 길을 안내했고, 그에 따라 한국에서는 반미-반대한민국의 민중민주주의혁명의 정당성을 간접적으로 선전하기 위해 커밍스의 책과 사상적 경향을 같이하는 해방전후사에 관한 저술들이 홍수처럼 쏟아졌다.

커밍스는 1960년대에는 뉴레프트운동에 참가했으며, 1970년대에는 미국의 베트남전쟁참전 반대운동에 앞장섰던 아시아문제 전문가들의 기관지 『아시정책 비판학자 휘보』(Bulletin of Concerned Asian Scholars)의 편집장이었다. 커밍스는 미국 외교정책 및 외교사 연구에 네오-마르크스주의자인 월러스타인(Immanuel Wallerstein)의 세계체계이론을 적용할 것을 적극적으로 주장하는 사람이다.

저자가 직접 비교해본 바에 의하면, 커밍스의 저서의 논지는 북한학자들의 해방 직후 남한정치사에 대한 기술의 논지와 대부분 일치한다. 심지어 박헌영을 부정적으로 평가하고 여운형을 긍정적으로 평가하는 것까지 일치한다. 논지를 입증하는 사료와 디테일한 서술들이 다를 뿐이었다. 커밍스의 책을 소개하고 추천한 교수들이 그 책의 논지와 북한 서적들의 논지를 비교해본 끝에 커밍스의 책을 찬양하며 소개했었는지 여부가 궁금하다.

Chapter

12

민족해방과 민족민주주의

01 : 1980년대의 NLPDR

1980년대 우리 사회의 혁명운동권은 자신들의 혁명을 '민족해방 민중민주주의혁명'(NLPDR: National Liberation People's Democratic Revolution)이라고 천명했다. 또한, 1980년대 우리 사회의 혁명운동권의 투쟁노선과 관련하여 민족민주주의혁명(NDR)노선이니 민중민주주의(PD)혁명노선이니 하는 용어들이 많이 거론되었다. 운동권의 문건들에는 일반민주주의니 혁명민주주의니 하는 용어들도 적지 않게 등장했다. 일반 대중은 물론이고 대학교수를 비롯한 지식인들도 이러한 용어들의 정확한 의미를 알지 못했고, 심지어는 운동권에 소속된 사람들의 범법행위를 다스리는 국가공무원이나 사법부의 재판관들조차도 그 용어들의 정확한 의미를 알지 못했다.

우리나라 국민은 일본의 식민지 지배를 받다가 '해방' 된 경험이 있고, 우리 사회에서는 8 · 15해방 이후 '해방' 이라는 용어를 매우 친숙하게 사용해왔다. 뿐만 아니라, 5 · 16이후 김종필씨 등이 '민족적 민주주의' 를 표방한 바도 있다. 따라서 우리나라 국민들에게는

'민족해방' 이나 '민족민주주의' 등과 같은 용어들이 낯설지 않을 뿐만 아니라 긍정적인 의미를 가지는 것으로 이해되었다.

이처럼 혁명운동권이 사용하는 용어의 이론적 배경과 정확한 의미를 알지 못한 데다가 민족해방, 민족민주주의 등의 용어에 대해 긍정적인 태도를 가지고 있기 때문에, 그리고 혁명운동권의 타격 대상들이 도덕적으로 문제가 많았기 때문에, 우리나라 사람들의 대부분은 그러한 용어들을 사용하며 혁명운동을 전개하는 사람들을 그다지 부정적으로 생각하지 않았다.

오히려 혁명운동권이 표방하는 구호나 주장 속에 '민족' 이나 '민주주의' 와 같은 단어들이 내포된 것으로 보아 그들의 지향하는 바가 민족주의나 자유민주주의 및 의회민주주의 등과 크게 상반된 것은 아닐 것이라고 생각했다. 따라서 그러한 용어를 사용하며 혁명운동을 전개하는 사람들이 자신들을 '애국세력' 이나 '민주세력' 이라고 자칭하면, 대중들도 그들 혁명세력을 '애국세력' 이나 '민주세력' 인 것으로 인정했다.

그러나 우리 사회의 혁명운동권이 사용하는 민족해방, 민족민주주의, 민중민주주의, 일반민주주의, 혁명민주주의 등의 용어들은 모두가 제3세계 민족해방운동에 관한 공산주의자들의 이론에 입각하여 만들어진 용어들이며, 모두가 다 자유민주주의에 완전히 배치되는 것들이다.

02 : 민족해방

민족해방(national liberation)이라는 용어는 공산주의자와 비공산주의자가 공통적으로 사용하는 용어이지만, 그 구체적인 의미가 무엇인지를 파고 들어가면 양측은 큰 차이를 나타낸다. 비공산주의자들은 민족해방의 의미를 식민지배를 받고 있는 약소민족이 식민본국의 지배로부터 벗어나는 것으로 해석한다. 그에 반해 공산주의자들은 민족해방을 훨씬 더 광범위한 현상으로 해석한다.

공산주의자들의 이론에 따르면, '민족해방' 이란 약소민족이 제국주의국가의 식민지 지배로부터 벗어나는 것에서부터 독립국가 건립과 사회주의화까지 포괄하는 것이다. 공산주의의 식민지 · 반식민지 국가에서 민족해방이론에 따르면, 민족해방은 ① 제국주의국가의 지배가 종식되는 것, ② 주권을 확보하여 정치적 독립을 달성하는 것, ③ 독립국가가 사회주의화 되는 것을 포괄적으로 의미한다. 공산주의자들에게 있어서는 제국주의국가의 지배가 종식되는 것은 민족해방의 가장 낮은 단계의 의미이고, 정치적 독립은 그다음 단계의 의미이며, 독립국가의 사회주의화는 민족해방의 가장 높은 단계의 의미이다.

비공산주의자들은 '민족해방'을 제국주의국가의 지배가 종식되는 것을 뜻하며, 해방된 민족이 주권을 확보하여 독립국가를 건립하는 것은 해방의 다음 단계에 이루어지는 조치이다. 비공산주의자들과는 달리 공산주의자들이 민족해방의 의미를 광범위하게 포괄적으로 상정하는 것은 식민지 · 반식민지 국가들에서 약소민족이 독립국가 건립만 하고 사회주의화가 이루어지지 않으면, 제국주의국가가 약소민족을 착취하기 위해 만들어 놓은 봉건적 내지 자본주의적 경제 · 사회 · 문화의 구조가 그대로 남아서 약소민족을 착취할 것이므로 식민지 · 반식민지는 사회주의화가 이루어져야 피압박 민족이 진정으로 해방된다는 것이다.

공산주의자들이 생각하는 민족해방의 의미가 이러한 탓으로 해서, 일제하에서 우리 민족의 독립을 위한 항일운동을 전개할 때 좌익진영은 '민족해방운동'이라는 용어를 선호한 데 반해 우익민족진영은 '독립운동'이나 '광복'이란 용어를 선호했다. 또 8 · 15해방을 놓고도 남한의 비공산주의자들은 우리 민족이 연합국의 도움으로 일본제국주의의 지배로부터 해방된 것이라고 말한 데 반해, 북한공산당과 남한의 사회주의자들은 '미완의 해방' 또는 '절반의 해방'이라고 말해왔다. 북한공산당과 남한의 사회주의자들은 8 · 15로 인해 우리 민족에 대한 일본의 정치적 압제는 사라졌지만, 남한지역이 미국의 새로운 형태의 식민지 지배를 받게 되었다는 뜻에서 그렇게 말하는 것이다.

1980년대 남한의 좌익혁명운동권이 이미 정치적으로 독립하여 주권국가가 되어 있는 남한에서 새삼스럽게 민족해방을 표방했던 것도 동일한 맥락에서 이해되어야 한다. 그들은 공산주의자들이기 때문에 남한을 미국의 식민지 혹은 반(신)식민지로 생각하며, 해방을 정치적 독립에 더하여 사회주의화까지를 의미하는 것으로 해석해서 정치적으로 독립해 있는 남한지역에서 민족해방을 표방했던 것이다.

공산주의자들이 민족해방의 의미를 비공산주의자들이 생각하는 민족해방의 의미와는 전혀 다르게 정의하고, 1980년대부터 남한의 혁명운동권이 공산주의자들의 민족해방운동 이론에 입각한 의미로 '민족해방' 이라는 용어를 사용했음에도 불구하고, 남한의 비공산주의자들은 그러한 사실을 제대로 알지 못한 채, 그들이 말하는 민족해방을 비공산주의자들이 생각하는 의미의 민족해방인 것으로 오해해왔다. 그리고 정치적으로 독립된 국가인 대한민국에서 민족해방을 왜 주장하는지에 대한 의문을 가지지 않았다. 단지, 한 · 미동맹관계나 미군의 주둔을 식민지 지배로 과장해서, 주한미군의 철수를 촉구하기 위해서 민족해방을 주장하고 있는 것쯤으로 해석했다.

03 : 민족해방운동의 제 단계

식민지 및 반식민지가 정치적 독립을 거쳐서 사회주의사회로 전환되는 길고도 광범한 역사적 과정을 '민족해방'이라고 정의한 공산주의자들은 식민지 및 반식민지를 사회주의사회로 전환시키기 위한 그들의 투쟁을 민족해방운동(National Liberation Movement)이라고 부른다. 남한의 혁명운동권은 이 민족해방운동을 '민해운'으로 축약하여 부르기도 한다.

비공산주의자들에게는 민족해방이란 식민지 지배로부터 벗어나는 것을 의미한다. 민족의 '해방'과 민족의 독립은 다른 의미를 갖는다. '해방'은 피지배 민족이 이민족의 지배에서 벗어났으나 주권을 확보하지 못한 상태를 뜻하며, 해방된 피지배 민족이 주권을 확보해야 독립이 된다. 따라서 비공산주의자들에게는 민족해방운동에 복수의 단계를 설정할 필요가 없다. 피지배 민족이 이민족의 지배에서 벗어나면 해방이 되는 것이고, 해방과 동시에, 또는 해방과 시차를 두고 주권을 확보하면 독립이 되는 것이기 때문이다.

그러나 공산주의자들은 민족해방이란 식민지 지배로부터 벗어나는 것 뿐만 아니라 사회주의체제로 만드는 것까지 포함한다. 상술하면, 공산주의자들은 민족해방운동을 복수의 단계로 설정한다. 1970년대 초반까지는 공산주의자들은 민족해방운동을 정치혁명(Political Revolution)단계와 사회혁명(Social Revolution)단계의 두 단계로 구분해왔다. 정치혁명은 주로 외세의 통치에 대항하는 투쟁 즉, 민족주권 또는 정치적 독립을 쟁취하기 위한 투쟁이고, 사회혁명은 노동자 · 농민을 착취하는 자본주의 구조를 타파하고 사회주의체제를 수립하기 위한 투쟁이다.

공산주의자들은 정치혁명을 민족혁명(National Revolution)이라고 부르기도 했으며, 민족해방운동의 두 단계에 있어서 보다 중요하면서 노력을 집중해야 할 것은 제2단계, 즉 사회혁명단계라고 주장한다. 왜냐하면, 정치적으로 독립된 사회가 사회주의화되지 않으면 공산주의자들의 궁극적인 목적인 프롤레타리아계급의 해방은 이루어지지 않는다고 생각하기 때문이다. 또한 식민지 통치를 부정하는 세계사의 보편적 추세에 따라 식민지의 정치적 독립은 거의 필연적인 것이 되어서 정치적 독립을 위해 공산주의자들이 강력한 투쟁을 전개하지 않아도 이루어지기 때문이기도 하다.

1970년대 후반에 와서 공산주의자들은 민족해방운동에 3개의 혁명단계를 설정했다. 공산주의자들이 새로 설정한 민족해방운동의 3단계는 민족해방혁명(National Liberation Revolution)단계, 민족민주주의혁명(National Democratic Revolution)단계, 사회주의혁명(Socialist

Revolution)단계 등이다.

민족혁명단계는 종전의 정치혁명단계 혹은 민족혁명단계로 부르던 것을 거의 명칭만 변경한 것이고, 민족민주주의혁명단계와 사회주의혁명단계는 종전의 사회혁명단계를 두 개로 분리한 것이다. 종전의 사회혁명단계를 두 개의 단계로 분리한 것은 식민지에서 정치적으로 독립한 제3세계의 국가들에서 정치적 독립 직후부터 사회주의화를 목표로 한 사회혁명을 추진하는 것이 곤란하다는 점을 깨달았기 때문이었다. 그래서 공산주의자들은 정치적 독립을 달성한 식민지에서 곧장 사회주의화를 추진할 것이 아니라 사회주의화를 추진하기 위한 준비단계로 민족민주주의혁명단계를 설정하게 된 것이며, 이 단계를 거친 다음 본격적으로 사회주의화를 추진하기로 전략을 변경한 것이다.

민족민주주의혁명단계는 정치적으로 독립한 민족국가를 사회주의국가로 전환하기 위한 준비투쟁을 전개하는 단계이고, 사회주의혁명단계는 문자 그대로 완전한 사회주의체제를 수립하기 위해 투쟁하는 단계이다.

우리 사회에서 민족해방 민중민주주의혁명운동을 전개해온 세력이 남한에서의 혁명을 두 개의 단계로 설정한 것은 이러한 민족해방운동의 3단계이론에 따른 것이다. 남한은 정치적으로 독립을 달성한 지역이기 때문에 3개 단계의 투쟁 중 제1단계의 투쟁이 필요 없어서 사회주의혁명을 준비하는 투쟁단계인 민중민주주의혁명단계와 최종단계인 사회주의혁명단계의 두 개 단계만을 설정한 것이다.

민족해방운동의 3개 단계 중 제2단계인 민족민주주의혁명은 비공산주의자들이 이해하기 어려운 상당히 복잡한 양상의 혁명이다. 민족민주주의혁명단계는 공산주의자들이 사회주의화라는 자신들의 궁극적 목표의 추구를 잠시 유예하고 반제국주의적 성향 혹은 민족주의적 성향의 모든 세력과 연대하여 신생독립국에 잔존해 있는 식민지 잔재 및 제국주의 지배의 고리들을 제거하는 투쟁단계이다. 이 단계에서 공산주의자들은 자신들의 궁극적 목표가 사회주의화라는 점을 가급적 노출시키지 않고, 당면한 민족주의적 내지 민중이익지향적인 투쟁목표만을 널리 부각시키며 투쟁한다. 따라서 공산주의자들과 연대하여 투쟁하는 사람들이나 일반 대중은 그러한 투쟁을 전개하는 공산주의자들을 공산주의자로 이해하기보다는 민족주의자나 민주주의자 정도로 오해하게 된다.

민족민주주의혁명단계에서 공산주의자들은 자신들의 사상적 정체와 궁극적 목표를 분명하게 드러내지 않으면서도 투쟁 혹은 운동을 전개함에 있어서 주도권만은 자기들이 확보하려 한다. 주도권을 확보하고 있어야만 민족민주주의혁명이 성공한 후 그것을 사회주의혁명으로 연결시킬 수 있기 때문이다. 그러한 주도권 확보는 주로 사회주의 사상에 투철한 자들로 강력한 전위행동조직을 결성한다거나, 다양한 사상을 가진 세력들이 연대하여 결성한 통일전선 조직의 실무부서를 공산주의자들이 장악한다거나, 지도부를 구성하는 사람들을 개별적으로 포섭(연줄을 이용하거나 장차 최고지도자로 옹립하겠다고 약속하거나 지도부 구성원들이 가지고 있는 도덕적 약점을 폭로하겠다고 협박하는 등의 방법을 동원해서 포섭함)하여 지도부의 의사결정을 간접적으로 통제한다거나 하는 방법들에 의해 달성한다.

04 : 민족민주주의

민족민주주의(National Democracy)는 민족해방운동을 전개하는 제3세계 공산주의자들이 민족민주주의혁명단계에서 취하는 지도노선 또는 투쟁노선이다. 공산주의자들에게 있어서 투쟁의 지도이념은 언제나 사회주의이다. 그러나 사회주의혁명을 위한 조건이 미숙하고 사회주의혁명세력이 취약하여 당장 사회주의화가 불가능한 지역에서 공산주의자들이 자신들의 사상적 정체를 드러내면서 사회주의혁명을 당장 실현하려 한다는 것은 어리석은 짓이다. 그러한 성급한 투쟁은 혁명의 실패를 초래할 뿐만 아니라 취약한 사회주의혁명세력을 괴멸시키는 결과를 초래할 수도 있기 때문이다. 따라서 공산주의자들은 본격적인 사회주의화를 추진할 여건에 있지 않은 지역에서는 그들의 사상적 정체를 분명하게 드러내는 것을 피하면서 궁극적인 사회주의혁명의 성공에 비사회주의세력의 역량을 동원할 수 있는 제3세계의 상황에 적합한 지도노선을 모색하게 되었다. 그러한 모색의 결과로 등장한 것이 민족민주주의이다.

민족민주주의는 1960년 12월 모스크바에서 개최된 세계 공산당 및 노동자당 대회에서 채택된 선언문에서 처음으로 천명되었다. 이 대회의 선언문은 식민지 및 반식민지의 공산주의자들은 민족민주주의적 독립국가의 건설을 위해 투쟁해야 하며, 민족민주주의국가란 △정치와 경제의 독립 수호, △제국주의와 그들의 군사동맹에 대한 저항, △자국의 영토에 있는 제국주의국가의 군사기지 철수, △신식민주의와 제국주의적 자본의 침투 저지, △토지개혁과 민주적 사회변혁을 저지하는 독재적이고 전제적인 행정의 거부 등의 투쟁을 전개하는 국가라고 설명했다. 이때부터 민족민주주의는 제3세계에서 민족해방운동을 전개하는 공산주의자들의 지도노선이 되었다.

민족민주주의는 한마디로 요약하면 제3세계의 공산주의자들이 자신들의 사상적 정체나 사회주의혁명 추진 노력을 감추고 비사회주의세력들도 동조할 수 있는 상대적으로 온건한 내용의 강령, 다시 말해서 민족주의적인 내용과 민주주의적인 내용에 초점을 맞춘 낮은 수준의 강령을 제시하여 비사회주의세력들과 연대한 반제국주의(반미 및 반서방을 의미)투쟁과 친사회주의적 민주화투쟁을 전개하기 위해 표명한 과도적 사상이자 정권조직형태라고 말할 수 있다.

민족민주주의가 주장하는 것은 △정치적 독립의 공고화, △정부의 민주화, △민중의 참여확대, △제국주의-봉건 잔재의 청소, △경제구조의 개편, △근로인민의 역할 강화 등이다.

정치적 독립의 공고화란 주로 자국 영토 내에 있는 외국군대의 철수 및 외국군사기지의 철폐, 자주적 외교정책(친서방 동맹에서의 탈퇴와 비동맹 그룹 참여), 민족군대의 창설·강화 등을 의미한다. 정부의 민주화란 민족해방운동에서 주도적 역할을 수행해온 노동자·농민 혁명적 부르죠아지와 인테리 등(공산주의자들은 이들을 '진보·애국세력'이라 부른다)의 단일 정당 또는 복수 정당의 결성과 그 정당 또는 정당들이 행정권을 장악하는 것, 통치기구 간부들의 사회계급적 구성의 변화(인적 물갈이), 해방운동권 출신들의 공무원 기용, 통치기구의 조직·활동원리의 민주화(주로 평등화를 의미) 등을 의미한다.

민중의 참여확대란 근로인민의 대중조직 결성, 통치기구와 대중간의 연결 공고화, 정치·경제적 문제의 해결에 대한 민중의 직접적 참여확대, 민중에 대한 '민주의식' 교육(민중에게 국가·재산·노동 등에 대해 친사회주의적 태도를 갖도록 의식화하는 것)의 실시 등을 의미한다. 제국주의-봉건 잔재의 청소란 외국자본의 지배 철폐와 봉건지주의 제거 등을 의미한다.

경제구조의 개편이란 민족자본의 활동영역 축소, 민족자본에 대한 정부의 통제확대, 국유화의 확대와 국유화기업의 국가경제 주도적 역할 강화, 생산력의 계획적 개발, 도시소생산자조합의 조직, 농민조합의 조직, 농업개혁, 근로인민의 이익에 부합한 사회경제적 개혁 등을 의미한다. 근로인민의 역할 강화란 노동자와 농민의 조직화, 경영부문에 있어서 노동자와 농민의 역할 증대 등을 의미한다.

정권형태로서의 민족민주주의는 민족해방운동에 참여한 여러 계

06 : 카멜레온 같은 민중주의

위에서 살펴본 바와 같이 미국의 민중주의와 러시아의 민중주의는 발생기원, 주도세력, 주장내용 등에 있어서 큰 차이가 있다. 미국의 민중주의는 미국의 서부와 남부의 자영농민들이 자신들의 고통을 해결하려는 데서부터 발생했던 것인데 반해, 러시아의 민중주의는 도시의 혁명운동가들이 빈농들을 혁명의 선봉에 내세우려는 데서부터 발생했다. 미국 민중주의운동의 주도세력은 자영농민인데 반해, 러시아 민중주의운동의 주도세력은 도시의 혁명운동가들이었다. 미국 민중주의의 주장 내용은 국가의 경제적 역할을 강조하면서도 기본적으로는 재산의 사유권을 전제로 한 자본주의와 정치적 민주주의를 근간으로 하는 것인데 반해, 러시아 민중주의의 주장 내용은 자본주의를 부정하고 러시아 농민공동체의 공산주의적 삶의 방식을 모델로 한 사회주의사회의 건설을 추구하는 것이다. 한마디로 말하자면, 미국의 민중주의는 민중이 주인 노릇을 하는 자본주의적 민주주의사회를 이룩하려는 민중의 자주적 정치운동인데 반해, 러시아의 민중주의는 민중을 혁명의 도구로 이용하려는 사회주의 혁명운동가들의 혁명운동이라 할 수 있다.

그러나 미국의 민중주의와 러시아의 민중주의는 이러한 차이에도 불구하고 민중을 존중하며 민중을 위해 노력한다는 점, 기성 엘리트를 부정한다는 점, 민중의 의지를 대변하는 국가의 역할확대를 추구한다는 점등에서 공통된다. 오늘날 민중주의를 말할 때는 주로 이 공통점을 근거로 해서 말하게 된다. 그래서 '인간은 기본적으로 평등하며 보통사람들과 엘리트들 간에는 능력과 도덕성에 있어서 큰 차이가 없다', '민중의 의지가 엘리트에 의해 조종되는 기성제도의 구조에 의해 억제되지 않을 때 공동선은 가장 잘 실현될 수 있다', '보통사람들은 자기들의 생활이나 공동체에 관한 타당한 의사결정을 할 능력과 도덕성을 가지고 있는 데 반해, 소수의 엘리트는 민중의 생활에 관한 문제나 공동체의 문제에 관한 타당한 의사결정을 할 수 있는 도덕성을 구비하지 못한다' 는 등의 사회인식 태도에 근거하여 보통사람들의 주장을 긍정적으로 평가하고 보통사람들의 이익을 위해 노력하려는 정치 · 사회적 운동이나 그러한 운동의 주장을 모두 민중주의로 호칭하는 것이 오늘날의 관례가 되었다.

이처럼 평등주의적 가치관과 기성 엘리트와 제도를 불신하는 태도에 기초한 민중주의는 민중주의운동에 참여하는 민중과 엘리트의 성격에 따라 마치 카멜레온이 주변환경의 변화에 따라 여러 가지로 색깔로 변화하듯이 여러 가지 상이한 형태를 나타낸다.

민중주의운동에 참여하는 '민중' 의 주된 구성분자들이 농촌지역의 자영농민이냐 빈농이냐, 도시지역의 중산층이냐 노동자 · 빈민이냐에 따라서 민중주의운동의 형태가 달라진다. 그리고 민중주의운동에 참여하여 민중을 동원하는 운동 엘리트가 사회주의사상을 가졌느냐 자본주의사상을 가졌느냐, 독재사상을 가졌느냐 민주주의사상을 가졌느냐에 따라서 민중주의운동의 형태가 달라진다.

예를 들면, 민중주의운동에 자발적으로 참여하거나 동원된 민중의 주된 구성분자가 노동자와 빈농이며, 그들을 지휘하는 대항 엘리트가 사회주의사상을 가졌을 경우 민중주의운동은 사회주의혁명운동과 거의 구별되지 않는 좌익 민중주의가 된다. 그에 반해 민중의 주된 구성분자가 중산층이나 자영농민이며, 그들을 지휘하는 대항 엘리트가 자본주의사상을 가졌을 경우, 민중주의는 반사회주의적인 우익 민중주의가 된다. 그런가 하면, 민중주의운동에 참여하는 민중의 주된 구성분자가 자주의식이 강한 사람들이고 그들을 지휘하는 엘리트가 민주주의사상을 가졌을 때 민중주의는 민중민주주의(populist democracy)의 형태를 나타내게 되고, 민중의 주된 구성분자가 자주의식이 빈약하고 그들을 지휘하는 엘리트가 독재사상을 가졌을 때는 민중주의는 민중주의독재(populist dictatorship)의 형태를 갖게 된다. 대체로 비집권세력이 정부에 대한 민중의 통제권 강화를 주장하면서 민중주의운동을 전개하면 그때의 민중주의는 민중민주주의가 되고, 집권자가 민중의 이익을 주장하며 기존의 의회주의적 의사결정제도를 무시하고 민중에게 직접 호소하면 그때의 민중주의는 민중주의독재가 된다. 이처럼 민중주의는 다양한 형태를 나타내기 때문에 어떤 사회에서 전개되는 민중주의운동을 정확히 이해하려 할 때는 그 사회의 정치 · 경제적 상황과 민중주의가 주장하는 구체적 내용에 대한 정확한 정보와 세심한 관찰이 필요하다.

민중주의운동은 얼핏 보면 모두가 다 민주적인 것처럼 보인다. 민주주의는 국민에 의한 통치(government by the people)와 국민을 위한 통치(government for the people)를 핵심내용으로 하는 것이며 그 국민은 민중으로 호칭되는 수가 많기 때문에 민중을 존중하며 민중의 이익을 위해 노력하는 민중주의 운동은 그 구호만을 놓고 볼 때는 민주적이라는 판단을 하기 쉽다. 그러나 앞서 말한 바와 같이, 민중주의는 형태가 매우 다양한 것이어서 민중을 존중하며 민중을 위한다는 명분 아래 실제에 있어서는 민주주의를 파괴하는 운동이 될 수도 있다. 파시즘과 페론니즘도 민중주의의 모습을 가진 민주파괴사상이고, 러시아 민중주의와 마찬가지로 사회주의혁명을 위한 도구로 민중을 동원하기 위해 전개하는 민중주의도 자유민주주의의 파괴를 목표로 한 것이다.

어떤 사회에서 전개되는 민중주의운동이 민주주의와 양립 가능한 것인지 여부는 △민중주의운동이 민중을 절대시하는지 여부, △기존의 제도나 법절차를 무시하는지 여부, △표방하는 사회-경제적 강령이 자유민주주의와 자본주의의 원리 속에서 실현 가능한 것인지 여부 등에 의해 판단될 수 있다. 어떤 사회의 민중주의운동이 이를테면 '민중의 소리는 하늘의 소리' 라고 주장하면서 민중을 절대시하고, 제도나 법 절차를 무시하고 '민중의 뜻' 을 관철하려 하고, 자유민주주의와 자본주의의 원리 속에서는 실현 불가능한 사회 · 경제적 강령을 표방할 경우에는 그 민중주의는 민중주의독재이거나 자유민주주의를 파괴하려는 혁명운동임이 분명하다.

07 : 한국의 민중민주주의

한국에서도 80년대 중반부터 민중주의운동이 전개되었다. 그들은 자기들이 실현하려는 정치체제를 민중민주주의라고 천명했다. 그러한 민중주의운동은 한국 사회에 심대한 영향을 미치고 있음에도 불구하고 일반 국민은 아직껏 그에 대해 정확한 이해를 하지 못하고 있다. 한국의 민중주의운동의 정체가 무엇인지를 정확히 파악하려면 그들이 표방하는 민중민주주의에 대한 그들 자신의 설명을 들어보는 것이 가장 빠르고 정확한 방법이다. 아래에 인용한 두 개의 인용 문단은 모두 우리 사회의 민중주의운동세력이 자신들이 표방한 민중민주주의를 설명하는 문장들이다.

"… 현재 남한 사회가 가진 많은 모순들 가운데 가장 중요한 네 개의 모순이란 ① 부르조아지와 프롤레타리아트의 모순, ② 독점 대부르조아지와 그외 제 계급들(민중)과의 모순, ③ 남한과 미제와의 모순, ④ 남한과 북한과의 모순을 말한다.… 부르조아지와 프롤레타리아트와의 모순의 해결은 사회주의혁명이며, 독점 대부르조아지와 민중과의 모순을 해결하는 것이 민중민주주의혁명이며, 남한과 미제와의 모순을 해결하는 것이 민족해방혁명이고, 남한과 북한의 모순을 해결하는 것이 통일이다. … 그래서 남한혁명에는 독점 대부르조아지와 민중과의 모순 및 남한과 미제와의 모순을 해결하는 민족해방 민중민주주의혁명과, 부르조아지와 프롤레타리아트의 모순과 남한과 북한의 모순을 해결하는 통일 · 사회주의혁명이라는 두 단계가 나타나게 된다. … 그러므로 민족해방 민중민주주의혁명이라는 우리의 당면 목표는 사회주의 실현과 통일이라는 보다 높은 목표를 달성하기 위한 전제요 수단이 되는 것이다."〈인천지역 민주노동자연맹, 『노동자의 길』제33호(1988년 11월), 60–63쪽.〉

"… 2차 대전 직후의 민중민주주의 변혁들을 크게 네 개의 범주로 나누어 고찰해보자. 우선 자본주의 발전 정도에 다라 동구를 두 개의 그룹, 즉 불가리아, 체코슬로바키아, 폴란드, 유고와 루마니아, 헝가리, 알바니아 등으로 구분해볼 수 있고, 중공과 북한을 각각 특수한 경우로 상정한다. 먼저 동구의 경우를 보면, 모든 국가에서 거의 비슷한 시기(1944–47년)에 비슷한 과정을 거쳐 토지개혁, 국유화 등의 사회경제적 개혁이 실시되고, 47–48년 경에 민중민주주의 변혁의 제2 단계로 이행하여 경제부흥계획을 수립하고 사회주의로의 이행을 정력적으로 추진해 나갔다. 중국의 민중민주주의 변혁은 소비에트 러시아와의 직접적 연관 없이 수행되었으며, 지구전적인 반제국주의 투쟁을 반봉건 투쟁과 결합시켜 수행했다는 점에서 동구의 변혁들과는 근본적인 차이를 보인다. 마지막으로 북한의 경우는 반제 · 반봉건적 과제가 결합되어 수행되고, 반제 민족통일전선이 강조되는 등 기본적인 측면에서는 중국과 유사한 형태이지만, 민중민주주의 혁명의 수행 내용과 특히 그 이후의 발전에서는 의미 있는 차이점이 발견된다. 46년 2월부터 약 1년간 북한에서 수행된 민중민주주의 변혁의 특징은 무엇보다도 그 신속함과 철저성에 있다."〈조진경, 민족자주화운동론 I (서울: 백산서당, 1988), 66-68쪽.〉

위의 두 인용문은 한국의 민중주의운동세력이 남한에서 일으키려는 민중민주주의를 실현하기 위한 혁명이 사회주의화와 통일이라는 궁극적 목표를 달성하기 위한 제1단계 혁명이고, 그들이 말하는 민중민주주의변혁(혁명)은 1940년대 중 · 후반 동구와 중국 및 북한에서 전개되었던 인민민주주의변혁(곧 공산화로 가기 위한 중간단계의 혁명)이라는 점을 분명히 밝혀주고 있다.

한국의 민중주의운동세력은 또 자기들이 말하는 민중민주주의를 영어로 표기할 때, 이제까지 우리나라에서 인민민주주의로 번역되어 온 people's democracy로 표기함으로서 한국의 민중주의세력이 궁극적으로 남한의 공산화를 목표로 하는 사회주의혁명세력임을 분명히 했다.

우리 사회에서는 이러한 한국 민중민주주의의 성격과 의미를 해석하는 문제를 놓고 매우 재미있는 현상이 전개되어왔다. 민중주의운동세력 자신들은 앞서 설명한 바와 같이 거의 공공연하게 자신들이 실현하려는 민중민주주의가 사회주의혁명을 목표로 한 중간단계의 체제인 인민민주주의(people's democracy)라고 말하고 있는 데 반해, 민중운동권 밖의 지식인들은 그것을 미국에서 말하는 민중민주주의(populist democracy)라고 해석한다. 한국의 민중주의세력은 민중과 법집행 당국자들을 기만하고 민중을 혁명대열에 보다 용이하게 끌어들이려는 전술적인 이유에서 정치학자들이 통상 인민민주주의로 번역해 온 people's democracy를 민중민주주의로 번역한 것인데, 그것을 해석하는 운동권 밖의 지식인들은 민중민주주의라는 한국어의 단어를 영어단어 populist democracy와 같은 것으로 해석해 온 것이다.

그 결과, 한국에서는 민중민주주의를 실현하려는 민중주의운동세력이 말하는 민중민주주의와 그것을 잘못 해석하는 지식인들이 말하는 민중민주주의가 서로 다른 뜻을 가진 채 동시에 사용되게 되었다.

한국에서의 제3의 길은 새로운 대안을 찾는다는 기본정신에서는 공통되지만, 그 대안의 구체적 내용에 있어서는 많이 다를 수밖에 없다는 것이다. 한국에서의 제3의 길은 대체로 오스트리아나 네덜란드에서 실천되고 있는 민주적 코포라티즘의 주변 어디쯤에 있지 않을까 생각된다.

政治

Chapter
14

제3의 길

思想

01 : '제3의 길'의 내력

1990년대 중반 영국의 토니 블레어 수상이 제3의 길(The Third Way)을 주창하고, 영국의 사회학자 앤서니 기든스가 『제3의 길』이라는 저서를 발행하면서 제3의 길은 한때 세계 정계 및 사상계에서 관심의 대상이 되었다. 한국에서도 한국의 사상적 지향과 관련하여 무언가 변화를 모색해보려는 김대중 대통령이 취임하고 기든스의 저서가 김대중정부의 어용 지식인들에 의해 신속하게 번역 소개되는 등의 일로 인해 매스컴에서 제3의 길이란 용어가 많이 언급되었다.

제3의 길은 블레어나 기든스에 의해 처음 만들어진 용어가 아니다. 이미 19세기 후반 서구의 사상계에서는 제3의 길이라는 용어가 사용되었다. 당시에는 서구사회를 극심한 사상적 갈등으로 몰아넣은 자유 · 자본주의와 혁명적 사회주의간의 대립을 초월한 새로운 국가운영원리로서 제3의 길이 주장되었다.

당시 제3의 길을 주장하던 대표적인 세력은 협동체주의자(coporatist)들이었다. 협동체주의자들은 사유재산, 자유경쟁적 시장경제, 의회민주주의 등을 주장하는 자유 · 자본주의와 재산의 사회화, 계획경제, 프롤레타리아 계급독재 등을 주장하는 혁명적 사회주의라는 두 개의 길이 모두 문제가 있다고 주장하면서 재산의 사유권은 인정하되 그 사용권은 제한할 것, 시장경제와 계획경제를 조화한 혼합경제 질서, 직능대표적 민주주의 등을 주장했다.

이 협동체주의는 이탈리아, 포르투갈, 스페인 등에서 독재세력에 의해 왜곡되게 실천되는 통에 2차 세계대전 후 자유주의세력과 사회주의세력의 양 진영으로부터 파시즘으로 왜곡 비판당하면서 무력화되었다.

1930년대 후반에도 제3의 길 혹은 중도노선이 주장되었다. 이때 제3의 길을 주장한 대표적인 세력은 대공황이라는 자본주의의 실패에 놀란 자유주의세력이었다. 자기들이 옹호해온 자유 · 자본주의가 실패한 것을 목격한 자유주의자들 가운데 시류에 민감하게 반응하는 사람들 혹은 실용주의적인 사람들이 자유 · 자본주의도 혁명적 사회주의도 아닌 제3의 길을 주장하고 나섰다. 미국의 프랭클린 루즈벨트가 주장한 뉴딜이나 영국의 해롤드 맥밀란이 주장한 중도노선(The Middle Way) 등이 모두 이에 속한다. 이들은 큰 틀에서는 자유 · 자본주의 노선을 유지하되 이제껏 자유주의가 거부해온 정부의 경제활동에 대한 개입이나 사회복지제도 등을 적극적으로 도입했다. 그렇게 함으로써 실패한 자유 · 자본주의를 새로운 방식으로 존속 가능하게 만들었다.

기든스가 『제3의 길』을 출판하기 불과 5~6년 전에도 다른 사람에 의해서 저술된 같은 제목의 저서가 같은 영국에서 출판되었다. 영국의 사회민주주의계열 정치운동가인 데니스 로렌스(Dennis Lawrence)는 1988년에 『The Third Way: The Promise of Industrial Democracy』라는 제목의 저서를 출판한바 있다.

1990년대 초에 제3의 길을 주장한 블레어와 기든스는 모두 사회민주주의자로서 시류에 민감하게 반응하는 혹은 실용주의적인 사람들이다. 그들은 소련을 비롯한 동구 공산주의체제 붕괴라는 혁명적 사회주의의 대실패와 사회민주주의 노선 혹은 복지국가 노선을 취해온 일부 서구국가들에서의 경제침체라는 실패에 당면하여 사회민주주의 진영의 활로를 개척하기 위해 제3의 길을 주장하고 나섰다. 그러한 점에 있어서는 대공황으로 자유 · 자본주의가 실패한 상황에서 자유주의 진영의 활로를 개척하기 위해 실용주의적 자유주의자들이 제3의 길을 주장했던 것과 동일하다. 바로 이러한 점에서 한국에서도 전세계적인 사회주의의 실패에 당면하여 방향감각을 상실했던 세력 가운데 일부 시류에 민감한 사람들이 블레어와 기든스의 제3의 길에 매력을 느끼면서 제3의 길이라는 용어의 사용을 유행시킨 것이다.

02 : 블레어-기든스의 제3의 길

블레어와 기든스가 말하는 제3의 길은 경쟁확대 중심의 신자유주의와 복지 중심의 사회민주주의를 제1의 길과 제2의 길로 상정하고 그 두 개의 길을 초월(자신들은 초월한 것이라고 말하나 실질적으로는 양자를 절충한 측면이 강하다)한 새로운 길로 제시된 것이다.

제3의 길에 대한 기든스의 설명을 요약하면 다음과 같다. 국가 중심적이고 복지 의존적인 전통적 사회민주주의는 세계화된 오늘날의 상황에는 부적합하고, 시장중심적인 신자유주의도 경제적 효율성은 제고시켰지만, 그에 부수되는 많은 사회적 부작용을 해결하지 못하는 문제점을 노정하고 있다. 이러한 시대 상황에 비추어 볼 때, 올바른 국가운영 노선은 전통적 사회민주주의와 신자유주의를 뛰어넘는 새로운 방식이어야 한다. 그 새로운 노선 즉 제3의 길에서는 과거 사회민주주의나 신자유주의에서 갈등관계에 있어 온 시장과 정부의 관계를 상호보완적 협력관계로 전환하고, 정부는 시장의 역동성을 존중하는 동시에 인적자원의 개발과 기업활동의 각종 인프라를 구축하는 일을 적극적으로 수행해야 한다. 그렇게 되면, 시장의 역동성은 경제적 효율성을 제고하고 정부의 노력은 새로운 직장이 많이 창출되도록 유도함으로써 시장중심의 경제과정에서 파생된 실업과 빈곤 등의 폐해를 완화시킬 수 있을 뿐만 아니라 나아가서는 시장경제의 역동성을 더욱 보완해준다는 것이다.

지난날 사회민주주의진영이 평등과 복지를 강조한데 반해 블레어-기든스의 제3의 길은 사회 구성원들 간의 연대와 적극적 복지(또는 생산적 복지)를 강조한다. 강조하는 용어가 평등에서 연대로, 복지에서 적극적 복지로 이동한 것이다.

제3의 길에서 강조하는 사회 구성원들 간의 연대란 시민들이 동일한 공동체의 구성원이라는 의식과 그 의식에 바탕을 둔 상호부조적 행동을 말한다. 시민들이 그러한 연대의식을 가지면, 자유시장경제의 경쟁과정에서 피해를 입은 사회적 약자들의 문제를 자기들과 관련된 문제로 생각하고 그들의 보호에 보다 적극적인 관심을 가지게 된다. 그러한 사회적 연대가 존재해야 역동적 시장경제가 경제적 효율성을 증진시키면서 국경 없는 세계경제에서 무차별적으로 노출되는 사회적 약자들을 효과적으로 보호하는 장치가 마련될 수 있다는 것이 블레어와 기든스의 설명이다.

제3의 길에서 강조하는 적극적 복지란 경제적 효율성을 손상하지 않게 하면서 사회적 약자들의 불우상태를 예방하는 복지를 의미한다. 그들이 말하는 적극적 복지는 정부가 국민들 특히 가난한 국민들의 소득 창출 및 소득증대능력의 개발을 지원하여 가난한 사람들

스스로가 가난으로부터 벗어날 수 있도록 하거나 가난한 사람들이 없어지도록 하는 복지정책을 내용으로 하는 것으로서 지난날 복지중심 사회민주주의에서 주안점을 두어 온 정부가 부자들의 소득의 일부를 거두어 가난한 자들에게 나누어주는 식의 복지정책과 비교할 때 복지정책의 강조점을 달리한 것이다. 소득분배정책에 초점이 맞추어진 복지정책은 경제적 효율성을 손상시킬 가능성이 큰 데 반해 인적자원 개발과 일자리 창출에 초점을 맞춘 복지정책은 경제적 효율성과 양립할 수 있다는 생각에서 그러한 주장을 한 것이다.

블레어-기든스가 말하는 제3의 길은 역동적인 시장과 적극적인 정부를 연결한다는 수사적 표현을 사용하고 있으나 그것의 실질적 내용은 정부의 역할을 시장경제의 효율성을 저해하지 않는 것으로 제한하는 것을 뜻한다. 그들이 말하는 제3의 길은 다만 정부가 사회적 약자들의 불우한 처지 방지를 위해 인적자원 개발 등 적극적인 역할을 수행할 것을 주장하는 점에서 신자유주의와 다르다. 그들의 노선은 만일 시장경제의 효율성과 사회적 약자들의 불우한 처지를 방지하는 정부의 역할이 대립될 경우에는 시장경제의 효율성을 우선시할 수밖에 없는 노선이다.

다시 말하자면, 블레어-기든스의 제3의 길은 그들의 주장처럼 신자유주의와 사회민주주의를 초월한 것이라기보다는 사회민주주의에 신자유주의를 보완하는 정도의 노선인 것이다. 경제적 효율성 제고를 위해 신자유주의의 시장중심 정책을 채택하되 신자유주의체제에서 규제되지 않은 경쟁으로 인해 파생되는 사회적 약자들의 곤경을 예방하는데 보다 적극적인 정책적 배려를 하자는 노선이라고 보는 것이 타당하다.

그러한 점에서 보면, 블레어-기든스의 제3의 길은 그들이 비판해야 할 대상인 신자유주의 경제정책과 질적으로 동일한 정책을 취할 수밖에 없는 영국 사회민주주의세력의 노선 우경화를 정당화하기 위한 수사적 구호 정도로 폄하될 수도 있다. 따라서 블레어-기든스의 제3의 길은 정통 사회민주주의자들로부터 신자유주의에 투항한 것이라는 비판도 받을만 하다. 요컨대, 블레어-기든스의 제3의 길은 독창적 내용을 가진 것이기보다는 영국에서 헤게모니 장악에 실패한 복지중심의 사회민주주의세력이 자기들의 좌익적 정체성을 유지하면서 우익세력이 추구해온 신자유주의 정책의 문제점을 보완할 수 있는 대안을 제시한 실용주의적 현실 적응 논리라 할 수 있다.

03 : 다양한 제3의 길

제3의 길은 두 개의 사상이 치열한 대립양상을 보이거나, 경쟁하던 두 개의 사상진영 가운데 어느 한쪽이 크게 열세에 처할 때 자주 등장한다.

두 개의 사상이 치열한 대립양상을 보일 때는 대립하는 두 개의 사상노선에 다 같이 오류가 있다고 생각하는 사람들, 혹은 치열한 사상대립으로 인한 사회적 피해를 방지해야 한다고 생각하는 사람들에 의해 제3의 길이 주장된다. 이러한 상황에서 제기되는 제3의 길은 도덕적 각성이 주된 계기가 된다.

경쟁하던 두 개의 사상진영 가운데 어느 한쪽이 크게 열세에 처했을 때는 열세에 처한 쪽에서 새로운 환경에서 자기 진영의 활로를 개척하려는 사람들에 의해 제3의 길이 주장된다. 이러한 상황에서 제기되는 제3의 길은 열세에 처한 사상노선에 우세한 사상노선의 장점들을 수용하는 것을 주된 내용으로 한다.

어떤 계기로 제3의 길이 주장되건, 제3의 길이라는 대명사로 불리우는 사상적 노선의 구체적 내용에 있어는 천차만별이 있게 된다.

제3의 길은 대립하고 있는 기존의 사상노선이 무엇이냐에 따라서, 그리고 대립하고 있는 두 사상들의 구성요소들을 어떻게 배합하느냐에 따라 그 내용이 달라진다.

오늘날 자유경쟁 중심 신자유주의와 복지중심 사회민주주의(혹은 복지 자본주의)의 대립으로부터 새로운 대안인 제3의 길을 모색함에 있어서도 각 국가가 처한 조건에 따라 그 제3의 길의 내용이 달라진다.

이처럼 다양한 제3의 길 혹은 '제3의 길' 적 사고는 그 내용의 독자성 여부를 불문하고 일단 긍정적으로 평가해야 한다. '제3의 길' 적 사고는 근본적으로 실용주의와 창조적 정신의 발로이기 때문이다.

기성의 이데올로기는 각국의 구체적 상황에 비추어 정립된 것이기 아니기 때문에 그것을 각국의 구체적 상황에 적용하려 할 경우, 부적절한 요소들이 드러나기 마련이다. 각국이 각자의 독특한 여건에서 당면문제들을 효과적으로 해결하려면 기성의 한두 가지 이데올로기에 구속되어서는 안 된다. 이데올로기 구속적인 사고를 벗어나서 자국의 현실에 적합한 사회운영원리를 모색해야 한다. 이러한 창조적이고 실용주의적인 모색이 이데올로기의 대립 속에서는 제3의 길 혹은 중도노선이라는 명제를 낳게 만든다.

사회적 문제에 대한 두 가지 이론이 경합한다는 것은 두 가지 이론이 모두 부분적인 타당성과 부분적인 오류를 내포하고 있음을 뜻한다. 만일 하나의 이론이 완벽하게 타당하다면 그에 대항하는 이론은 사람들의 지지를 받지 못할 것이며, 조만간 사회이론으로서의 설득력을 상실하게 될 것이다. 하나의 이론이 완벽한 타당성을 확보하지 못하고 그에 대항하는 이론과 경쟁상태에 있을 때는 대립하는 두 이론의 절충영역이나 혹은 두 이론을 초월적으로 종합하는 지점에 상대적으로 보다 타당한 이론이 존재할 가능성이 크다. 이런 점에서 볼 때 두 개의 이데올로기가 대립하고 있는 상황에서 두 이데올로기의 결함을 비판하면서 제기되는 중도노선이나 제3의 길은 일단 긍정적인 평가를 받아도 될 것이다.

자본주의(특히 자유시장주의)와 사회주의(특히 사회민주주의)를 놓고 보면, 양자는 모두 부분적 타당성과 부분적 오류를 내포하고 있다. 전자는 경제적 효율성이라는 면에서 타당성을 가지고 있지만 규제되지 않은 경쟁이 초래할 사회적 피해에 대한 대응에 취약하다. 반면에 후자는 경제적 효율성의 면에서는 취약하지만 사회적 약자들의 보호라는 인도주의적 가치 실현의 면에서는 효율성을 나타낸다. 이 두 이데올로기가 장기간 경쟁적으로 공존하고 있는 것은 양자가 가지고 있는 불완전성 때문이다. 두 이데올로기가 다 불완전하다면 각국의 국가운영에 있어서 보다 타당한 노선은 양자의 절충영역, 혹은 양자를 초월적으로 종합하는 데 있을 것이다. 그러한 절충이나 종합의 기본을 자본주의에 둘 것이냐 사회주의에 둘 것이냐는 각 나라와 각 시기에 따라 달라질 것이지만, 어쨌든 절충과 종합에 보다 현실적인 대안이 존재한다는 것만은 분명하다.

04 : 한국과 제3의 길

오늘날의 세계상황에서는 순수한 자본주의나 순수한 사회주의가 어느 나라에서도 성공적으로 운용될 수 없다. 특히 규모가 작고 천연자원이 부족한 국가에서는 더욱 그러하다. 오늘날 자본주의체제를 취하고 있는 어느 국가에서도 정부가 경제분야에 전혀 개입하지 않는다거나 사회복지를 위한 역할을 전혀 수행하지 않는 국가는 없다. 또한 소련을 비롯한 동구 사회주의국가들은 사회주의 경제의 원천적 비효율성으로 인해 모두 붕괴되었다. 따라서 순수한 자본주의나 순수한 사회주의의 고수를 위해서 제3의 길을 부정하는 것은 시대착오적인 행위이다.

각국이 당면한 문제들을 해결하기 위한 창조적이고 실용주의적인 사고를 하려면 과도하게 경직된 이데올로기 구속적 사고를 벗어나야 하고, 이데올로기 구속적 사고를 벗어나는 것은 자연히 기존 이데올로기와는 다른 대안을 모색하는 제3의 길과 친화적인 사고 또는 제3의 길을 긍정적으로 보는 사고를 낳을 것이다.

그러나 모든 '제3의 길' 추구를 다 같이 긍정적으로 평가해서는 안 된다. 첫째, 기존의 사상들에 대한 진지한 성찰과 비판이 없는 채 '유행 따라' 주장되는 '제3의 길'이나 '중도 노선'은 긍정적으로 평가할 수 없다. 기존의 사상들에 어떤 문제점들이 있기 때문에 '제3의 길'이 필요하다고 주장되지 않고, 무조건 '제3의 길'을 제시하는 것은 마치 좌우에 대한 진지한 비판 없이 '나는 중도다'라고 천명하는 것과 같은 사기 비슷한 것이기 때문이다. 둘째, 내용이 극히 공상적인 '제3의 길'은 긍정적으로 평가할 수 없다. 이데올로기 구속적 사고를 벗어난다거나 제3의 길을 모색하는 것은 실용주의적 철학에 입각할 때만 가치가 있다. 실용성 또는 현실성을 갖지 못한 제3의 길은 또 하나의 이데올로기에 불과하다. 셋째, 기존 체제의 파괴를 위한 반체제운동의 위장 간판으로 내세워진 '제3의 길'은 긍정적으로 평가할 수 없다. 그것은 제3의 길이 아니라 기존의 길에 대한 '반대의 길'이다. '반대의 길'을 '제3의 길'이라고 말하는 것은 선전적 기만술에 불과하다.

한국에서도 '제3의 길'적인 사색이 필요하다. 극히 이질적인 체제로 분단되어 있는 한반도 전체의 상황을 생각하거나 한국의 내외적 여건과 당면문제들을 생각할 때 한국에서도 민족통일의 차원에서나 대한민국의 국가운영원리의 차원에서나 간에 다 같이 '제3의 길'적인 사색이 필요하다고 본다. 단, 그 제3의 길이라는 캐치프레이즈가 대한민국의 자유민주주의체제를 와해시키려는 공작의 위장 간판으로 이용되는 것은 경계해야 한다.

블레어 · 기든스가 제시하는 제3의 길도 사색의 틀로서는 가치가 있으나 구체적 내용을 모방하기에는 어려운 점이 많다. 영국의 여건과 한국의 여건이 다르기 때문이다. 현재 한국에서는 정치세력 및 국민들 사이에 사상적인 합의가 깨져있고, 민간부문의 자립성도 영국보다 크게 낮으며, 세계화를 인정하고 시장경제의 효율성이 보장되어야 한다는 점에 대한 경제주체들의 합의도 부족하고, 국가안보의 여건도 영국에 비해 극히 열악하다는 점을 고려하면 그들의 구체적 주장들은 수용하기에 부적절한 점이 많다는 것이다.

요컨대, 영국에서의 제3의 길이나 한국에서의 제3의 길은 새로운 대안을 찾는다는 기본정신에서는 공통되지만, 그 대안의 구체적 내용에 있어서는 많이 다를 수밖에 없다는 것이다. 한국에서의 제3의 길은 대체로 오스트리아나 네덜란드에서 실천되고 있는 민주적 코포라티즘의 주변 어디쯤에 있지 않을까 생각된다.

Chapter

15

혁명과 쿠데타, 그리고 반란

政治思想

01 : 부적절하게 사용되는 혁명과 쿠데타

우리나라 정치인과 언론인들은 '혁명'이라는 용어를 사용하기를 좋아한다. 그래서 혁명이라는 용어를 사용할 수 없는 정치적 사건에 대해서까지 '혁명'을 갖다 붙인다. 예를 들면, 박근혜 대통령의 탄핵을 촉구하기 위해 전개했던 촛불집회를 두고 그것을 지지하는 세력은 '촛불혁명'이라고 명명하고, 문재인 정권의 퇴진을 촉구하기 위해 광화문광장에서 개최한 태극기집회를 두고 그것을 지지하는 세력은 '태극기 국민혁명'이라고 명명한다. 또 선거를 통해 정권을 교체하자면서 그것을 '선거혁명'이라고 말하는 정치인들도 있었다.

과거에 발생했던 혁명이 아닌 사건들에 대해서도 혁명이란 용어를 붙여 명명하고 있다. 예를 들면, 구한말에 발생했던 '동학란'을 '동학혁명'이라 부르고 '5 · 16군부쿠데타'를 '5 · 16군사혁명'이라고 부른다.

그런가 하면, 정치와 아무 상관도 없는 사건에 '혁명'을 갖다 붙이기도 한다. 교육정책 변경이나 대학입시 방법의 변경을 취하는 것을 두고 '교육혁명' 이라 부른다. 심지어는 대형 상품판매점이 판매 상품의 종류를 바꿔놓고서는 그것을 '상품혁명' 이라고 선전하기도 한다.

우리나라 정치인과 언론인들은 '혁명' 이란 용어를 긍정적인 함의를 가진 용어로 애용하는데 반해, 혁명과 비슷한 양상을 나타내는 사건을 지칭하는 '쿠데타' 라는 용어에 대해서는 부정적인 함의를 내포한 용어로 사용한다. 국회가 행정부의 입장에 반대되는 내용의 법률을 의결하면 '입법 쿠데타' 라고 말하고, 검찰이 집권세력의 이익에 반대되는 성향의 수사와 기소를 단행하면 '검찰 쿠데타' 라고 부른다.

혁명과 쿠데타라는 용어를 위에 예거한 사례들에서처럼 마구잡이로 사용하는 것은 두 용어의 본래 뜻을 잘 모른 데서 비롯된 부적절한 언행이다. 그것이 부적절하다는 사실을 이해하려면 혁명과 쿠데타라는 용어의 정확한 의미를 알아야 한다.

02 : 혁명의 의미

혁명과 쿠데타는 국가의 통치권을 장악하는 방법과 정치변동의 형태를 지칭하는 용어들이다. 혁명은 정치변동 중에서 가장 극적이고 광범위한 변동 형태이다. 혁명은 통상 통치체제의 전복과 교체를 핵심사업으로 추진하며, 그런 탓으로 해서 혁명은 반드시 기존 헌법의 대대적인 개정이나 새로운 헌법의 제정을 동반한다.

혁명은 영어단어 revolution의 번역어이다. 영어단어 revolution은 라틴어 revolutio에서 유래했다. 라틴어 revolutio는 사물의 회전을 의미했다. 영어 revolution이 정치적 용어로 사용되기 시작한 것은 17세기부터이다. 17세기 영국에서 revolution이 정치적 용어로 사용될 때, 그 단어의 의미는 라틴어 어원의 의미를 계승하여 정치상황이 이전(정상)상태로 회귀되는 것이었다. 청교도들의 무장봉기로 군주정이 붕괴되었다가 1660년 왕정이 복고된 것과 1688년 왕과 의회가 타협하여 왕권이 제한된 군주정을 수립한 사건들을 revolution으로 묘사했다. 군주정이 붕괴되었다가 다시 정상상태로 회귀된 것을 revolution이라고 말한 것이다. revolution을 정상상태로의 회귀를 뜻하는 것으로 사용하는 것은 미국의 독립혁명(1776년) 때까지도 지속되었다. 미국 독립혁명 당시 미국의 독립운동가들은 자기들의 투쟁이 새로운 정치체제를 창조하는 것이 아니라 과거에 존재했던 적합한 정치체제로 회귀하기 위한 것으로 생각했다.

유럽문화권에서 revolution이라는 용어가 '극적이고 광범한 정치변동' 을 뜻하는 용어로 사용되기 시작한 것은 1789년에 발생한 프랑스혁명에서부터이다. 유럽문화권은 이때 프랑스에서 진행되는 급격하고도 광범한 정치변동을 혁명이라고 묘사했으며, 이때부터 구체제를 철저하게 파괴하고 완전히 새로운 정치체제를 창조하는 활동을 혁명이라고 말하는 것이 정착되기 시작했다. 한자문화권에서는 19세기 중반부터 revolution을 '하늘이 정한 운명을 바꾸는 큰 일' 이라는 뜻을 내포한 '혁명' 으로 번역하여 사용했다.

오늘날 정치학에서 통용되는 혁명의 의미는 다음과 같이 정리할 수 있다. "혁명은 피지배계층에 속하는 반체제세력이 기존 정치체제를 다른 정치체제로 변경시킬 목적으로 다수의 동조 군중을 동원하여 지배세력으로부터 국가통치권을 탈취하고 새로운 정치체제를 수립하는 정치변동의 형태이다."라고.

혁명에는 장기간에 걸쳐 매우 많은 수의 인원이 동원된다. 그래서 혁명은 혁명에 동원될 수 있는 피지배층의 규모가 일정 수준이상 확대되어 있고, 대규모 대중동원이 가능한 사회에서만 나타난다. 국가

통치가 아무리 열악하게 행해지고 있더라도 통치세력의 탄압이 효율적으로 이루어져서 혁명 주도세력의 대중동원이 불가능한 사회에서는 혁명이 일어날 수 없다.

03 : 혁명과 폭력

혁명은 대체로 폭력 · 무력투쟁을 동반한다. 혁명이 시도되면 대부분의 경우 통치권장악세력(정부)은 군대와 경찰을 동원하여 혁명을 진압하려 하며, 혁명세력이 무력 진압을 돌파하려면 진압무력을 압도하는 폭력을 사용해야하기 때문이다. 그러나 모든 혁명이 다 폭력을 사용하는 것은 아니다. 예를 들면, 혁명세력의 봉기에 당면한 통치권장악세력이 이러저러한 이유로 혁명적 봉기를 진압하려는 의지를 가지고 있지 않는다든지, 의지는 있으나 봉기 진압에 필요한 무력을 보유하고 있지 못한다든지, 혁명봉기의 진압을 위해 동원된 군대와 경찰이 혁명 군중에 동조한다든지, 혁명세력이 비혁명세력인 것처럼 위장하여 선거를 통해 통치권을 장악한 후에 혁명공작을 실행한다든지 할 경우, 혁명은 폭력 동원 없이도 성공하게 된다.

이처럼 폭력사용 없이 성공한 혁명을 '평화혁명' 이라 말하고, 더 멋지게는 '명예혁명' 이라고도 말한다. 그러나 혁명의 성공을 위해 폭력이 사용되었는지 여부는 그 혁명의 정당성 또는 도덕성 판단의 기준이 될 수 없다. 혁명세력이 통치권 장악 후에 실천한 혁명사업들이 국가의 안전과 번영, 국민의 자유와 복지 증진에 기여하는지 여부가 혁명의 정당성 · 도덕성 판단의 기준이 된다.

혁명의 성공 여부는 다음 두 가지 공작이 성공하느냐 여부에 따라 좌우된다. 첫째는 혁명주도세력이 대중을 동원하여 혁명을 추진하는 공격적 군중으로 전환시키는 공작이다. 이 공작이 성공해야 기존 통치세력으로부터 국가통치권을 탈취할 수 있다. 둘째는 새로 도입한 정치체제를 조속히 정착시키는 공작이다. 대부분의 혁명은 국가통치권의 탈취까지는 성공하지만 새로운 정치체제의 안정된 정착에는 쉽게 도달하지 못한다. 새로운 정치체제를 안정되게 정착시키기 위해서는 반혁명세력의 반격과 혁명지도부의 분열이라는 어려운 장애물들을 극복해야하기 때문이다.

04 : 혁명의 종류

혁명은 종류가 꽤 많다. 혁명의 종류는 3가지 기준에 따라 정리할 수 있다.

첫째, 혁명세력이 신봉 · 실현하려는 사상(이데올로기)을 기준으로, 자유주의혁명, 민주주의혁명, 사회주의혁명, 무정부주의혁명 등으로 분류할 수 있다. 자유주의혁명은 국가가 국민의 생명 · 자유 · 재산을 보호해주는 정치체제를 수립하려는 혁명이다. 민주주의혁명은 국가의 주권을 국민이 행사하는 정치체제를 실현하려는 혁명이다. 사회주의혁명은 평등한 국민이 국가경제의 모든 생산 · 분배수단을 공유하는 정치체제를 실현하려는 혁명이다. 무정부주의혁명은 국가와 자본주의 경제제도를 비롯한 일체의 위계적 지배제도를 완전히 폐지하고 인간의 자유와 평등을 최대로 보장하는 자율적 사회를 실현하려는 혁명이다.

둘째, 혁명을 주도하는 세력의 신분을 기준으로 농민혁명, 부르주아혁명, 노동자(프롤레타리아)혁명, 민중혁명 등으로 분류할 수 있다. 농민혁명은 농민들이 주도하는 혁명이다. 부르주아혁명은 부르주아지들이 주도하는 혁명이다. 노동자혁명(프롤레타리아혁명)은 노동자가 주도하는 혁명이다. 민중혁명은 특정 신분이 혁명을 주도하지 못하고 다양한 계급 · 계층의 피지배 민중의 연합체가 주도하는 혁명이다.

셋째, 혁명에 동원되는 수단을 기준으로, 폭력혁명과 평화혁명으로 분류할 수 있다. 폭력혁명은 혁명세력이 국가통치권을 장악함에 있어서 물리적 폭력을 광범하게 사용한 혁명이다. 평화혁명은 혁명세력이 국가통치권을 장악함에 있어서 의미 있는 규모의 물리적 폭력이 행사되지 않은 혁명이다.

05 : 혁명이 일어나기 쉬운 상황

혁명은 아무 국가에서나 발생하고 성공하는 것이 아니다. 혁명이 발생하고 성공하기 쉬운 조건을 갖춘 국가에서만 발생하고 성공한다. 혁명이 발생하고 성공하기 좋은 조건을 한마디로 요약하자면, 기존 정치체제를 유지하려는 세력의 정치 · 사회적 역량의 총합이 기존 정치체제를 파괴 · 전복하려는 세력의 정치 · 사회적 역량의 총합보다 작은 상황이라고 정리할 수 있다.

그러한 상황을 조성하는 요인들로는 다음과 같은 것들을 열거할 수 있다.

첫째는 지배계층의 분열이다. 기존 정치체제의 유지에 기여해 온 지배계층이 어떤 이유로든 분열하게 되면 정치체제를 유지하는 그들의 역량이 급격히 감소한다.

둘째는 반체제세력이 사회적 선전의 주도권을 장악하는 것이다. 사회적 선전의 주도권을 반체제세력이 장악하게 되면 반체제세력의 사고방식을 유행으로 조작하고, 대중은 반체제세력의 사고방식을 따른다. 대중은 언제나 유행을 따르기 때문이다.

셋째는 국가통치권의 일부 내지 전부가 반체제세력이 아닌 것처럼 위장한 반체제세력 및 그들과 연합한 세력에게 장악되는 것이다. 그런 경우, 반체제세력은 '기존 정치체제를 개선하기 위한 개혁'을 추진한다고 거짓 선전하면서 실제로는 기존 체제를 허무는 혁명공작을 실행한다. 그러한 개혁의 정체를 알지 못하는 대중은 '체제파괴 혁명의 일환으로 취하는 개혁'을 '체제 공고화를 위한 개혁'으로 착각하여 지지한다.

넷째는 국가의 강제력 장치들이 반체제세력의 체제파괴를 위한 위법활동 단속에 무력해지는 것이다. 이런 사태는 강제력 장치들의 상부구조가 무능 · 부패했거나 하부구조에 반체제세력이 대거 침투했을 때 나타난다.

다섯째는 대외적 고립이다. 국가통치권을 장악한 세력이 정치체제가 동질적인 국가들은 멀리하고, 정치체제가 적대적인 국가들을 가까이 할 때 대외적 고립이 심해진다. 그런 조건에서는 기존 정치체제가 와해되는 위기에 봉착했을 때 그것을 저지하기 위한 국외로부터의 지원을 확보할 수 없다.

여섯째는 기존 정치체제가 전쟁 · 경제난 · 사회혼란 · 전염병 · 천재지변 등에 대한 대응에 무능한 것이다. 그런 사태가 나타나면 대중은 기존 정치체제를 경멸하면서 '기존 체제만 아니면 어떤 체제라도 좋다'는 입장을 취한다.

위에 열거한 6개의 요인들 모두가 혹은 그중의 몇 가지라도 나타나게 되면 혁명은 거의 필연적으로 일어나게 된다. 그래서 어떤 국가에서 그런 요인들이 동시다발로 발생하면 혁명정세가 도래했다고 평가한다. 혁명적 정세의 도래는 약간의 사회과학적 지식만 있어도 인지 가능하다. 그러나 반체제세력이 사회적 선전 분야의 주도권을 장악하고 있는 국가에서는 일반 대중은 물론이고 사회과학적 지식 수준이 상당히 높은 수준에 이른 지식인들조차도 혁명적 상황이 조성되어 혁명과업이 이미 진행 중인데도 혁명의 진행을 인지하지 못한다.

06 : 쿠데타와 군부

쿠데타(coup d'etat)는 프랑스어 용어로서, 그것이 의미하는 바는 국가에 대한 타격(stroke of state; blow of state) 내지 국가전복(overthrow of state)이다. 그러나 정치변동의 한 형태인 쿠데타가 변경하려는 것은 국가를 통치하는 정부의 변화(보다 엄밀하게 말하자면 정부의 인적구성 변경)이지, 국가 자체의 변질은 아니다.

쿠데타는 소규모 음모집단이 무력을 사용하여 위법적 · 기습적으로 국가통치권(정권)을 탈취 · 장악하는 정치변동의 한 형태이다. 쿠데타에는 그다지 많은 수의 인원이 동원되지 않으나 물리적 폭력은 필수적으로 동원된다. 쿠데타의 성공을 위해서는 쿠데타에 반대할 정부의 핵심인사들을 신속히 체포 · 살해하고 군부 내에서 반쿠데타 병력이 형성 · 기동하는 것을 저지해야 하는데, 그런 일들을 실행하려면 무장집단의 확보가 절대적으로 필요하기 때문이다. 무력행사 없는 혁명은 있어도, 무력행사 없는 쿠데타는 없게 된다.

쿠데타는 단기간 내에 성공 여부가 판가름 난다. 쿠데타 주도세력이 대체로 7~10일 이내에 자기들의 통치권 장악을 안정시키면 그

쿠데타는 성공하게 된다. 쿠데타는 단기간 내에 성공하지 못하면 반쿠데타세력의 반격을 받아 실패하게 된다.

현대국가는 상당한 규모의 상비군을 보유하고 있기 때문에, 현대국가에서 발생하는 쿠데타는 군인들이 주도하거나 조역으로 참여한다. 상비군이 존재하는 국가에서는 쿠데타에 필요한 무장병력을 동원하고 군부로부터의 저항을 저지하려면 군부의 고위 장교, 그중에서도 다수의 군 장교들로부터 좋은 평판을 받는 인물들이 쿠데타를 주도하거나 참여해야 한다. 그래야 쿠데타 정권을 단시일 내에 안정시킬 수 있기 때문이다. 이런 까닭으로 해서 쿠데타에는 군인들이 주역이나 조역으로 참여하는 것이 필수적이다.

군인들의 쿠데타 참여형태는 4가지로 분류할 수 있다. 첫째는 쿠데타를 군인들이 기획하고 군인들만 쿠데타에 참여하는 것이다. 둘째는 통치권자의 명령을 받아 군인들이 쿠데타에 참여하는 것이다. 셋째는 통치권자 혹은 정부에 반대하여 봉기한 민중의 호소에 호응하여 군인들이 쿠데타에 참여한 것이다. 넷째는 외국의 유인과 지원을 받아 군인들이 쿠데타에 참여하는 것이다.

07 : 쿠데타의 종류

군인들의 쿠데타 참여형태는 쿠데타의 진행 방향에 강한 영향을 미친다. 군인들이 기획하고 군인들만이 거사에 참여한 쿠데타는 3가지 진행 방향으로 나누어진다. 하나는 순전히 군사독재정권을 조직하려는 쿠데타이다. 이런 쿠데타에 의해 만들어진 군사정권에서는 행정 · 입법 · 사법 기구의 고위직을 군인 장교들이 독점하며, 정치와 관련된 국민의 기본권들은 모두 박탈된다. 이러한 쿠데타를 통해 조작된 군사독재정권은 장기 집권을 추구한다. 두 번째는 기존 정치체제를 방어하는 지향성을 가진 쿠데타이다. 이러한 쿠데타에서는 국가통치권을 장악한 군인들이 기존 정치체제에 반대하는 세력을 숙청하여 체제의 방어력을 강화한 후 군부로 돌아가거나 민간인으로 신분을 전환하여 기존 정치체제에 충성하는 민간인 정치인들과 협력하여 국가를 통치한다. 세 번째는 기존 정치체제를 파괴하는 지향성을 가진 쿠데타이다. 이러한 쿠데타에서는 국가통치권을 장악한 군인들이 기존 정치체제에 충성하는 세력을 숙청하고 기존 체제에 반대하는 정치세력과 협력하여 국가를 통치한다. 이때 쿠데타 군인들과 협력하는 반체제세력은 파시스트들일 수도 있고 공산주의자들일 수도 있다. 군인들은 체제변혁을 주도하지 못하며 파시스트나 공산주의자의 지도를 따른다.

국가통치권자의 명령을 받아 군인들이 일으킨 쿠데타의 진행 방향은 한가지뿐이다. 그것은 통치권자의 권력 강화를 목적으로 하는 친위쿠데타이다. 친위쿠데타는 2가지로 분류할 수 있다. 하나는 반대세력의 합법적 내지 초법적 공세로 권좌가 위태로워진 통치권자가 자기의 권좌를 위협하는 반대세력의 공세를 제압하기 위해 군부를 동원하는 쿠데타이다. 다른 하나는 통치권자가 헌법이나 정치체제의 정신을 초월하여 자기의 권력을 강화하고 통치권자의 지위를 장기간 유지하려는 권력욕을 충족시키기 위해 군부를 동원하는 쿠데타이다. 방어적 친위쿠데타로 명명할 수 있는 전자의 경우에서는 쿠데타에 동원된 군부는 반대세력의 공세를 제압하는데 있어서 법률 위반을 자제하며, 반대세력을 제압하고 나면 대체로 군으로 복귀한다. 공격적 친위쿠데타로 명명할 수 있는 후자의 경우에서는 군부는 통치권자의 지시에 따라 무력을 행사하여 의회와 사법부의 인적 구성을 전면적으로 개편하며, 헌법을 개정하는 등 통치권자의 권력 강화에 필요한 조치들을 취한다. 아울러 그런 조치들에 반대하는 정당과 사회단체들을 모두 강제 해산하고 그 간부들을 투옥하며, 국민의 정치 · 사회 · 경제적 기본권들을 대폭 제한한다. 이런 쿠데타에 참여한 군부 지휘관들의 상당수는 정권에 참여하여 정권과 군부의 일체화를 위한 연결고리 역할을 수행한다.

통치권자에 반대하거나 정부에 반대하여 봉기한 민중이 쿠데타를 일으켜 달라고 호소한데 호응하여 군인들이 일으킨 쿠데타는 민중혁명에 기여하는 쿠데타이다. 이때의 민중혁명은 자유주의혁명, 민주주의혁명, 사회주의혁명, 무정부주의혁명 중 어느 것도 될 수 있다. 우리나라 정치인과 언론인 심지어는 사회과학자들 중에는 군부쿠데타라 하면 으레 반공 쿠데타일 것으로 단정하는 사람들이 적지 않다. 실제는 그렇지 않다. 반공적 군부쿠데타도 많지만 친공적 군부쿠데타도 적지 않다. 봉기한 민중의 호소에 호응하여 쿠데타에 나선 군부가 반공 입장을 취할 것인지 친공 입장을 취할 것인지는 두 가지 요인에 따라 결정된다. 하나는 봉기한 민중의 입장이 반공과 친공 중 어느 편인지이다. 다른 하나는 친공분자들의 군부 침투가 어느 정도인지이다. 봉기한 민중이 반공적이고 친공분자들의 군부 침투가 미미하면, 민중의 호소에 호응하여 거사된 군부쿠데타는 반공적 쿠데타가 된다. 반대로, 봉기한 민중이 친공적이고 친공분자들의 군부 침투가 의미 있는 수준에 도달해 있다면, 민중의 호소에 호응하여 거사된 군부쿠데타는 친공적 쿠데타가 된다.

군인들이 외국의 유인과 지원을 받아 일으킨 쿠데타는 대외의존적 군부독재정권을 구성하려는 쿠데타다. 이런 쿠데타는 동일한 정치체제를 갖고 있는 국가들이 자기들의 정치체제를 안전하게 유지하기 위해 집단적 안보동맹을 구축하고 있는 국가들에서 일어난다.

집단안보동맹을 구축한 국가들 가운데 어느 한 국가에서 정치체제를 변혁하려는 정치변동이 성공하게 되면 집단안보동맹에 참여한 모든 국가들의 정치체제 존속에 피해를 주게 된다. 그러한 피해를 방지하기 위해 동맹에 참여한 여타 국가들, 그중에서도 동맹의 중핵 국가는 정치체제를 변혁하려는 정치변동이 진행되고 있는 국가에서의 정치변동을 저지하기 위한 각종 공작을 전개한다. 그런 공작들이 다 실패하면 최후의 방법으로 그 나라 군부로 하여금 쿠데타를 일으키도록 유인 · 지원한다. 외국의 유인 · 지원을 받아 쿠데타를 일으킨 군부는 외국의 지원 하에 자기 나라에서 전개 중인 체제변혁적 정치변동을 무력으로 저지한 후 장기간 군부독재를 실시한다. 때로는 최고권력자를 교체해가면서 군부독재정권을 장기간 유지하기도 한다. 이런 정권은 국내의 정권전복 역량이 외부로부터의 정권 지원 역량보다 강해질 때까지 유지된다.

08 : 쿠데타가 일어나기 쉬운 상황

혁명과 마찬가지로 쿠데타도 일어나기 쉬운 정치 · 사회적 환경이 조성되었을 때 일어난다. 쿠데타가 일어나기 쉬운 환경을 조성하는 주요 요인으로는 다음 4가지를 들 수 있다.

첫째는 군사부문의 과대 성장이다. 전쟁발발 가능성도 희박한데 군 병력의 규모가 매우 크다. 이런 조건에서는 군인들에 대한 정부와 국민들의 평가와 대우가 나빠지고, 군인들은 그에 대해 불만을 갖게 된다. 동시에 군인들은 전쟁의 긴장감이 사라져서 권태감을 갖는다. 군인들의 불만과 권태감은 군인들로 하여금 자기들의 무력을 사용하여 허약한 민간 부분을 제압하고자 하는 욕망을 불러일으키며, 이러한 불만 · 권태 · 욕망이 쿠데타로 연결된다.

둘째는 국가통치집단의 무능과 부도덕성이다. 정치체제가 어떤 것이든 국가를 통치하는 집단이 국가의 당면 문제들을 전혀 해결하지 못하고, 공직을 이용하여 자기의 이익을 늘리는 부도덕 행위를 상습적으로 자행하고 있으면, 민중의 다수가 통치집단을 경멸하면서 통치집단의 전면적 교체를 희망하게 된다. 다수 민중의 이러한 정서는 유행병처럼 군인들에게 감염된다. 민중의 정서에 감염된 군인들은 통치집단을 경멸하면서 자기들이 새로운 통치집단으로 되면 국가를 보다 잘 통치할 수 있을 것이라는 생각을 갖게 된다. 이러한 생각이 군부에 널리 확산되면, 모험심 또는 애국심이 강한 군 장교들이 직접 쿠데타를 일으키거나 친위쿠데타에 참여하게 된다.

셋째는 우심한 정치 · 사회적 혼란이다. 이러저러한 원인으로 공권력이 법률의 집행을 제대로 하지 못하면 정치 · 사회적 혼란이 우심해진다. 통치 엘리트들은 법규를 무시하며 권력투쟁에 몰입하고, 이익집단들과 사회운동단체들은 자기들의 요구를 관철하기 위해 광장과 길거리에서 집회와 시위를 지속적으로 전개하면 국가는 정치 · 사회적 혼란을 걷잡을 수 없게 된다. 이러한 무정부적 혼란이 심해지면 사회적 지위의 고하를 막론하고 '아무리 나쁜 질서라도 지금의 혼란보다는 좋다' 는 생각을 갖게 된다. 다수의 국민이 이처럼 질서를 희구하게 되면, 군인들은 자기들이 보유하고 있는 무기를 이용하여 질서를 회복하기 위한 행동에 나설 생각을 갖게 되며 이러한 생각이 쿠데타로 연결된다.

넷째는 시민사회의 미발달로 인해 군부의 쿠데타를 견제할 사회단체들의 부재이다. 군부쿠데타를 견제할 수 있는 가장 유력한 단체는 전투적 노동조합이다. 전투적 노동조합의 회원 수가 상비군의 병력 수를 초과하고, 그들의 투쟁력이 총파업으로 국가의 교통 · 통신망과 중요 산업을 상당기간 마비시킬 수 있는 수준에 이르면 군부는 전투적 노조의 입장에 반대되는 노선의 쿠데타를 일으키기 어렵다. 전투적 노조의 입장이 사회주의를 지지하는 것이면 군부는 반공적 쿠데타를 일으키기 어렵고, 전투적 노조의 입장이 공산주의에 반대하는 것이면 군부는 친공적 쿠데타를 일으키기 어렵다. 반면에 군부가 전투적 노조의 입장과 동일한 노선의 쿠데타를 일으키기는 쉽다. 군부가 노조의 입장과 동일한 노선의 쿠데타를 일으키면, 쿠데타에 참여한 병력이 쿠데타에 참여하지 않은 군부의 병력보다 적더라도 노조와 협력하여 쿠데타를 성공시킬 수 있는 공산이 크기 때문이다.

09 : 혁명과 쿠데타의 차이

쿠데타와 혁명은 위법적 무(폭)력 행사에 의해 국가통치권을 탈취한다는 점에서 공통되지만 다른 점도 많다.

첫째, 추구하는 변화의 크기가 다르다. 혁명은 정치체제의 변화, 나가서는 경제 · 사회의 구조변화에 이르는 광범하고 근본적인 변화를 추구한다. 그에 반해 쿠데타는 주도자들의 국가통치권 장악을 목적으로 하는 거사이기 때문에, 그것이 추구하는 변화는 정부의 구성이나 정책의 변화에 한정된다. 쿠데타에서는 정치체제의 변화와 같은 광범하고 근본적인 변화는 추구되지 않는다. 쿠데타는 오히려 광범하고 근본적인 변화(혁명적 변화)를 방지하기 위해서 행해지는 경우도 많다. 때로는 쿠데타 주도세력이 통치의 질적 변화를 꾀할 것처럼 선전하지만 그런 선전은 자기들의 통치권 강탈 · 장악을 정당화하기 위한 정치심리전적 조치에 불과하다. 다만, 쿠데타가 혁명의 한 과정으로 실행된 경우에는 쿠데타에 의해 추구되는 변화는 혁명이 추구하는 정치체제의 변화와 동일하다. 이런 쿠데타는 독립적 정치변동으로서의 쿠데타가 아니라, 혁명에 부속된 사건으로 보는 것이 타당하다.

둘째, 민중의 참여에 대한 태도가 다르다. 혁명은 정치체제를 바꾸는 광범하고 근본적인 변화를 실행해야하기 때문에 광범한 피지배층 민중의 대규모적이고 적극적인 지지와 참여를 필요로 한다. 민중의 지지와 참여를 유도하기 위해 혁명주도세력은 혁명과정에서나 혁명성공 후의 통치에서 민중의 요구와 희망사항들을 적극 수용한다. 쿠데타는 대규모 피지배층 민중의 참여 없이 이루어진다. 정부만 변경하면 되는 쿠데타의 성공에는 피지배계층의 광범한 지지가 필요하지 않으며, 소규모 무장 돌격대의 공격과 정치엘리트층의 묵인만 있으면 된다. 쿠데타의 주도자들은 지배계층의 비주류에 속하는 경우가 대부분이고, 그들에 추종하는 피지배층 출신의 추종자들은 주도자들의 동지들이 아니라 그들의 제도적 부하들이다.

셋째, 추진방식이 다르다. 혁명에서는 혁명세력이 공개적으로 활동한다. 혁명이 성공하려면 광범한 피지배층 민중의 지지와 참여를 확보해야하기 때문에, 혁명세력은 민중이 혁명의 목적과 진행상황을 알 수 있도록 공개적으로 행동한다. 혁명에 있어서도 혁명을 준비하는 단계에서는 혁명세력은 비밀리에 활동하지만 혁명투쟁이 본격화되면 공개적으로 활동한다. 쿠데타에서는 주도자들이 자기들의 조직 · 의도 · 행동을 은폐하면서 비밀리에 준비하다가 기회를 포착하면 기습적으로 거사한다. 쿠데타는 소수의 병력으로 통치권을 탈취해야하기 때문에 쿠데타의 준비와 실행을 정부와 민중이 알지 못하도록 비밀리에 수행한다. 쿠데타의 주도자들은 쿠데타가 성공한 뒤에야 비밀의 장막 밖으로 나온다.

넷째, 주도세력의 사회적 성분이 다르다. 혁명은 피지배계층 출신으로서 국가상황이 정의롭지 못하다고 생각하면서 그에 분노하는 지식인들이 주도한다. 쿠데타 주도세력은 쿠데타의 종류에 따라 다르지만 대체로 지배계층의 비주류에 속하는 사람들이다. 군대의 고위 장교들이나, 정부에서 상당한 영향을 가지고 있는 민간인 고위관료이면서 군대 장교들과 가까운 사람들이 그에 해당한다. 친위쿠데타에서는 자기의 권력을 더욱 강화하려는 최고권력자와 그에 추종하는 군부 장교들이 주도세력이 된다.

다섯째, 진행기간이 다르다. 혁명은 쿠데타에 비해 장기간에 걸쳐 진행된다. 혁명의 목적은 국가통치권 탈취를 넘어 정치체제의 질적 변화에 있다. 혁명은 추구하는 변화가 광범하고 근본적이며 다수의 민중을 혁명투쟁에 동원해야하기 때문에 쿠데타에서 보다 장기간에 걸쳐 진행된다. 혁명은 통상 몇 개월 심지어는 몇 년에 걸쳐 진행되기도 한다. 쿠데타는 무력을 동원한 소수집단에 의해 은밀하게 추진되고 기습적으로 신속하게 감행된다. 통상 1주일 내에 성패가 판가름된다,

여섯째, 무(폭)력 사용의 필요성에 차이가 있다. 혁명은 물리적 폭력을 동원할 수도 있고, 동원하지 않을 수도 있다. 집권세력이 혁명세력의 투쟁 명분이 정당하다고 인정하거나 혁명에 동원된 군중의

압력에 굴복하게 되면 혁명에 무(폭)력을 사용할 필요가 없다. 그에 반해 쿠데타는 물리적 폭력을 필수적으로 동원한다. 쿠데타에서는 쿠데타 저항세력이 굴복해야만 할 명분이나 대규모 군중이 없기 때문이다. 그런 조건에서 쿠데타 저항세력을 조속히 굴복시키려면 쿠데타세력이 쿠데타에 저항하는 인사들을 살해하거나 투옥하는 수밖에 없으며, 그렇게 하려면 쿠데타세력의 신속하고도 단호한 무(폭)력의 사용이 불가피하다.

10 : 반란과 폭동

외형상 혁명이나 쿠데타와 비슷한 사태로 반란(rebellion)과 폭동(riot)이 있다. 반란은 국가의 통치권 장악을 분명하게 추구하는 조직된 지휘부를 갖춘 무장 군집행동이고, 폭동은 조직된 지휘부도 없고 국가의 통치권을 장악하려는 계획도 없이 국가의 법과 질서 유지능력이 약화된 시기에 사회상황에 불만을 품고 있는 사람들이 충동적으로 자행하는 폭력적 군집행동이다. 국가의 통치권을 장악하려는 혁명이나 쿠데타는 처음에는 반란과 폭동으로 시작된다. 반란과 폭동이 확대되어 국가의 통치권 장악에 성공하게 되면 그것을 혁명이나 쿠데타라고 부른다. 거칠게 단순화하면, 성공한 반란과 폭동이 혁명과 쿠데타이고, 실패한 혁명이나 쿠데타가 반란과 폭동이다.

여기서 말하는 성공과 실패는 혁명이나 쿠데타를 주도한 세력이나 그들의 지지를 받는 세력이 국가통치권을 장악하는데 성공했는지 여부를 의미한다. 그런 세력이 국가통치권의 장악과 유지에 성공하면 혁명이나 쿠데타가 되는 것이고, 국가통치권 장악에 아직 도달하지 못했거나 일시적으로 성공했다가 머지않아 실패한 것이 반란과 폭동이다.

혁명과 쿠데타는 기본적으로 가치중립적 용어이다. 한국의 정치인들이나 언론인들이 통상 생각하는 것처럼 혁명은 명예롭고 쿠데타는 불명예스러운 것이 아니다. 개개의 혁명이나 쿠데타가 좋은 목적을 가지고 있으면 좋은 혁명이나 좋은 쿠데타인 것이고, 나쁜 목적을 가지고 있으면 나쁜 혁명이나 나쁜 쿠데타인 것이다.

반란과 폭동 역시 가치중립적인 용어이다. 반란과 폭동은 법률적으로 보면 처벌해야 할 범죄이지만 정치와 도덕의 관점에서 보면 무조건 나쁜 것은 아니다. 반란이나 폭동이 나쁜 목적을 가진 것이라면 정치 · 도덕적으로도 나쁜 것이다. 반면에 반란과 폭동이 좋은 목적을 가지고 진행된 것이라면 정치 · 도덕적으로도 좋은 것이다. 성공한 혁명과 쿠데타가 좋은 목적을 가지고 거사된 것이라서 정치 · 도덕적으로 좋은 것이라면, 그것이 실패하여 반란과 폭동이 되었다는 이유로 정치 · 도덕적으로 나쁜 것으로 평가하는 것은 온당치 않다. 좋은 목적을 실행하려다 좌절된 것은 정치 · 도덕적으로 비난받을 일이 아니라 긍정 평가 되어야 할 것이다.

11 : 촛불혁명(×), 5·16혁명(×), 제주4·3항쟁(×), 동학혁명(×)

우리나라에서 혁명을 비롯한 정치변동 관련 용어들을 부적절하게 사용하여 사회적 논란을 불러일으키고 있는 대표적 사례로는 촛불혁명, 5·16혁명, 제주4·3항쟁, 동학혁명 등을 들 수 있다.

문재인 대통령을 비롯한 집권당(더불어민주당) 소속 정치인들은 2016년 10월 하순부터 2017년 4월 말까지 서울의 광화문광장에서 박근혜 당시 대통령의 사퇴를 촉구하기 위해 개최되었던 촛불집회를 '촛불혁명'이라 부른다. 앞서 정리한 바와 같이 혁명이란 피지배계층에 속하는 반체제세력이 기존 정치체제를 다른 정치체제로 변경시킬 목적으로 다수의 동조 군중을 동원하여 지배세력으로부터 국가통치권을 탈취하고 새로운 정치체제를 수립하는 것을 뜻한다.

촛불집회를 혁명으로 규정하려면 촛불집회의 지도자들이 정치체제의 변혁을 공개적으로 천명했어야 했고, 국가통치권 장악 후 기존 자유민주주의 정치체제를 다른 체제로 바꾸는 조치들을 취해야 했다. 실제에 있어서는 그렇지 못했다. 촛불집회 참여자들 중 일부가 정치체제 변혁을 주장했지만 촛불집회 지도부는 촛불집회의 목적으로 박근혜 대통령의 사퇴 내지 탄핵만을 제시했을 뿐 체제변혁은 제시하지 않았다. 또한 촛불집회 참여세력의 지지에 힘입어 국가통치권을 장악한 문재인 정권은 정치체제 변혁 추진을 분명하게 천명한 바 없다. 따라서 촛불집회는 혁명이 될 수 없다.

그럼에도 불구하고 문재인 정권의 인사들이 고집스럽게 촛불집회를 촛불혁명이라 부르는 것은 그들이 내심으로 정치체제 변혁을 실행할 계획을 가지고 있거나 아니면 그들이 혁명의 의미를 잘 모르거나 할 것임을 시사한다.

이른바 '보수진영' 에 속하는 사람들 가운데 상당히 많은 인사들이 1961년 5월 16일에 발생한 박정희 · 김종필 주도의 군사쿠데타를 '군사혁명' 이라 부른다. 그들은 5 · 16사건을 '5 · 16혁명' 으로 불러야 그 사건을 긍정적으로 평가하는 것으로 생각하여 그렇게 부른다. 그들은 혁명이나 쿠데타라는 용어가 가치중립적 용어라는 점을 모르며, 정치변동의 형태로서 혁명과 쿠데타는 추구하는 정치적 변화의 규모와 질이 판이하고 추진하는 방법도 판이하다는 것을 몰라서 그러는 것이다. 이론상으로 볼 때 5 · 16은 쿠데타라고 말하는 것이 타당하다. 5 · 16을 쿠데타로 말한다 해서 그것이 국가발전에 기여한 것이었다는 점이 부정되는 것은 아니다. 5 · 16쿠데타는 우리나라의 민주주의적 정치발전에는 피해를 주었지만, 우리나라의 안전과 경제번영에는 큰 기여를 한 사건으로 평가되어야 한다.

문재인 정권의 사람들과 좌익 · 좌경진영의 사람들은 1948년 4월 3일 제주도에서 발생한 남조선노동당(공산당) 주도의 무장폭동을 '제주4 · 3항쟁'이라 부른다. 항쟁(resistance)은 가치중립적인 용어가 아니다. 항쟁은 '불의한 강자에 대한 의로운 약자의 저항'이라는 함의를 내포한 용어이다. 제주4 · 3사건을 폭동 → 반란이 아닌 항쟁으로 부르는 것은 제주4 · 3사건을 일으킨 사람들을 의로운 약자로, 그리고 대한민국을 건국한 사람들을 불의한 강자로 간주할 때만 타당하다.

제주4 · 3사건은 대한민국의 건국 작업을 진행할 국민대표를 선출하기 위한 5 · 10선거를 저지, 파탄 내고자 남노당이 전국적으로 전개한 폭력투쟁의 일환이다. 제주도의 남노당원들은 제주도에서 5 · 10선거가 실시되는 것을 저지하고자 5 · 10선거 진행업무를 돕고 있는 경찰과 우익운동가들을 습격 · 살해할 목적으로 4월 3일 새벽에 제주도의 여러 곳에서 동시다발적으로 무장봉기를 일으켰다. 제주도의 남노당원들은 4월 3일 이후에도 경찰관과 우익운동가들에 대한 공격을 계속하였으며, 끝내 제주도에서 5 · 10선거가 제대로 실시되지 못하도록 만들었다. 사건의 내용으로 보면, 이것은 폭동보다는 반란에 가까운 것이지만 당시엔 대한민국이 건국되기 전이고 무장봉기 지도부의 정체가 드러나지 않아서 폭동으로 규정했던 것으로 보인다. 제주도의 남노당원들은 1948년 8월 15일 대한민국이 건국되자, 폭동의 연장선상에서 대한민국의 와해를 추구하는 무장투쟁을 계속했다. 대한민국의 건국을 저지하기 위한 폭동이 대한민국을 와해시키기 위한 반란으로 연결된 것이다.

이렇게 볼 때, 제주4 · 3사건을 일으킨 남노당원들과 그 추종자들은 의로운 약자들이 아니라 대한민국에 대한 반역자들이다. 따라서 대한민국의 건국을 부정적으로 보는 세력에겐 제주4 · 3사건은 '항쟁'이 될 것이고, 대한민국 건국을 긍정적으로 보는 세력에겐 제주4 · 3사건은 '폭동'과 '반란'이 될 것이다.

1894년에 발생한 동학(東學)교도 주도의 농민봉기는 오랫동안 '동학란(동학교도반란)'으로 불리어왔다. 근래에 와서는 그것을 '동학혁명'으로 부르는 사람들이 많아졌다. 동학–농민의 봉기 취지에 동감하는 사람들이 그렇게 부른다.

동학교도들이 주도한 농민봉기는 피지배계층 민중이 대규모로 참여했고, 관군을 제압할 정도의 강력한 무장투쟁을 전개했다는 점에서 외형상 혁명과 유사한 점이 있다. 그러나 그들의 봉기 목적을 보면 혁명과 거리가 멀다. 혁명은 정치체제의 변혁을 추구하는 것인데, 그들은 정치체제의 변혁을 추구하지 않았을 뿐만 아니라 국가통치권의 장악(정부의 변경)도 추구하지 않았다. 보국안민(輔國安民)이란 그들의 구호에 비추어 보면 그들은 오히려 기존 정부와 정치체제의 효율화를 추구했다고 말할 수 있다.

백보를 양보하여, 동학–농민 봉기 참여자들이 정치체제의 변혁을 추구한 것으로 인정해준다 하더라도 결과적으로 그들의 투쟁이 실패했기 때문에 그들의 봉기는 반란으로 규정될 수밖에 없다. 아무리 많은 민중이 참여하고, 아무리 고상하고 거창한 목적을 추구했더라도, 실패한 봉기는 반란일 수밖에 없다.

국가가 재앙을 피하려면
정치 · 사상과 관련된 용어들이
정확하고도 적절하게
사용되어야 한다.

정치 · 사상 용어 바로 알기

초판1쇄 발행 2020년 12월 08일
2쇄 발행 2022년 12월 23일

지은이 양동안
발행인 이희천
펴낸곳 도서출판 대추나무
디자인 디렉터 오종국 Design CREO

ADD 인천광역시 남동구 문화서로 3번길 14-7, 101호
전화 010-9143-6625
팩스 032-422-5128
등록 231-99-00699
ISBN 979-11-967545-6-3 (03300)

정가 18,000원

파본은 구입처나 본사에서 교환해드립니다.

이 책에서 다루고 있는 정치 · 사상 관련 용어들은 우리 사회에서 부정확 · 부적절하게 사용되고 있는 정도가 심한 용어들에 한정되어있다.